财务会计类专业大数据课程系列规划教材

RPA 财务机器人开发与应用

主　编　李　辉　谢计生
副主编　丁怡文　殷文芳

苏州大学出版社
Soochow University Press

图书在版编目(CIP)数据

RPA 财务机器人开发与应用 / 李辉,谢计生主编. --苏州:苏州大学出版社,2024.1(2024.5 重印)
ISBN 978-7-5672-4575-4

Ⅰ.①R… Ⅱ.①李… ②谢… Ⅲ.①财务管理–专用机器人 Ⅳ.①F275②TP242.3

中国国家版本馆 CIP 数据核字(2023)第 201908 号

RPA 财务机器人开发与应用

李 辉 谢计生 主编

责任编辑 王 亮

苏州大学出版社出版发行
(地址:苏州市十梓街 1 号 邮编:215006)
苏州工业园区美柯乐制版印务有限责任公司印装
(地址:苏州工业园区双马街 97 号 邮编:215121)

开本 787 mm×1 092 mm 1/16 印张 17.25 字数 420 千
2024 年 1 月第 1 版 2024 年 5 月第 2 次印刷
ISBN 978-7-5672-4575-4 定价:59.00 元

图书若有印装错误,本社负责调换
苏州大学出版社营销部 电话:0512-67481020
苏州大学出版社网址 http://www.sudapress.com
苏州大学出版社邮箱 sdcbs@suda.edu.cn

前言

2021年3月，中华人民共和国教育部印发《职业教育专业目录(2021)》，将原来的"会计"专业调整为"大数据与会计"专业，其目的就是从专业名称到专业内涵全面进行数字化改造。近年来，各大院校通过优化5G、人工智能、大数据、云计算、物联网等领域相关专业设置，推进数字化升级改造，开发未来技术技能，适应数字化转型、产业基础高级化趋势，构建面向不同行业的数据驱动、人机协同、跨界融合、共创分享的智能形态。然而，我国的会计行业发展现状是队伍能力结构失衡，会计行业中的基础核算人员数量接近饱和，水平较高的财务管理人才十分稀缺，高级应用型、复合型人才供不应求，因此，尽快重新编写人才培养方案，加入财务机器人这一新技术应用的内容迫在眉睫。

在信息技术越发成熟的背景下，企业内部信息的互联互通不断加强，对工作效率的要求不断提高，业财一体化的需要也不断增加，此时，财务机器人横空出世，并迅速吸引了大量目光。财务机器人的主要特点就是能够处理大量重复的、基于规则的工作流程任务，在提高效率的同时，减少人工错误，大幅度降低运营成本。机器人流程自动化(Robotic Process Automation, RPA)并不是专门为财务工作开发出来的，但是基于财务工作的特点，RPA技术在财务领域的应用异常丰富。当前，已有不少企业在办公领域用RPA取代一些重复和烦琐的日常操作。财务机器人针对财务的业务内容和流程特点，以自动化替代财务手工操作，辅助财务人员完成交易量大、重复性高、易于标准化的基础业务，从而优化财务流程，提高业务处理效率和质量，降低财务合规风险，使资源更多地分配在增值业务上，促进财务转型。财务机器人是会计信息化大背景下的必然新生事物，对财务人员产生了巨大的冲击，尤其是对财务基础岗位的工作人员产生了较强的替代性，打破了行业市场对财务人员原有的需求结构，催生财务人员工作职能的转变。面对这一趋势，财务人员应进行深度思考，重构自身核心技能，以应对财务机器人应用带来的冲击和挑战。

本教材根据《国务院关于印发国家职业教育改革实施方案的通知》(国发〔2019〕4号)、《教育部关于印发〈高等学校课程思政建设指导纲要〉的通知》(教高〔2020〕3号)以及全国财政职业教育教学指导委员会印发的《"大数据与会计"专业教学标准》等文件精神,从立德树人、专业升级、数字化改造对会计学习者提出的能力要求和素质要求出发,遵循理论与实践操作相结合的理念,以科云 RPA 的 UiPath 平台为依托,以大数据分析通用流程为基础,聚焦于财务大数据分析工具方法。全书内容包括七个项目,分别是企业财务机器人应用基础、RPA 财务机器人基础 UiPath 认知、RPA 财务机器人 Excel 应用、RPA 财务机器人 E-mail 应用、RPA 财务机器人 Web 应用、RPA 财务机器人在财务场景下的应用和 RPA 财务机器人部署与运维。其中,项目一介绍了财务机器人的概念、功能和特点、应用价值等方面的内容;项目二介绍了 UiPath 的基础功能和组成部分;项目三介绍了 UiPath 在 Excel 自动化中的具体应用;项目四介绍了 UiPath 在 E-mail 自动化中的具体应用;项目五介绍了 UiPath 在 Web 自动化中的具体应用;项目六介绍了 RPA 财务机器人在财务工作中的具体应用场景,综合了项目二至项目五的内容;项目七介绍了 RPA 财务机器人部署与运维的基本理论知识和常见措施等。

  本教材由江苏联合职业技术学院徐州财经分院李辉教授、厦门科云信息科技有限公司谢计生担任主编,负责总体策划,提出编写提纲和写作思路,并落实组织分工和进行最后把关,徐州财经分院丁怡文老师和学院靖江中专办学点殷文芳老师担任副主编。具体分工如下:李辉负责项目一至项目三,丁怡文负责项目四和项目五,谢计生负责项目六,殷文芳负责项目七。本教材由校企合作编写而成,在编写过程中,厦门科云信息科技有限公司提供了平台数据和技术支持,特此表示由衷的感谢。

  希望本教材能够为财会专业的学生和财务工作者提供指导与帮助。由于编者水平有限,教材中难免有疏漏之处,望读者海涵,并不吝赐教。

编 者

2023 年 11 月

CONTENTS 目录

项目一　企业财务机器人应用基础　001

　　任务一　变革时代的财务转型　001
　　任务二　RPA 机器人的应用领域　006
　　任务三　RPA 机器人对财务人员的影响　008

项目二　RPA 财务机器人基础 UiPath 认知　011

　　任务一　UiPath 软件概述　011
　　任务二　UiPath 变量及基本活动　022
　　任务三　UiPath 常用活动介绍　040
　　任务四　条件分支活动　058
　　任务五　条件循环活动　078

项目三　RPA 财务机器人 Excel 应用　097

　　任务一　Excel 基本活动介绍　097
　　任务二　数据表活动介绍　124

项目四　RPA 财务机器人 E-mail 应用　150

　　任务一　RPA 发送邮件　150
　　任务二　RPA 读取邮件　167

项目五　RPA 财务机器人 Web 应用　　175
任务一　Web 基本操作介绍　　175
任务二　Web 数据抓取功能　　210

项目六　RPA 财务机器人在财务场景下的应用　　229
任务一　RPA 网银付款机器人　　229
任务二　RPA 银企对账机器人　　242

项目七　RPA 财务机器人部署与运维　　258
任务一　RPA 财务机器人部署　　258
任务二　RPA 财务机器人运维　　261

项目一　企业财务机器人应用基础

项目描述

随着信息技术的不断发展,企业正经历着从信息化到数字化的转变。在信息化阶段,企业经历了从门户和办公自动化到集成一体化的企业资源计划(Enterprise Resource Planning,ERP),再到移动互联网技术应用的过程。随着云计算、大数据、物联网、5G、人工智能、区块链和云 ERP 等新兴技术的迅速发展,技术应用逐渐成熟,业务场景不断丰富,这些进一步推动了企业的数字化转型。而如何实现数字化转型,则成为越来越多传统企业面临的痛点。目前,基于机器人流程自动化技术的企业财务机器人作为一种完美的端到端自动化工作流程解决方案,已经在会计核算、纳税申报和智能审计等方面有着丰富的应用场景,它能够为优化财务任务处理、释放人力创造力、实施智能化财务管理、实现财务数字化转型提供明确的、可持续的路径。企业财务机器人的应用,将重新定义未来的财务组织和管理,重塑会计人员的工作内容和工作方式。人机协作将成为未来财务工作的主流模式。

学习目标

- □ 了解信息技术变革对财务的影响。
- □ 了解财务会计向管理会计转移的背景。
- □ 掌握 RPA 机器人的概念。
- □ 熟悉 RPA 机器人的典型应用。
- □ 掌握 RPA 机器人的功能与特点。
- □ 理解 RPA 机器人的应用价值。

任务一　变革时代的财务转型

2017 年,江苏电信引入企业财务机器人,企业财务机器人为其财务管理提供助力,提升了工作效率,降低了人力成本。此外,上海瑞金医院也引入企业财务机器人进行财务处理,借助其完成发票扫描、入库核查处理等工作,从而减轻了财务人员的工作压力,提高了工作效率。随着企业财务机器人的应用日益广泛,财务人员逐渐被企业财务机器人取代,许多初级财务人员可能会面临失业。那么,什么是企业财务机器人?它会给会计行业带来什么重大影响?

在科学技术快速发展的时代,智能技术的发展使不同行业的技术相结合,给人们的日常生活带来便捷,也促使人们采取相应举措来适应新兴技术的发展。2016年,德勤会计师事务所将人工智能技术引入财务领域,研制出企业财务机器人。2017年,我国推出了首款智能企业财务机器人,标志着人工智能开始进入我国会计行业,并且逐渐深入财务人员日常工作,促使财务人员转变工作方式,推动财务信息化发展。

一、信息技术变革加速

21世纪以来,随着移动互联、大数据、云计算、人工智能、机器人流程自动化(Robotic Process Automation,RPA)、物联网等新一代信息技术的蓬勃发展与应用,以数字产业化和产业数字化为核心的数字经济在国民经济中的地位进一步凸显。2022年7月8日,中国信息通信研究院发布的《中国数字经济发展白皮书》显示,2021年,我国数字经济发展取得新突破,数字经济规模达到45.5万亿元,同比名义增长16.2%,高于同期国内生产总值(GDP)名义增速3.4个百分点,占GDP比重达到39.8%,数字经济在国民经济中的地位更加稳固,支撑作用更加明显。

企业想要真正实现数字化需要一个漫长而持续的过程,最近几年如火如荼的机器人流程自动化技术对其起着巨大促进作用。RPA是一类自动化软件工具,它可以通过用户界面理解和使用企业已有的应用,将基于规则的常规操作自动化,例如读取邮件、计算、生成文件和报告、检查文件等。RPA能够使系统在无人操作的状态下按既定的规则运行,将人类从复杂、危险、烦琐的劳动中解放出来,大大提高工作效率。财务工作由于恰好存在庞杂、重复的数据处理需求,且工作流程相对清晰、规范,因此成为自动化技术在中国较早落地应用的领域,比如会计凭证的自动生成、自动结账等。要应用好RPA技术,需要有良好的信息化基础。因为信息化技术能够解决业务流程中缺少应用系统承载所导致的业务反复线上线下流转的问题,而自动化技术只能在计算机系统界面上进行操作,所以可以说信息化水平决定了自动化能走多远。

二、会计工作重心转移

伴随着企业集团化、全球化、精益化管理的需求,财务早已不是账房先生的角色,落后、单一的会计信息分析已无法满足企业的发展需求,财务工作者要从事后核算转向事中控制与事前预测,结合宏观经济、行业情况,以更广阔的视野、更长远的眼光去分析决策,因而企业财务转型升级已成为必然趋势。从企业的实务工作角度分析,财务会计往往只能反映企业目前的资金运转情况。财务会计核算往往受《企业会计准则》等法规政策的限制,而管理会计则不会受相关政策法规的约束,管理会计人员可以参照《管理会计基本指引》的意见来操作,这样更容易开展管理会计工作。企业的战略发展需要相关的数据支持,原有财务会计信息不能完全满足企业的实际需要,这就需要使用相关的管理会计工具对财务会计信息重新进行加工处理,以满足企业战略管理和经营决策的需要。

财务会计向管理会计转型是信息技术发展的必然趋势。移动互联、云计算、大数据、人工智能、RPA等技术的发展推动了新的信息技术革命,引发会计工作的变革和会计职能的变迁。由此,会计工作突破了时间和空间的限制,将线下业务逐渐转变为线上业务,推进了新型会计服务体系的构建。当前,会计工作已由传统财务会计的静态模式向管理会计的动态模式转变,会计的预测、计划、决策、控制、分析等职能更加凸显。与此同时,随着计算机记账手段的升级、大数据技术的应用、RPA机器人记账的发展,基础财务会计岗位人员需求减少,原有财务人员需要从财务会计岗位向管理会计岗位转移。

三、企业财务机器人应运而生

2016年,德勤会计师事务所将人工智能技术引入财务领域,研制出企业财务机器人。这是企业财务机器人第一次正式出现在公众视野中。这款企业财务机器人几秒钟就能完成财务人员几十分钟才能完成的基础工作,1天可以做完十几个人甚至几十个人的工作,5分钟可以完成一家店的结转,15分钟可以完成盘点,且可以每天24小时不间断工作!

企业财务机器人功能强大,应用广泛。实际上,企业财务机器人是机器人流程自动化技术在财务领域的应用。它并不是一个有着和人类一样外形的物理机器人,而是一款基于桌面记录的自动化软件;它可以出色完成大量重复性、定义清晰、有固定逻辑而少有意外情况的工作;它能够一年365天、每天24小时无间歇地工作,具有相当于人工十多倍的超高工作效率;它的使用规模可以按需求调整;它能做到详细、实时地追踪所有流程步骤,具备极强的管控能力及审核能力。在虚拟环境下复制人机交互行为的机器人无须人工操作,不会发生错误,还可以提供自动校验和流程检查,可以说,它是低成本、低风险的财务流程改造首选。目前大部分的财务工作中,财务系统操作、内部控制、报告生成、执行记账等基础工作占到了极大比例,真正需要时间思考的分析决策工作则被挤压。企业财务机器人的出现会提升会计和审计人员的工作效率与效果,让会计和审计人员将有限的时间与精力投入更高端的工作中。

四、什么是RPA机器人

(一)RPA的基本概念

RPA是英文"Robotic Process Automation"中三个单词的首字母,中文翻译为"机器人流程自动化"。它是一种软件技术,可轻松创建、部署和管理软件机器人,模拟人类行为,与数字系统和软件进行互动。

比如按键精灵,这是一款在游戏领域被广泛熟知的国产软件,它的一些简单功能可以帮助我们完成一些自动化的工作。其工作原理为:

(1)通过录制操作者的鼠标和键盘的动作步骤形成操作脚本。

(2)通过手工编辑方式编写脚本。

(3)执行流程。

(二) RPA 的功能

RPA 通过模拟人类与计算机的交互过程实现在各种应用程式上进行鼠标点击、键盘输入、读取信息等自动化操作,具体如下。

(1) 跨系统的数据搬运:系统的登录、退出,模拟人点击、复制、录入数据。

(2) 自动批处理文件:文件的复制、移动、自动备份等。

(3) 结构化数据自动处理。

(4) Excel 自动化。

(5) 邮件自动化。

(6) 光学字符识别(Optical Character Recognition,OCR)。

(三) RPA 的特点

RPA 作为一款能够将人的工作自动化的机器人软件,其作用是替代人工在用户界面下完成重复性、标准化程度高、规则明确、大批量的日常事务操作。它具有以下几项显著的特点。

(1) 程序处理。RPA 能够通过用户界面或脚本语言实现机器人对重复性任务的自动化处理。

(2) 基于明确的规则操作。RPA 机器人没有自己的思维,只会按照人类预先设计好的规则来执行任务。

(3) 非入侵性。由于 RPA 是通过模仿人的操作来完成工作的,因此不需要更改应用系统的底层代码或访问数据库。RPA 就像连接器,可以在不修改原有应用系统的同时将不同业务系统串联起来。RPA 的非侵入性特征使得 RPA 项目在实施过程中对原有应用系统的影响很小,风险也降到最低。

(4) 模拟用户手工操作及交互。RPA 机器人如同人类一样能够操作计算机上的应用程序,如浏览器、办公邮箱、企业 ERP 系统等,同时 RPA 可完全模拟人的操作行为和操作顺序,例如鼠标左击,单纯从计算机显示器上看是无法区分人工操作和 RPA 机器人操作的。

(四) RPA 的优势

RPA 相对于人工进行大量重复性操作有着非常明显的优势,如图 1-1 所示。

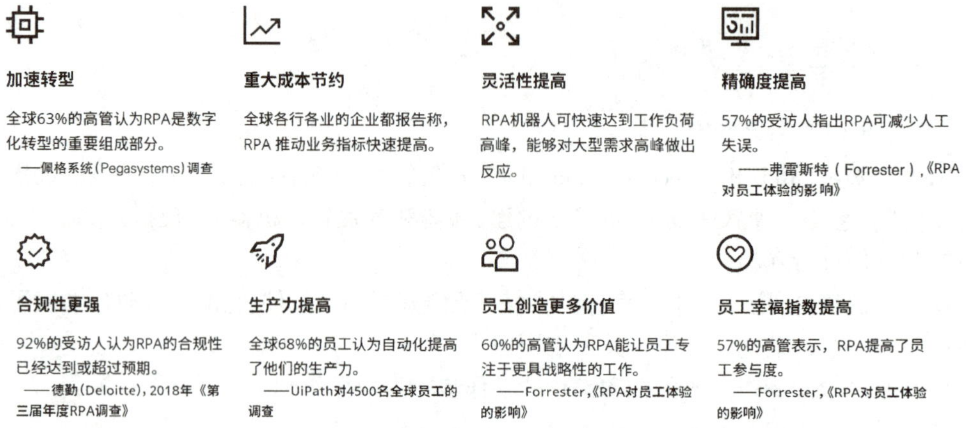

加速转型
全球63%的高管认为RPA是数字化转型的重要组成部分。
——佩格系统(Pegasystems)调查

重大成本节约
全球各行各业的企业都报告称,RPA 推动业务指标快速提高。

灵活性提高
RPA机器人可快速达到工作负荷高峰,能够对大型需求高峰做出反应。

精确度提高
57%的受访人指出RPA可减少人工失误。
——弗雷斯特(Forrester),《RPA对员工体验的影响》

合规性更强
92%的受访人认为RPA的合规性已经达到或超过预期。
——德勤(Deloitte),2018年《第三届年度RPA调查》

生产力提高
全球68%的员工认为自动化提高了他们的生产力。
——UiPath对4500名全球员工的调查

员工创造更多价值
60%的高管认为RPA让员工专注于更具战略性的工作。
——Forrester,《RPA对员工体验的影响》

员工幸福指数提高
57%的高管表示,RPA提高了员工参与度。
——Forrester,《RPA对员工体验的影响》

图 1-1 RPA 的优势

2017年4月中国电信江苏分公司上线运行的财务核算机器人,月均完成自动制证6万余单,8月份的核算量占比已达70%,准确率为100%。此项研究和应用大量节约人力成本,有效减少财务工作差错,标志着江苏电信会计处理实现了从人工核算向智能化核算的华丽"转身",且在全国同行业中处于领先地位。

财务工作通常需要花费大量人力处理会计制证、银行对账、财务月报等基础工作。江苏电信财务共享服务中心与江苏鸿信系统集成有限公司携手创新,联合开发企业财务机器人来替代重复性、高频率、耗时长、低价值的手工操作,一方面对大量的线下流程进行线上电子化转变,另一方面将对账等低附加值的工作自动化,并对全过程进行记录、监控、分析和预警,达到了显著降低人工成本、大幅提高工作效率的效果。

财务核算机器人的工作场景包括自动制证、银行对账、工程转固、报表自动生成、发票真伪辨别等方面,核心功能组件是行为引擎与逻辑引擎。行为引擎主要完成财务系统动作类功能,逻辑引擎负责信息甄别和判断。系统引入作业监控模块、足迹记录模块及作业报告模块,各模块基于动态规则、深度学习等技术,协同完成系统化运作,保障机器人正确、高效运行。作业监控模块对机器人当前状态进行实时监控和异常预警,足迹记录模块捕捉机器人所有的行为及逻辑判断过程并全面记录,作业报告模块在作业完成后基于运行过程和结果数据形成系统的报告材料。

"机器人实现了流程自动化,缩短财务处理周期,减少财务差错,并使财务共享服务中心人员从繁重、枯燥且低价值的事务中解放出来,专注于更重要的工作和创造性的工作。"江苏电信财务共享服务中心负责人介绍,"后期,机器人核算业务量占比将进一步提高。"

请搜集有关企业在财务领域应用机器人的案例资料,并填入表1-1中。

表1-1 企业在财务领域应用机器人的案例

应用企业	主要完成功能

任务二　RPA 机器人的应用领域

国内某知名烘焙食品企业一直深耕线下实体门店,目前在全国已开设 300 多家直营连锁门店。智慧零售时代,该企业牢牢跟上了脚步,线上线下业务共同发展。在取得颇丰成果的同时,该企业也面临着一些挑战,如线上线下订单突增导致对账困难尤为明显。一方面,线上线下业务的对账逻辑不一样;另一方面,财务人员对规则复杂的电商业务形态不甚了解,导致即便经常加班加点仍旧对不清账,电商节庆时甚至对不了账。在不改变现有信息技术系统的前提下,为了加快企业的数字化转型、提升系统处理效能,该企业选择了对账机器人,通过 RPA 进行业务流程化和提效。RPA 机器人可以帮助该企业解决哪些困难?

通过前面的学习,我们对 RPA 机器人有了基本的认识。目前大多数企业财务工作使用软件系统后实现了财务数字的电子化,但是财务软件系统操作管理分散和高价值数据的低效运用成为制约企业财务转型与发展的重要影响因素。通过 RPA 实现财务流程自动化是转变企业财务工作方式的有效途径。企业将基础的财务工作交给企业财务机器人完成,财务人员得以抽出更多时间和精力从事更为复杂和更具价值的工作。

RPA 企业财务机器人的应用场景一般都具有工作大量重复和工作规则明确两种特征。企业财务机器人最适用于具有清晰定义和极少例外情况下的重复性和确定性过程。

任务准备

一、RPA 机器人适用的职能领域

在财务、人力资源(HR)、信息技术(IT)等职能领域,基于一定规则的批量、可重复的任务流程比比皆是,于是 RPA 在这些职能领域中就有了用武之地。

(1) 财务领域:银行回单下载、银企对账、纳税申报、发票填开、财务报表编制等。

(2) HR 领域:自动搜寻简历、简历跟踪归档、工资单管理、招聘流程、教育培训等。

(3) IT 领域:账号和权限开通、数据备份与密码重置、邮件处理、文件传输协议(FTP)下载和上传等。

二、RPA 机器人在财务领域的典型应用

1. 费用报销

费用报销是目前使用 RPA 机器人最多的流程,主要涉及智能提单、智能审核、自动付款、自动账务处理、费用分析及报告。首先,结合 OCR 技术,RPA 机器人对各类发票进行自

动识别、分类汇总并分发传递,同时根据报销规则自动生成报销单;接着,根据预先设定的报销审核规则,RPA 机器人执行审核操作,包括校验发票真伪、检查发票是否重复等;最后,进行自动付款、账务处理,以及数据整理、数据分析与报告的工作。

2. 从采购到付款

RPA 机器人能够使从采购到付款流程中重复率高的工作实现自动化。通过 OCR 技术扫描请款单,RPA 机器人将相关信息录入 ERP 系统,并与订单信息、发票信息、入库单信息进行核对。自动进行发票查验与认证之后,RPA 机器人将自行完成审核、数据录入和付款准备等工作,最终自动登录资金付款系统执行付款授权等操作。同时,RPA 机器人将应付模块的凭证信息导入总账,进行账务处理。

3. 从销售到收款

从销售到收款的流程包括订单管理、发票开具、收款对账、发货等业务环节。在订单管理和发票开具环节,RPA 机器人对数字化或纸质销售订单进行识别和录入,然后根据订单信息,抓取申请开票数据并进行开票,随后将开票信息传至相关业务人员,通知其寄送发票。在收款对账环节,RPA 机器人登录网上银行系统,获取银行流水,自动将符合入账条件的数据录入系统。在发货环节,RPA 机器人按顺序循环检查收款金额是否满足订单下放要求并依次释放有效订单。

4. 从存货到成本

从存货到成本的流程包括成本指标录入、成本费用分摊和财务处理报告等工作。RPA 机器人可录入存货成本指标并出具统计分析表。在期末,RPA 机器人能够按脚本分步或并行执行相关成本和费用的分摊循环。RPA 机器人的自动记账能够实现不同物料计价方法的核算,并且提供精确的成本分析数据,自动出具相关报告。

5. 从总账到报表

从总账到报表流程中的关账、标准记账分录处理、关联交易处理、对账、财务报表的出具等工作可借助 RPA 机器人完成。在期末,RPA 机器人自动进行各项关账工作,包括现金盘点、银行对账、关联方对账等,若发现异常,便发送预警报告给相关负责人。同时,RPA 机器人自行完成数据汇总、合并抵销、邮件催收、系统数据导出及处理等工作,自动出具模板化的财务报表。

6. 税务管理

发票开具和纳税申报是 RPA 机器人在税务管理方面的两大重要应用场景。发票开具自动化流程如下:RPA 机器人自动抓取待开票数据清单,录入开票系统后自动校验开票清单中数据的准确性、合规性,然后填写发票信息至开票系统中并打印发票,最后将发票开具结果以邮件的形式反馈给管理员和申请开票人员。纳税申报自动化流程如下:财务人员将收到的增值税发票放入文件夹进行扫描,通过 OCR 技术与金税接口进行识别验真;扫描信息录入系统后自动上传税务平台完成批量勾选操作,然后通过 OCR 技术识别发票信息,进行税费核算,自动生成纳税申报表;最后 RPA 机器人登录财务系统自动进行填报。

7. 资金管理

在资金管理活动中,RPA 机器人能够自动完成银企对账、现金管理、收付款处理和银行回单管理等工作。以银企对账为例,RPA 机器人取得银行流水、企业财务数据,并进行银行账和财务账的核对,自动出具银行余额调节表。在现金管理中,RPA 机器人根据设定的现金上限自动执行现金归集、现金计划信息的采集与处理等。

尝试分析企业中的业务痛点及应用 RPA 机器人的解决方案,并填入表 1-2 中。

表1-2 企业中的业务痛点及应用 RPA 机器人的解决方案

适用场景	业务痛点	解决方案
自动退换货流程	1. 场景频率较高 2. 投入时间多、成本高 3. 时效性低	电商行业使用 RPA 机器人来实现退换货业务整个流程的自动化,精准高效,省时省力
业务数据整理		
银企对账		
自动搜寻简历		

任务三 RPA 机器人对财务人员的影响

Q 企业的财务人员把增值税发票放入扫描仪中进行扫描,剩下的工作全部都由"小勤人"(一种财务机器人)完成了。配合 OCR 技术和发票查验云助手,不到一分钟的时间,"小勤人"已经成功查验了一张发票并在 Excel 表中登记了结果。接着,"小勤人"还能自动判断发票是否可以认证抵扣。它会把需要勾选的发票整理成批量勾选上传文件,再导入发票选择确认平台中,就可以抵扣进项税了。就这样,一个"小勤人"三四个小时就完成了一名财务人员一天的工作!除此之外,"小勤人"还将开票的工作效率提高了 75%,就连原本耗时耗力的往来结转和盘点工作它也可以轻松完成。人工智能的发展会对会计行业产生重大影响,因为会计行业已经率先采用人工智能进行业务处理,简单、重复的劳动将由机器人代替广大的财务人员来完成,那么财务人员应该如何应对这些改变呢?

任务描述

财务工作具有量大、规则性强、重复频率高等特点,如数据采集、报表加工、纳税申报、账单处理等,特别是在财务共享中心里,职能集中和流程标准化后形成了大量规则明确、重复性的工作,这是 RPA 技术的绝佳应用场景。同时,财务组织又面临着职能转型的要求,以更好地满足管理决策支持、风险监控与应对、公司绩效评价等企业层面的需求,财务工作内容的重点也逐渐转向流程优化、数据整合、分析洞察、风险管理等工作。因此,RPA 技术在财务工作中具有较多的应用机会和成熟的应用场景,有利于提高财务工作效率和质量。

任务准备

一、RPA 技术适用于财务领域的原因

(一) RPA 技术特点与财务业务特点相匹配

1. RPA 技术特点

RPA 作为一款能够将人的工作自动化的机器人软件,其作用主要是替代人工在用户界面下完成重复性、标准化程度高、规则明确、大批量的日常事务操作。

2. 财务业务特点

财务属于强规则领域,在业务流程中存在大量重复的工作,如排序筛选、数据录入、复制和粘贴等。这些工作的业务特点与 RPA 技术的应用条件高度匹配。

(二) RPA 技术适合财务人员学习

RPA 技术简单易学,易用又稳定,操作者通过"拖""拉""拽"就能组成机器人。同时,RPA 程序具有非侵入式、低代码的特点,非常适合零代码基础的财务人员学习。

二、数字化变革时代给财务领域带来的挑战和机遇

(一) 初级财务人员面临风险

如今大多数初级财务人员主要负责的财务工作就是大量重复、程式化、规则统一的基础工作,比如发票填开、往来对账、纳税申报、会计凭证填制等,而这些工作 RPA 财务机器人都能完成。财务人员如果不学习 RPA 技术,可能会有被机器人取代的风险。

(二) 企业需要引进新型人才

身处数字化变革的时代大背景下,企业需要从庞大、混杂的数据中高效筛选有效数据并利用数据去创造价值。财务是企业天然的大数据中心,也是企业数字化变革的有利切入点。因此,企业要加快数字化转型,就需要在财务岗位上引进既懂财务又懂技术的数字化人才。

(三) 财务人员能够实现个人工作价值最大化

虽然 RPA 财务机器人能取代财务人员完成基础工作,但是这并不意味着 RPA 财务机器人在抢财务人员的"饭碗",反而是为那些有意从中低端财务基础操作人员向高端财务管理人员发展的员工创造了成长机会。由此,财务人员能够完成工作的迭代升级,实现个人工

作价值最大化。

尝试分析 RPA 财务机器人可以为财务工作带来的成效，并填入表 1-3 中。

表1-3 财务机器人的工作成效

具体财务机器人	成效
增值税发票填开机器人	1. 快速有效地完成发票填开工作，大幅度提升工作效率 2. 避免了人工操作风险，明显降低错误率 3. 解放财务人的双手去从事更有价值的工作

项目总结

　　企业财务机器人的应用是企业财务数字化转型的必经之路，它使财务人员从繁杂、重复的会计工作中摆脱出来，有更多的时间和精力投入企业中更有价值的业务、财务工作。通过对 RPA 机器人典型应用场景的学习，学生能够了解机器人流程自动化技术的概念、特征和功能，培养业务、财务和技术一体化与流程化的思维。

项目二　RPA 财务机器人基础 UiPath 认知

项目描述

随着企业自动化需求逐渐增多，RPA 的发展空间也日益增大。据统计，2020 年全球 RPA 市场规模为 18.84 亿美元；到 2023 年，全球 RPA 市场规模将达到 39.04 亿美元（278 亿元人民币），2018—2023 年复合增长率达 35.97%。UiPath 作为 RPA 项目的实施工具，能够打造自动化平台，给全面自动化企业赋能。UiPath 是一款机器人过程自动化软件，用于基于 Windows 桌面操作的自动化。它可以自动执行重复和按规则进行的任务，并消除人为干预。其中，UiPath Studio 是 RPA 平台的编辑工具，用户利用它的图形化界面，可以方便地设计出各种自动化的流程。

学习目标

- □ 了解 UiPath 的组成部分。
- □ 掌握 UiPath 的界面布局和基本功能。
- □ 掌握项目的新建与打开操作。
- □ 理解变量的含义，掌握变量的创建与删除操作。
- □ 掌握几种常用变量的数据类型、运算符。
- □ 掌握几种常用变量数据类型的转换。
- □ 掌握流程图类型的选择。
- □ 掌握常用的鼠标、键盘输入等操作活动。
- □ 掌握 IF 条件活动的使用。
- □ 掌握流程决策活动的使用。
- □ 掌握切换活动的使用。
- □ 掌握流程切换活动的使用。

任务一　UiPath 软件概述

某城市商业银行秉承"以小为美、以民唯美"的战略理念，持续专注于"服务中小、服务

市民、服务区域经济社会发展"的市场定位。随着创新探索的深入,该银行离"持续实现客户、股东、员工的价值增长,做有社会责任的企业,做地方金融发展的排头兵"这样的目标越来越近。在当下金融行业数字化转型的大潮中,人工智能、区块链、云计算、大数据等新技术给金融业发展带来了历史性机遇。该银行在数字化转型过程中,采用了 UiPath 的 RPA 机器人,在减轻员工工作负荷的同时,开启数字化转型进程。那么,什么是 UiPath 软件呢?

任务描述

UiPath 是由 UiPath 公司开发的 RPA 软件,用于实现企业日常工作的自动化,是 RPA 领域最受欢迎的软件之一。UiPath 由设计平台(Studio)、控制平台(Orchestrator)和机器人(Robot)三大组件组成,这三大组件间的关系如图 2-1 所示。

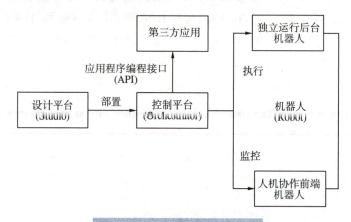

图 2-1 UiPath 的三大组件

一、UiPath Studio

UiPath Studio 是 UiPath 软件中负责机器人流程设计和开发的环境,也就是说它可以用来编辑指挥机器人自动工作的控制流程。指挥机器人工作需要编写程序代码,而 UiPath Studio 不需要用户掌握很多编程知识。UiPath Studio 具有低代码开发环境,它提供一种图形化界面来帮助用户完成机器人工作流程的编辑和开发,操作界面友好,用户可以非常方便地设计出各种机器人自动化流程。

二、UiPath Orchestrator

UiPath Orchestrator 是机器人的管理者,它可以集中调度、管理和监控所有机器人。

综上所述,UiPath 的三大组件相互配合,Studio 负责规划和开发机器人功能,Orchestrator 负责管理和监控机器人,Robot 负责运行机器人流程,三者共同组成了一个完整的 RPA 软件平台。

三、UiPath Robot

在 UiPath Studio 中设计好的机器人自动化流程由 UiPath Robot 来运行,Robot 也就是我们常说的机器人,也称虚拟劳动力。Robot 运行流程的方式有两种:其一是全自动运行,不需要人工参与,也称无人值守运行;其二是由人工参与控制流程的运行。

一、UiPath 界面介绍

UiPath 产品主要包含三个界面,分别为主页界面、设计界面、调试界面,每个界面有特定的功能。

(一)主页界面

主页界面左侧主要为软件基础设置的一些选项卡,包括【打开】【关闭】【开始】【模板】【团队】【工具】【设置】【帮助】。

1. 【开始】选项卡

如图 2-2 所示,主页界面的【开始】选项卡包括【打开】【打开最近使用的文件】【新建项目】【从模板新建】这几个栏目。

➢ 【打开】:用于浏览并打开现有项目。
➢ 【打开最近使用的文件】:显示最近打开项目的记录。
➢ 【新建项目】:用于从空白项目开始设计新的自动化流程。
➢ 【从模板新建】:用于从模板创建新的自动化流程。

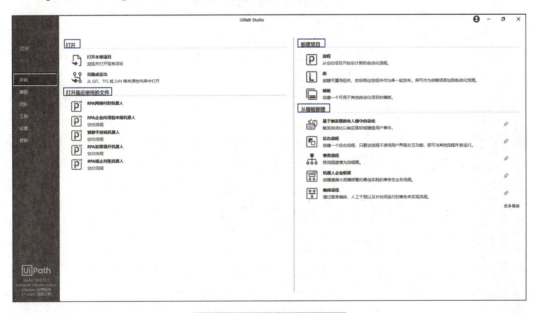

图 2-2 【开始】选项卡

2. 【工具】选项卡

如图 2-3 所示,主页界面的【工具】选项卡主要包括【应用程序】与【UiPath 扩展程序】两个栏目。

➢【应用程序】：包括用户界面探测器、项目依赖项批量更新工具、Microsoft Office Interop 修复工具。

➢【UiPath 扩展程序】：用于将自动化能力扩展到网页浏览器、Java 应用程序、Silverlight 应用程序、Citrix 应用程序等。

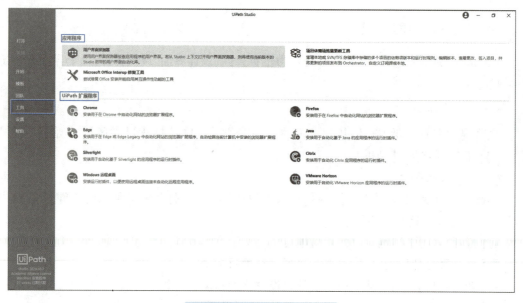

图 2-3 【工具】选项卡

3.【设置】选项卡

如图 2-4 所示，在主页界面的【设置】选项卡中可以进行【常规】【设计】【位置】【管理源】【许可证和配置文件】【团队】等的设置。

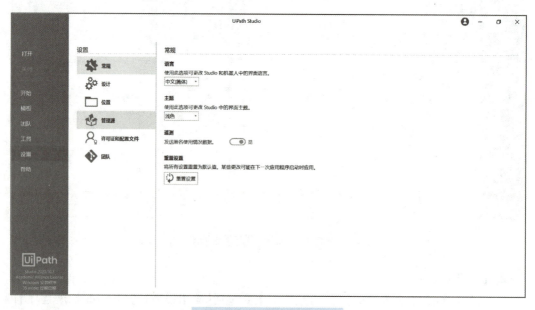

图 2-4 【设置】选项卡

➢ 常规：可修改 UiPath Studio 界面语言、主体颜色等。
➢ 设计：可进行保存并发布、执行、设计样式等配置。
➢ 位置：更改发布流程、发布库、发布项目模板等的位置。
➢ 管理源：配置项目包来源，包含默认包来源和用户定义的包来源。
➢ 许可证和配置文件：可更改本地许可证，查看或更改配置文件。
➢ 团队：主要为来源控件和插件。

4. 【帮助】选项卡

如图 2-5 所示，主页界面的【帮助】选项卡中提供了【产品文档】【社区论坛】【帮助中心】【发行说明】等项目。若在使用 UiPath 过程中存在疑问，可进入【产品文档】或【社区论坛】查阅相关资料。

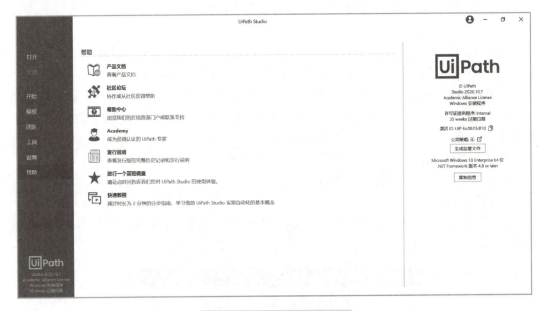

图 2-5 【帮助】选项卡

（二）设计界面

UiPath 设计界面主要包含快捷菜单栏以及【项目】面板、【活动】面板、【工作流设计】面板、【属性】面板等多个项目面板。

1. 快捷菜单栏

如图 2-6 所示，设计界面的快捷菜单栏功能丰富，包含新建、保存、导出为模板、调试文件、管理程序包等多种功能。

图 2-6 快捷菜单栏

➤ 新建：可以创建或启动序列、流程图或状态机，如图 2-7 所示。其中，序列表示最小类型的项目，适用于线性过程，可作为流程图或状态机的一部分；流程图适用于更复杂的业务逻辑，能够通过多个分支逻辑运算符实现更加多样化的集成决策和连接活动；状态机适用于大型项目；全局处理程序是一种工作流类型，用于在遇到执行错误时确定项目的行为。

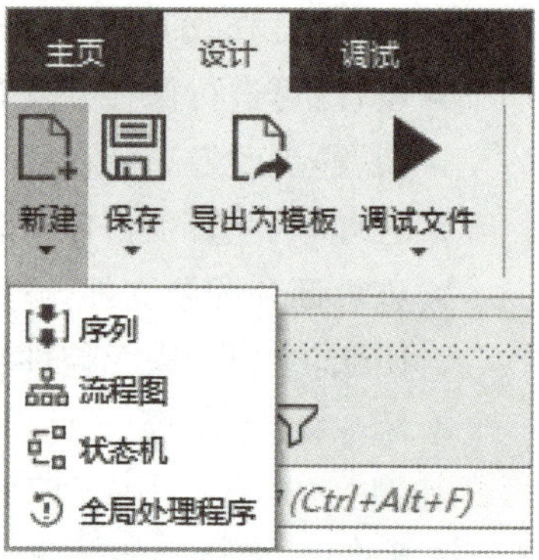

➤ 保存：用于保存当前所设计的工作流程。

➤ 调试文件：用于调试工作流程。

➤ 管理程序包：用于安装和更新程序包。

➤ 录制：用于在屏幕上捕获用户的动作并将其转换为序列。

➤ 屏幕抓取：使用全文、原生或 OCR 方法从指定用户界面元素或文档中提取数据。

➤ 数据抓取：用于抓取浏览器、应用程序或文档界面上的结构化数据。

➤ 用户界面探测器：用户界面探测器是一个高级工具，可以为特定用户界面元素创建一个自定义选取器。当用户用变量替代选择器时，该工具可以用来查看修改后的关系是否有效，并查找元素与元素间的不同点与相同点。

➤ 导出到 Excel：将当前流程中使用的活动导出至 Excel。

➤ 发布：发布当前流程，以供使用。

2. 【项目】面板

如图 2-8 所示，设计界面的【项目】面板主要包括依赖项、.screenshots 文件夹、.settings 文件夹、Main.xaml 文件、project.json 文件等项目文件资源。

图 2-7 【新建】下拉菜单

图 2-8 【项目】面板

➢ 依赖项是官方或者他人制作的封装好的组件,是脚本开发和运行中所必备的。每个 UiPath 项目都默认需要以下四个依赖项,等号的左侧为包名,右侧为版本号:

UiPath. Excel. Activities = 2.9.5

UiPath. Mail. Activities = 1.9.5

UiPath. System. Activities = 20.10.4

UiPath. UIAutomation. Activities = 20.10.9

注意:当依赖项缺失时,依赖项会加载为红色,这时可以用鼠标右键单击该依赖项,进行修复。

➢ Main. xaml 文件:该文件包含主工作流程。

➢ project. json 文件:该文件包含自动化项目信息文件。

3. 【活动】面板

如图 2-9 所示,设计界面的【活动】面板包含了项目需要的基本活动,可以直接调用,也可以在搜索栏中搜索需要的活动。UiPath 中的活动提供了不同应用程序所需的各种自动化操作。用户可以将这些活动拖放到工作区中,并对其进行配置,使其能够根据每个活动的需求工作。

图 2-9 【活动】面板

4. 【工作流设计】面板

设计界面的【工作流设计】面板显示当前的自动化项目流程,例如单击【打开主工作流】按钮,将活动拖拽至设计区进行流程设计开发的操作。在流程设计的过程中可根据功能需求配置相应活动【属性】面板中的属性,如图 2-10 所示。

图 2-10 【工作流设计】(Main)面板

(三) 调试界面

如图 2-11 所示,UiPath 调试界面主要用于调试文件、测试断点、慢步骤及打开日志。调试文件结束后,打开输出面板即可看到相对应的调试结果。

图 2-11 调试界面

➤ 调试文件:调试流程文件。
➤ 断点:对可能触发执行问题的活动有意暂停调试流程。

➢ 慢步骤：在调试过程中更仔细地查看任何活动。启用了此操作时，调试过程中将高亮显示各项活动。

➢ 执行历史记录：查看执行的历史记录。

➢ 高亮显示元素：被选中的元素在流程执行过程中会有红色标识。

➢ 日志活动：日志记录，当其被开启时，会详细记录每一个活动。

➢ 继续处理意外：此调试功能默认禁用。

➢ 画中画：在计算机上的单独会话中执行和调试流程或库。

➢ 打开日志：打开本地存储的日志。

任务实施

请在 UiPath 中创建一个项目，并命名为"示例1"，然后设计一个机器人向大家打招呼，内容为"Hello,UiPath"。

操作步骤：

① 打开 UiPath 软件，在主页界面单击【流程】新建项目，系统弹出【新建空白流程】对话框，修改名称为"示例1"，此处位置与说明的内容无须修改，如图 2-12 所示。

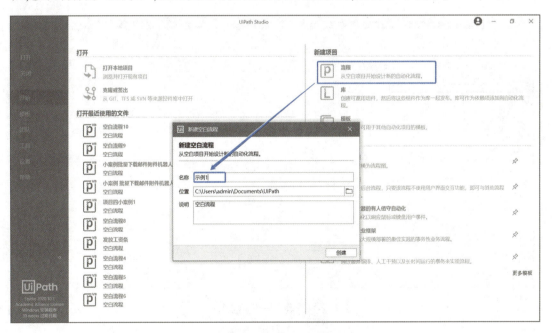

图 2-12 新建空白流程

② 先单击主页面上的【打开主工作流】按钮（图 2-13），再单击左侧的【活动】面板，在搜索框内输入"序列"，拖拽【System】—【Activities】—【Statements】类别下的【序列】至主页面的加号处（图 2-14），该步骤表示在主工作流中添加一个【序列】。

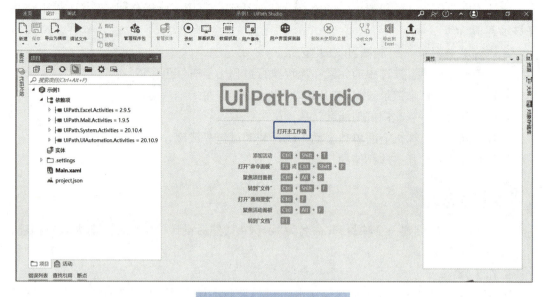

图 2-13　打开主工作流

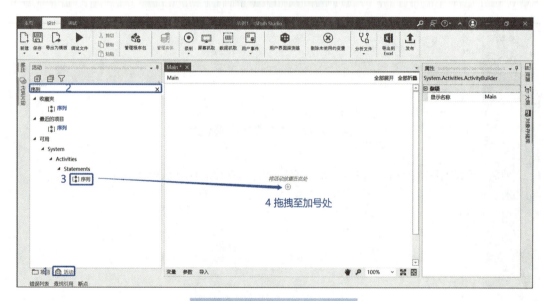

图 2-14　添加一个【序列】

③ 在搜索框内输入"消息框",拖拽【系统】—【对话框】类别下的【消息框】活动至【序列】内的加号处(图 2-15),该步骤表示添加【消息框】活动,设置该活动内容为"Hello, UiPath"(图 2-16)。

注意:【消息框】活动的文本是字符串,必须放在英文状态下的双引号内。

项目二　*RPA 财务机器人基础 UiPath 认知*

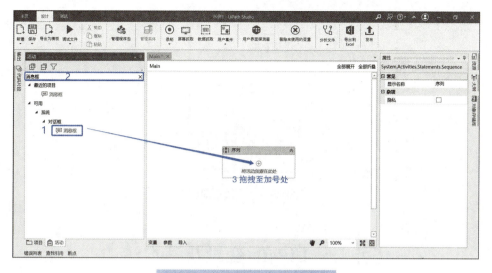

图 2-15　添加【消息框】活动

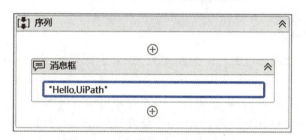

图 2-16　设置【消息框】活动文本

④ 单击设计界面快捷菜单栏中的【调试文件】按钮，运行 RPA 机器人，如图 2-17 所示。

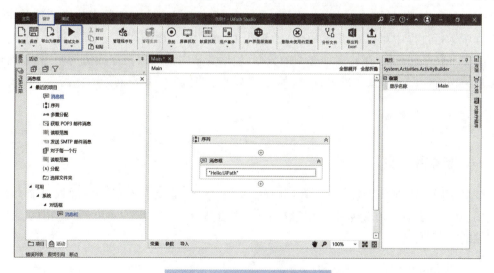

图 2-17　运行 RPA 机器人

021

运行结果如图 2-18 所示。

图 2-18 运行结果

任务二 UiPath 变量及基本活动

X 银行的金融市场部通过引入 UiPath 软件,在证券代码导入环节避免了跨系统手工操作,每次节省 150 分钟。通过使用 RPA 机器人完成从委外证券估值表的证券简称到证券风险预警系统中债券代码的录入,以便委外证券监控并定向发送预警。优化后,省去了员工通过行内数据终端管理取得证券代码,再手工将证券代码录入行外证券风险预警系统中的烦琐操作。

变量是所有编程语言中必不可少的部分。它在 RPA 流程中起到数据传递的重要作用。它在程序运行过程中可以改变其数值,程序可利用变量直接或间接访问数据。在 UiPath Studio 软件中,变量用于存储多种类型的数据,使用变量之前应该根据数值的范围选择合适的数据类型。使用变量最大的好处,就是通过改变它的值来满足不同的应用需求。

一、变量的含义

变量是内存中保存数据的一个存储空间,主要用于存储数据。若一个数据可能会被反复使用,则可将其保存在变量中。变量在 RPA 中扮演重要的数据传递角色,是 RPA 编程不可或缺的一部分。

二、变量的命名

UiPath 中的变量名由字母、数字和下划线组成,并且要以字母或下划线开头。UiPath 中的变量名不区分大小写,同时,变量的命名不能与 UiPath 的关键字冲突。定义变量时,还要注意变量的作用范围。

知识点拨

1. 为了提高变量名称的可读性，通常可遵循计算机程序语言中的命名惯例：① 蛇形命名法，如 First_Name、first_name；② 大驼峰命名法（帕斯卡命名法），如 FirstName；③ 小驼峰命名法，如 lastName。

2. 由于财务工作中有较多的专业名词，为了提高变量名称的可读性，财务人员在开发财务机器人的过程中可使用中文对变量进行命名，如净利润、企业所得税等。

三、变量的值

变量的值支持多种数据类型，包括通用值、文本、数字、数据表、时间和日期、UiElement，以及任何 .NET 变量类型。使用变量前应先根据所存储数据的特点为变量选择合适的数据类型。数据类型决定了数据在内存中的存放方式和占用内存的大小，决定了数据的取值范围和可对数据执行的操作。

四、变量的创建与删除

（一）变量的创建

1. 在【变量】面板中创建变量

如图 2-19 所示，在 UiPath 的【变量】面板中，单击【创建变量】，即可新增一个变量行，输入变量名称，选择变量类型，设置范围，设置默认值后即完成创建。如果默认值为空，则变量将使用其类型的默认值进行初始化。例如，创建一个变量，变量类型为 Int32，默认值则为 0。

注意：仅当【设计器】面板包含至少一个活动时，才能创建变量。

图 2-19 在【变量】面板中创建变量

2. 在活动主体的【属性】面板中创建变量

在活动主体的【属性】面板中，用鼠标右键单击可以编辑的字段，并在打开的如图 2-20 所示的快捷菜单中选择【创建变量】，或者选中可以编辑的字段并按快捷键【Ctrl】+【K】；接着输入变量名称，然后按回车键即可创建变量。创建好的变量可在【变量】面板中查看和编辑。

图2-20　在活动主体的【属性】面板中创建变量

3. 在活动主体中创建变量

在活动主体中用鼠标右键单击可以编辑的字段，并在打开的如图2-21所示的快捷菜单中选择【创建变量】，或者选中可以编辑的字段并按快捷键【Ctrl】+【K】，接着输入变量名称，然后按回车键即可创建变量。创建好的变量可在【变量】面板中查看和编辑。

图2-21　在活动主体中创建变量

（二）变量的删除

若要删除变量，可在【变量】面板中用鼠标右键单击该变量，并在打开的如图2-22所示的快捷菜单中选择【删除】，或者选中该变量并在键盘上按【Delete】键。

图2-22　在【变量】面板中删除变量

五、变量的数据类型

（一）String

String 是一种只能存储文本的变量类型。这种类型的变量可用于存储任何文本信息，如员工姓名、用户名或任何其他字符串。

例1 在 UiPath 中创建变量 a（其数据类型为 String，值为"2021年资产负债表"），并输出该变量。

操作步骤：

① 在序列中添加【编程】—【调试】类别下的【日志消息】活动，日志级别选择 Info，在【消息】处按快捷键【Ctrl】+【K】创建变量 a，如图 2-23 所示。

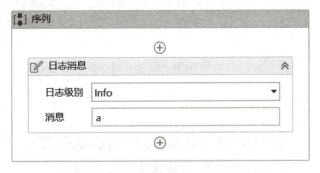

图 2-23　添加【日志消息】活动及创建变量

② 先单击【日志消息】活动，再打开【变量】面板，修改 a 的变量类型为 String，默认值为"2021年资产负债表"，如图 2-24 所示。

图 2-24　在【变量】面板中修改变量类型（String）及输入默认值

运行结果如图 2-25 所示。

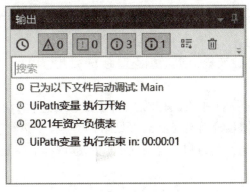

图 2-25　例1运行结果

(二) Boolean

Boolean 也称为布尔值变量,是一种变量类型,它只有两个可能的值:True 或 False。这个变量使用户能够做出决策,从而更好地控制流程。

例 2 在 UiPath 中创建变量 a(其数据类型为 Boolean),并输出该变量。

操作步骤:

① 在序列中添加【编程】—【调试】类别下的【日志消息】活动,日志级别选择 Info,在【消息】处按快捷键【Ctrl】+【K】创建变量 a,参见图 2-23。

② 先单击【日志消息】活动,再打开【变量】面板,修改 a 的变量类型为 Boolean,如图 2-26 所示。

名称	变量类型	范围	默认值
a	Boolean	序列	输入 VB 表达式

变量　参数　导入

图 2-26　在【变量】面板中修改变量类型(Boolean)

运行结果如图 2-27 所示。

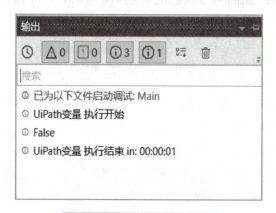

图 2-27　例 2 运行结果

(三) Int32

Int32 是数字变量,也称为整数,用于存储数字信息。它可以用于执行方程或比较,传递重要数据和许多其他信息。

例 3 在 UiPath 中创建变量 a(其数据类型为 Int32,值为 11),并输出该变量。

操作步骤:

① 在序列中添加【编程】—【调试】类别下的【日志消息】活动,日志级别选择 Info,在【消息】处按快捷键【Ctrl】+【K】创建变量 a,参见图 2-23。

② 先单击【日志消息】活动,再打开【变量】面板,修改 a 的变量类型为 Int32,默认值为 11,如图 2-28 所示。

项目二　RPA 财务机器人基础 UiPath 认知

图 2-28　在【变量】面板中修改变量类型(Int32)及输入默认值

运行结果如图 2-29 所示。

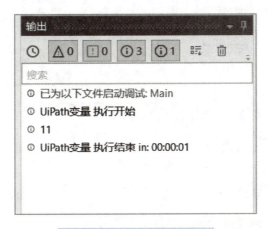

图 2-29　例 3 运行结果

（四）Array

Array 是数组变量,用于存储同一类型的多个值。在 UiPath 中可以创建由数字、字符串、布尔值等组成的数组。通过添加数组项的索引号,可以访问它们的值并将其写入文本文件中。如 a(0)表示索引该变量中的第一个值。

例 4　在 UiPath 中创建变量 a(其数据类型为 Array of [T]下的 String 类型,值为{"营业收入","营业成本"}),并输出该数组变量的第一个值。

操作步骤:

① 在序列中添加【编程】—【调试】类别下的【日志消息】活动,日志级别选择 Info,如图 2-30 所示。

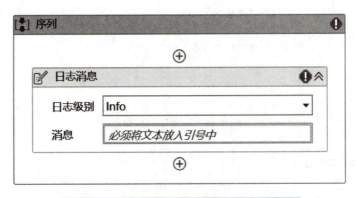

图 2-30　【日志消息】活动选择日志级别

027

② 先单击【日志消息】活动,再打开【变量】面板,单击【创建变量】,将变量命名为 a,修改 a 的变量类型为 Array of [T] 下的 String 类型(图 2-31),默认值为{"营业收入","营业成本"},然后在【日志消息】活动的【消息】处输入"a(0)"(图 2-32)。

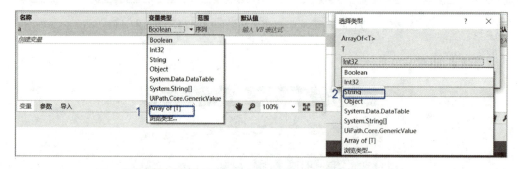

图 2-31　在【变量】面板中修改变量类型(String)

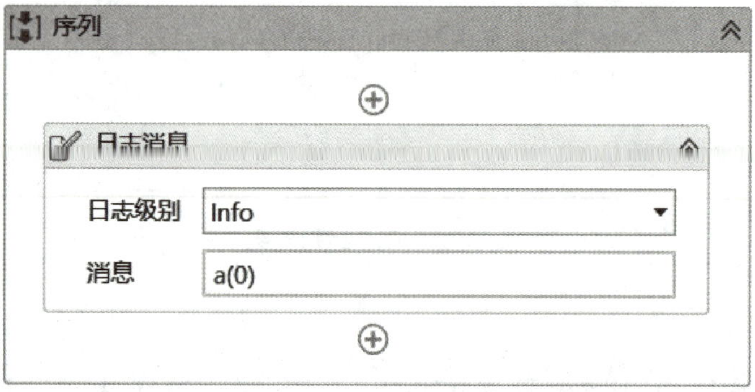

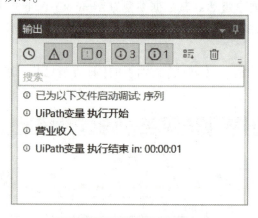

图 2-32　在【日志消息】活动的【消息】处输入数组变量的第一个值 a(0)

运行结果如图 2-33 所示。

图 2-33　例 4 运行结果

(五) GenericValue

GenericValue 是一种可以存储任何类型数据的变量,可以叫作泛型,包括文本、数字、日期和数组,它是 UiPath Studio 特有的。UiPath Studio 具有泛型值变量的自动转换机制,可以通过定义它们的表达式来达到预期结果。表达式中的第一个元素的数据类型用作 Studio 执行操作时的准则。例如，当两个泛型值变量执行"+"运算时，如果表达式中的第一个变量定义为字符串，则结果是这两个变量的拼接；如果第一个变量定义为整数，则结果是这两个变量的和。

注意：若执行求和，则第二个变量存储数据须为数字。

例 5 在 UiPath 中创建变量 a（其数据类型为 GenericValue，值为 100.1），并输出该变量。

操作步骤：

① 在序列中添加【编程】—【调试】类别下的【日志消息】活动，日志级别选择 Info，在【消息】处按快捷键【Ctrl】+【K】创建变量 a，参见图 2-23。

② 先单击【日志消息】活动，再打开【变量】面板，修改 a 的变量类型为 GenericValue（图 2-34），默认值为 100.1（图 2-35）。

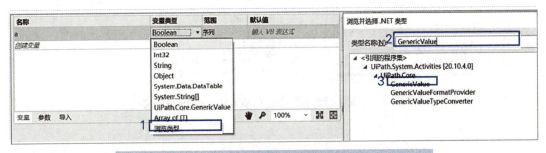

图 2-34 在【变量】面板中修改变量类型（GenericValue）

图 2-35 在【变量】面板中输入默认值（100.1）

运行结果如图 2-36 所示。

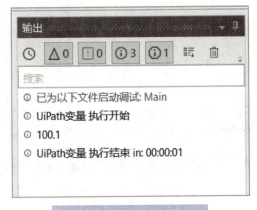

图 2-36 例 5 运行结果

(六) DataTable

DataTable 变量可以存储大量信息,并充当数据库或包含行和列的简单电子表格。该变量类型位于【浏览并选择 .NET 类型】窗口中【System.Data】命名空间下方(图 2-37)。DataTable 变量可用于将特定数据从一个数据库迁移到另一个数据库,从网站获取信息并将其以本地方式存储在电子表格中。

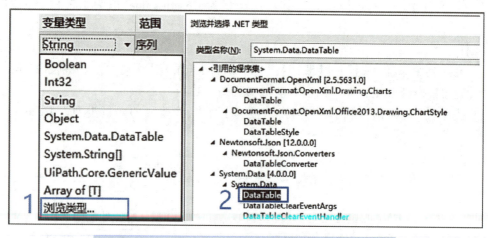

图 2-37 在【变量】面板中修改变量类型(DataTable)

(七) Double

Double 是双精度浮点型变量,位于【浏览并选择 .NET 类型】窗口中【System】命名空间下方。

例 6 在 UiPath 中创建变量 a(其数据类型 Double,值为 3.1415926),并输出该变量。

操作步骤:

① 在序列中添加【编程】—【调试】类别下的【日志消息】活动,日志级别选择 Info,在【消息】处按快捷键【Ctrl】+【K】创建变量 a,参见图 2-23。

② 先单击【日志消息】活动,再打开【变量】面板,修改 a 的变量类型为 Double(图 2-38),默认值为 3.1415926(图 2-39)。

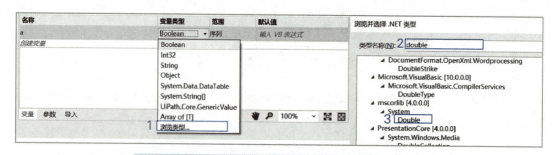

图 2-38 在【变量】面板中修改变量类型(Double)

名称	变量类型	范围	默认值
a	Double	序列	3.1415926

图 2-39　在【变量】面板中输入默认值(3.1415926)

运行结果如图 2-40 所示。

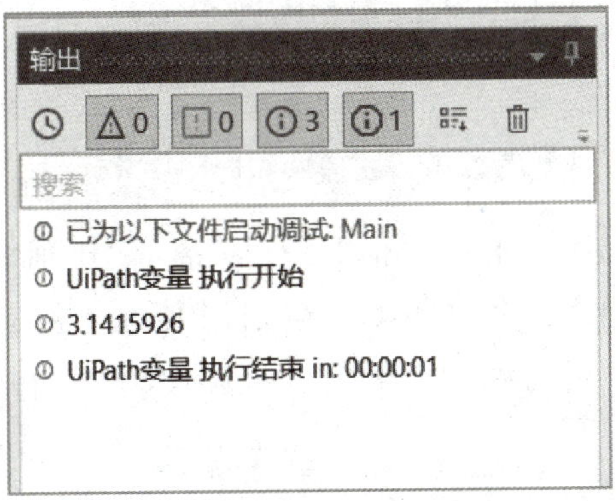

图 2-40　例 6 运行结算

六、变量数据类型间的转换

变量的数据类型间可以互相转换,转换方式可分为隐式转换和显式转换。隐式转换是系统的默认转换方式,即不需要特别声明即可在所有情况下进行。显式转换(强制转换)是一种强制性的转换方式,需要使用类型转换关键字。变量数据类型间的转换如表 2-1 所示。

表 2-1　变量数据类型间的转换

目标数据类型	转换方法
转换成整数类型	CInt( )或 integer.parse( )
转换成浮点数值类型	CDbl( )或 double.parse( )
转换成时间类型	datetime.parse( )
转换成字符串类型	ToString
换行符	vbcrlf

例 7

说明:2021 年 A 公司销售收入为 150000 元,销售成本为 90000 元。

要求:设计一个机器人,计算 A 公司 2021 年销售毛利率。

活动:【分配】【日志消息】。

操作步骤:

① 在序列中添加 1 个【System】—【Activities】—【Statements】类别下的【分配】活动,在该活动内按快捷键【Ctrl】+【K】输入变量名为"销售收入",令销售收入为"150000",如图 2-41 所示。

注意：该活动内创建变量的初始数据类型为 String，此处引导读者使用函数转换变量类型，因此不在【变量】面板变更变量类型。

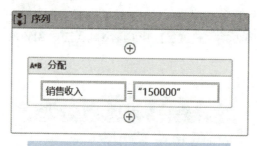

图 2-41　添加第一个【分配】活动

② 继续添加一个【System】—【Activities】—【Statements】类别下的【分配】活动，在该活动内按快捷键【Ctrl】+【K】输入变量名为"销售成本"，令销售成本为"90000"，如图 2-42 所示。

图 2-42　添加第二个【分配】活动

③ 继续添加一个【编程】—【调试】类别下的【日志消息】活动，日志级别为 Info，在【消息】处输入销售毛利率计算公式，由于前面创建的变量类型为 String 类型，因此使用函数 double.parse( ) 将 String 变量类型转换为 Double 变量类型，则【日志消息】活动的【消息】处输入：(double.parse(销售收入)-double.parse(销售成本))/double.parse(销售收入)，如图 2-43 所示。

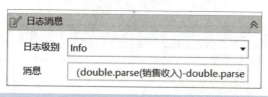

图 2-43　设置【日志消息】活动输出销售毛利率

运行结果如图 2-44 所示。

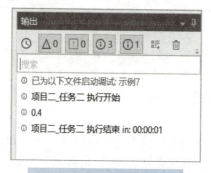

图 2-44　例 7 运行结果

七、运算符

运算符是用于执行某种运算的符号，UiPath中的运算符大致可以分为5种类型：算术运算符、连接运算符、关系运算符、赋值运算符和逻辑运算符。

（一）算术运算符

算术运算符用于处理数值计算，UiPath中常见的算术运算符如表2-2所示。

表2-2 常见的算术运算符

类别	运算符号	含义	样例（假设 a=2,b=7）
算术运算符	^	幂	b^a 的运算结果为49
	+	加法运算	a+b 的运算结果为9
	-	减法运算	a-b 的运算结果为-5
	*	乘法运算	a*b 的运算结果为14
	/	将一个操作数除以另一个操作数，并返回一个浮点结果	b/a 的运算结果为3.5
	\	将一个操作数除以另一个操作数，并返回一个整数结果	b\a 的运算结果为3
	Mod	取余数	b Mod a 的运算结果为1

（二）连接运算符

连接运算符的作用是把两个字符串合并成一个字符串，UiPath中的连接运算符如表2-3所示。

表2-3 连接运算符

类别	运算符号	含义	样例
连接运算符	& 或+	字符串连接	"科"&"云"的运算结果为"科云"

（三）关系运算符

关系运算符，也称比较运算符，其比较的结果是一个逻辑值（逻辑真或逻辑假）。UiPath中常见的关系运算符如表2-4所示。

表2-4 常见的关系运算符

类别	运算符号	含义	样例（假设 a=10,b=6）
关系运算符	=	等于	a=b 的运算结果为False
	>	大于	a>b 的运算结果为True
	<	小于	a<b 的运算结果为False
	>=	大于等于	a>=5 的运算结果为True
	<=	小于等于	a<=5 的运算结果为False
	<>	不等于	a<>b 的运算结果为True

（四）赋值运算符

"="是 UiPath 中的赋值运算符,该运算符把赋值号右边表达式的计算结果赋给左边的变量。UiPath 中的赋值运算符如表 2-5 所示。

表 2-5 赋值运算符

类别	运算符号	含义	样例
赋值运算符	=	赋值	a=10 的结果是将 10 赋值给变量 a

（五）逻辑运算符

逻辑运算符是针对逻辑值进行运算的符号,其运算结果也是一个逻辑值。例如,用逻辑运算符把多个关系表达式连接起来组成一个复杂的逻辑表达式,这种逻辑表达式常用于作为分支程序或循环程序的条件判断。UiPath 中常见的逻辑运算符如表 2-6 所示。

表 2-6 常见的逻辑运算符

类别	运算符号	含义	样例(假设 a=10,b=6)
逻辑运算符	And	并且	a>5 And a<11 的运算结果为 True
	Or	或者	a>11 Or b<8 的运算结果为 True
	Not	取反	Not a>5 的运算结果为 False

（六）UiPath 运算符的优先级

UiPath 中的表达式可以由多种运算符号连接多种类型的值组成,当一个表达式中包含多种不同的运算符时,要注意辨别这些运算符的优先级。UiPath 运算符的优先级从高到低顺序如下:算术运算符(连接运算符)、关系运算符、逻辑运算符、赋值运算符。

具体来说,各常见运算符的优先级从高到低顺序如下:*和/、Mod、+和-、&、关系运算符(所有关系运算符级别相同)、Not、And、Or、=(赋值运算符)。

例 8

说明:2021 年 A 公司销售收入为 150000 元,销售成本为 90000 元。

要求:设计一个机器人,计算 A 公司 2021 年销售毛利率。

活动:【分配】【日志消息】。

操作步骤:

① 在序列中添加三个【System】—【Activities】—【Statements】类别下的【分配】活动,在第一个【分配】活动内按快捷键【Ctrl】+【K】,输入变量名为"销售收入",单击该活动,打开【变量】面板,修改该变量的类型为 Double,值为 150000;在第二个【分配】活动内按快捷键【Ctrl】+【K】,输入变量名为"销售成本",单击该活动,打开【变量】面板,修改该变量的类型为 Double,值为 90000;在第三个【分配】活动内按快捷键【Ctrl】+【K】,输入变量名为"销售毛利率",单击该活动,打开【变量】面板,修改该变量的类型为 Double,值为(销售收入-销售成本)/销售收入,如图 2-45 和图 2-46 所示。

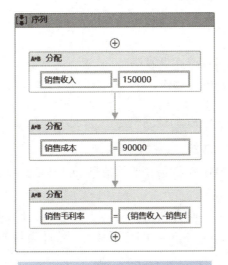

图 2-45 设置三个【分配】活动

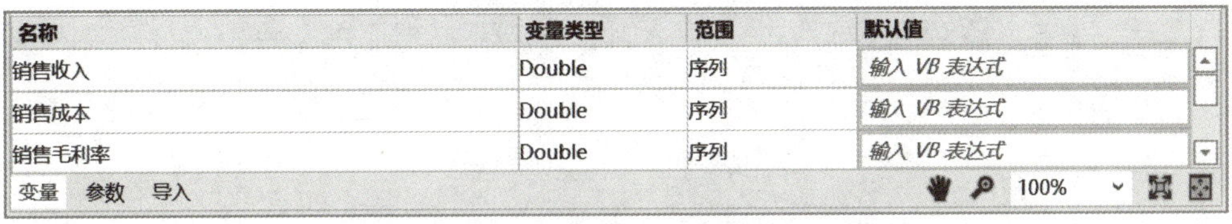

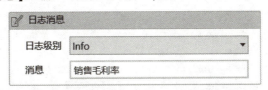

图 2-46 在【变量】面板修改变量类型

② 继续在第三个【分配】活动后面添加【编程】—【调试】类别下的【日志消息】活动,日志级别选择 Info,在【消息】处输入"销售毛利率",如图 2-47 所示。

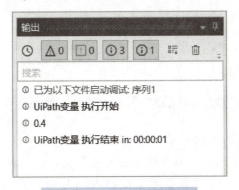

图 2-47 设置【日志消息】活动(输出销售毛利率)

运行结果如图 2-48 所示。

图 2-48 例 8 运行结果

当我们想去投资"贵州茅台"这只股票时,通常会去观察其股价信息,以帮助我们判断该股票的状况。现在利用UiPath制作一个"股票信息查询机器人",给我们提示贵州茅台的股价信息吧!

要求:

(1)使用【打开浏览器】活动登录东方财富网。

(2)查询贵州茅台(600519)的最新股价信息,再用【消息框】弹出该股价信息。

操作步骤:

① 在序列中添加【用户界面自动化】—【浏览器】类别下的【打开浏览器】活动,输入URL为"www.eastmoney.com"(图2-49),打开该活动的【属性】面板,修改浏览器类型为Chrome(图2-50)。

注意: 输入的URL必须是字符串格式,因此该网址必须放在英文状态下的引号内。

图2-49 设置【打开浏览器】活动的网址

图2-50 设置【打开浏览器】活动的属性

② 添加【用户界面自动化】—【元素】—【键盘】类别下的【输入信息】活动,并修改该活动名称为"股票代码",单击【指出浏览器中的元素】,指出输入股票代码的位置,输入文本"600519",如图2-51所示。该步骤表示令机器人模拟用户在搜索框输入要查询的股票代码。

图 2-51 【设置文本(股票代码)】活动

③ 添加【元素】—【鼠标】类别下的【单击】活动,并修改该活动名称为"单击(查行情)",单击【指出浏览器中的元素】,选中东方财富网中的【查行情】按钮,如图 2-52 所示。该步骤表示令机器人模拟用户单击【查行情】按钮。

图 2-52 【单击(查行情)】活动

注意:为了确保所指位置的准确性,可打开【单击】活动的【选取器编辑器】对话框进行查看和验证,单击【高亮显示】可查看鼠标单击的位置。若选取的位置偏移,可单击【指出元素】重新拾取目标元素,如图 2-53 所示。

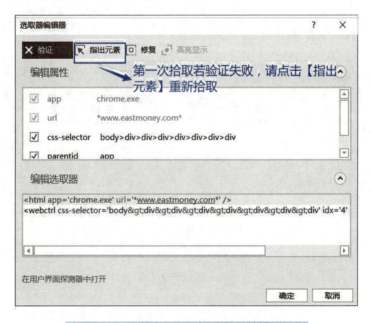

图 2-53 【单击】活动的【选取器编辑器】

④ 添加【用户界面自动化】—【元素】—【控件】类别下的【获取文本】活动,并修改该活动名称为"获取本文(股价)",单击【指出浏览器中的元素】,选中网页中贵州茅台的股价作为获取文本的目标(图2-54),在该活动的【属性】面板输出值处设置变量 price(图2-55),该变量用于接收获取到的股价信息,变量类型为 String。该步骤表示令机器人模拟用户操作获取贵州茅台的股价信息。

图 2-54 【获取文本(股价)】活动

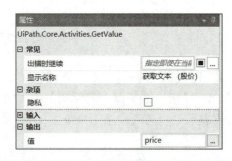

图 2-55 设置【获取文本(股价)】活动的属性

注意: 由于股价不断变化,为增强流程的通用性,可打开【获取文本】活动的【选取器编辑器】对话框,如图2-56(a)所示,用通配符"*"替换【选取器编辑器】对话框中的价格"1771.70-19.29(-1.08%)",如图2-56(b)所示。

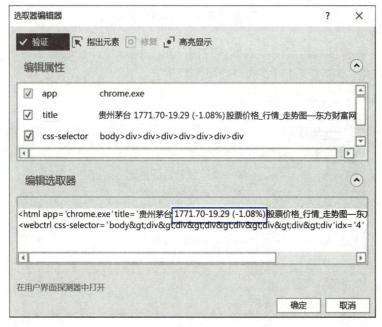

(a)

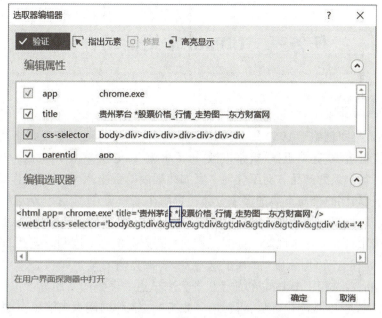

(b)

图 2-56 修改"股价"所在网页的标题

⑤ 添加【系统】—【对话框】类别下的【消息框】活动,输入文本:"贵州茅台今日股价为"+price,如图 2-57 所示。该步骤表示令机器人对自动获取到的贵州茅台股价信息进行反馈。

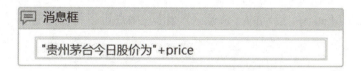

图 2-57 【消息框】活动输出股价信息

⑥ 单击【调试文件】按钮,股票信息查询机器人即会通过消息框弹出贵州茅台今日股价,如图 2-58 所示。

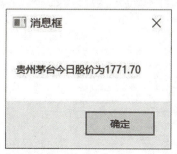

图 2-58 机器人提示贵州茅台今日股价

任务三　UiPath 常用活动介绍

某装备制造集团创始于 1989 年,是以"工程"为主题的装备制造企业。其主导产品为混凝土机械、挖掘机械、起重机械、筑路机械、桩工机械、风电设备、港口机械、石油装备、煤炭设备、精密机床等全系列产品。对于任何一家如此规模的企业,资金管理工作都要比一般公司复杂千百倍。集团总部与下属的多家分公司费用往来频繁,且数量十分庞大,很多时候资金并不能得到及时、高效的运转。同时,由于集团和分公司组合依赖性高,财务工作一旦出现错漏,就会带来较大的连带风险。面对工程项目对财务的准确度和时效性的要求,集团迫切需要让财务处理启动"加速度"。基于这一发现,该集团的某下属核心集团于 2019 年 7 月找到了 UiPath,并选用了 UiPath 的前台机器人来试点处理集团费用分摊工作。该集团希望借助 RPA 的自动化、智能化优势,将费用分摊场景的工作时间大大缩短,并提高数据处理的准确度。我们可以通过使用 UiPath 软件的哪些功能来提高工作效率呢?

一、活动的含义

活动(Activity)是流程自动化的基石,是构成自动化程序的最小模块,可以将其理解为"拼图碎片"。在 UiPath 中,活动的复杂性各不相同,用户可以根据自身需求对活动进行相应的设置。

二、UiPath 项目依赖项

在 UiPath 中,每个新建流程都默认包含四个项目依赖项,如图 2-59 所示。依赖项就是官方或者他人制作的封装好的活动组件,是脚本开发和运行中所必备的。

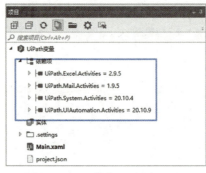

(a)

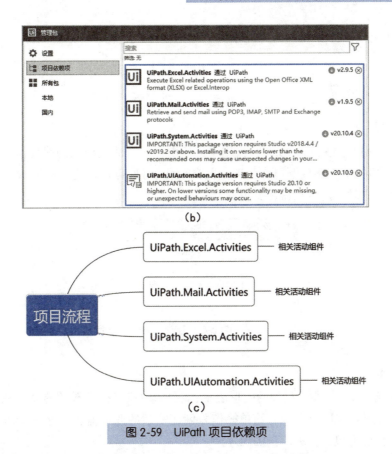

图 2-59 UiPath 项目依赖项

除默认安装的四个依赖项之外,还可下载安装其他活动程序包。例如,PDF、Word 等相关活动都没有包含在默认依赖项中,当需要处理 PDF、Word 等文件时,可以通过【管理包】程序安装使用。操作如图 2-60 所示。

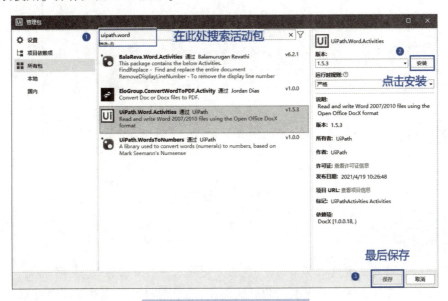

图 2-60 下载活动程序包

任务准备

一、工作流类型

(一) 序列

序列(图 2-61)是最小类型的项目,用于创建由许多子活动组成的线性流程。序列中的子活动均按顺序执行。序列既可作为独立的自动化项目,也可作为流程图或状态机的一部分,从而帮助用户对特定活动做出分组。

图 2-61 序列

(二) 流程图

流程图(图 2-62)是展示过程的图形表示,能帮助用户轻松查看和遵循流程。它可通过多种方式相互连接,能够自动执行简单操作并创建复杂的业务流程。流程图既可用作独立的自动化项目,也可包含在更广泛的程序中。

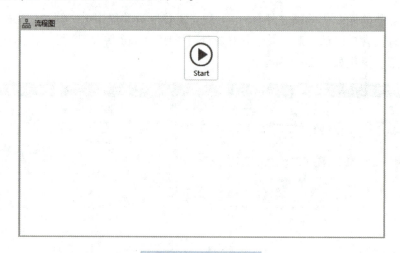

图 2-62 流程图

知识点拨

序列适合活动相互跟随的简单场景,能够方便地从一个活动转到另一个活动,而不会使项目发生混乱。流程图适合用于复杂的分支逻辑,用于创建复杂的业务流程并以多种方式连接活动。

二、常用鼠标操作活动

UiPath 中的鼠标活动是 UiPath 机器人用于模拟人为操作鼠标的一种方法。例如,【用户界面自动化】—【元素】—【鼠标】类型下有鼠标的【单击】【双击】【悬停】等活动,这些活动可以模拟人为的单击鼠标、双击鼠标、鼠标悬停等操作。

以【单击】活动(图 2-63)为例,它用于单击指定的用户界面元素。该活动在【可用】—【用户界面自动化】—【元素】—【鼠标】类别下。

图 2-63 【单击】活动

【单击】活动的【属性】面板如图 2-64 所示。

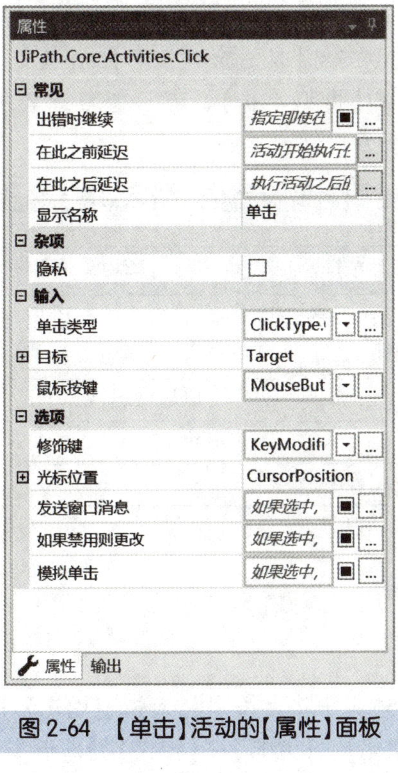

图 2-64 【单击】活动的【属性】面板

【单击】活动的主要属性及对应功能如表 2-7 所示。

表2-7 【单击】活动的主要属性及对应功能

属性	功能
出错时继续	在当前活动失败的情况下,仍继续执行剩余的活动
在此之前延迟	活动开始执行任何操作之前的延迟时间,默认时间为200毫秒
在此之后延迟	执行活动之后的延迟时间,默认时间为300毫秒
单击类型	指定模拟点击事件时所使用的鼠标点击类型(单击、双击、向上滚动、向下滚动),默认选择单击
鼠标按键	用于执行点击操作的鼠标键(左键、右键和中键),默认选择鼠标左键
修饰键	用于添加修饰键,可用的选项如下:【Alt】【Ctrl】【Shift】【Win】
发送窗口消息	勾选后单击可在后台工作;默认情况下,该复选框为未选中状态
如果禁用则更改	如果选中,即使禁用指定的用户界面元素,系统也仍会执行模拟点击操作
模拟单击	勾选后单击可在后台工作

> **知识点拨**

在使用【单击】活动时,建议勾选【发送窗口消息】或【模拟单击】,避免调试时鼠标移位导致报错。【发送窗口消息】和【模拟单击】二者只能勾选其中一项。【发送窗口消息】与【模拟单击】的区别如表2-8所示。

表2-8 【发送窗口消息】与【模拟单击】的区别

项目	【发送窗口消息】	【模拟单击】	不勾选二者
含义	通过向目标程序发送一条特定消息的方式执行点击	通过使用目标应用程序点击	通过硬件驱动程序执行点击
后台运行	可以后台运行	可以后台运行	不能后台运行
速度	—	最快	最慢
兼容性	兼容大多数桌面应用程序	—	兼容所有桌面应用程序

注:表中"—"代表不具备此项功能。

三、常用键盘输入活动

(一)【设置文本】活动

【设置文本】活动(图2-65)用于将字符串写入指定用户界面元素的"文本"属性。该活动在【可用】—【用户界面自动化】—【元素】—【控件】类别下。

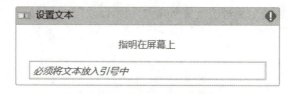

图2-65 【设置文本】活动

【设置文本】活动的【属性】面板如图2-66所示。

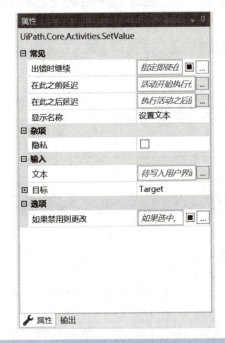

图2-66 【设置文本】活动的【属性】面板

【设置文本】活动的主要属性及对应功能如表2-9所示。

表2-9 【设置文本】活动的主要属性及对应功能

属性	功能
文本	待写入用户界面元素的"文本"属性的字符串
目标	用于在执行活动时查找特定用户界面元素的"文本"属性。它实际上是XML片段,用于指定要查找的图形用户界面元素及其一些父元素的属性

示例1:设置文本

说明:请先使用谷歌浏览器打开百度网页,再令RPA在搜索栏中键入"国家税务总局"。

活动:【单击】【设置文本】。

操作步骤:

① 先在谷歌浏览器中打开百度网页,然后在序列中添加【元素】—【控件】类别下的【设置文本】活动,单击该活动的【指明在屏幕上】,如图2-67(a)所示,拾取百度网页的搜索框,并设置输入内容为"国家税务总局",如图2-67(b)所示。

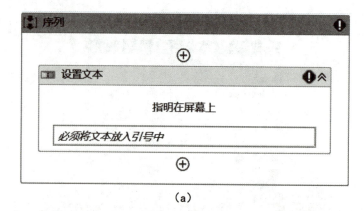

(a)

(b)

图 2-67 【设置文本】活动输入"国家税务总局"

② 添加【元素】—【鼠标】类别下的【单击】活动,单击该活动的【指明在屏幕上】,拾取"百度一下"图标,如图 2-68 所示。

图 2-68 拾取"百度一下"图标

运行结果如图 2-69 所示。

图 2-69　示例运行结果

（二）【输入信息】活动

【输入信息】活动（图 2-70）用于向用户界面元素发送击键，它支持特殊按键，且可以从下拉列表中选择内容。该活动在【可用】—【用户界面自动化】—【元素】—【键盘】类别下。

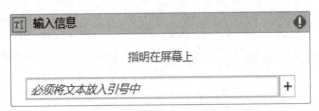

图 2-70　【输入信息】活动

【输入信息】活动的【属性】面板如图 2-71 所示。

图 2-71 【输入信息】活动的【属性】面板

【输入信息】活动的主要属性及对应功能如表 2-10 所示。

表 2-10 【输入信息】活动的主要属性及对应功能

属性	功能
文本	待写入指定用户界面元素的文本。支持特殊按键,且可以从活动下拉列表中选择内容
发送窗口消息	勾选后单据可在后台工作,默认情况下,该复选框为未选中状态
在末尾取消选定	在文本输入后添加完整事件,以触发某些界面响应
如果禁用则更改	如果选中,即使禁用指定的用户界面元素,系统也仍会执行键入操作
模拟键入	勾选后单击可在后台工作
激活	默认勾选。选择该复选框时,系统会将指定用户界面元素置于前台,并在写入文本前将其激活
空字段	选中该复选框时,系统会在写入文本前清除用户界面元素中所有之前存在的内容
键之间延迟	两次击键之间的延迟时间。默认时间为 10 毫秒,最大值为 1000 毫秒
键之前单击	选中该复选框时,在写入文本之前单击指定用户界面元素

知识点拨

【设置文本】与【输入信息】活动二者虽然都是在界面中输入内容,但存在部分差异。【设置文本】活动只能输入字符串信息,而【输入信息】活动除了字符串之外还支持特殊按键,如【Alt】【Ctrl】【Shift】【F1】【F2】等按键。另外,在属性上,【输入信息】活动的设置更丰富,可以触发某些界面响应、清除用户界面元素中存在的内容、在键入前单击等。

示例 2:输入信息

说明:请使用谷歌浏览器打开百度网页,再令 RPA 在搜索栏中键入"国家税务总局"。

要求:使用【Enter】键。

活动:【输入信息】。

操作步骤:

① 先在谷歌浏览器中打开百度网页,然后在序列中添加【元素】—【键盘】类别下的【输入信息】活动,单击该活动的【指明在屏幕上】,拾取百度网页的搜索框。

② 设置输入内容为"国家税务总局",单击该活动的"+"选择特殊按键【Enter】即可,如图 2-72 所示。

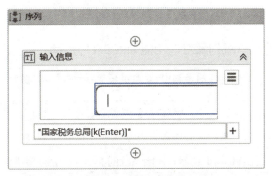

图 2-72 设置【输入信息】活动的输入内容

运行结果如图 2-73 所示。

图 2-73 示例 2 运行结果

四、其他常用活动

(一)【日志消息】活动

【日志消息】活动(图 2-74)用于在指定的级别写入指定的诊断消息。该活动在【可用】—【编程】—【调试】类别下。日志级别分为 Fatal、Error、Warn、Info 和 Trace 五个级别。

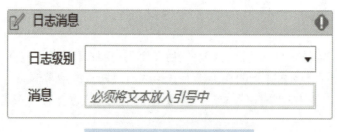

图 2-74 【日志消息】活动

【日志消息】活动的日志级别及对应功能如表 2-11 所示。

表 2-11 【日志消息】活动的日志级别及对应功能

日志级别	功能
Fatal	指出每个严重的错误事件将会导致应用程序的退出,级别较高
Error	指出虽然发生错误事件,但仍然不影响系统的继续运行。打印错误信息和异常信息
Warn	表明会出现潜在错误的情形。有些信息不是错误信息,但是也要给程序员一些提示
Info	消息在粗粒度级别上突出强调应用程序的运行过程。打印一些用户感兴趣的或者重要的信息,用于调试输出程序运行中的一些重要信息,但是不能滥用,避免打印过多的日志
Trace	很低的日志级别,一般不会使用

(二)【分配】活动

【分配】活动(图 2-75)用于将任何值分配给变量或参数。它常用于循环语句中,给变量重新赋值,令机器人进入下一次循环条件判断。该活动在【可用】—【System】—【Activities】—【Statements】类别下。

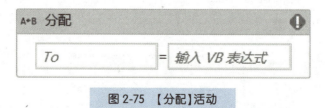

图 2-75 【分配】活动

(三)【输入对话框】活动

【输入对话框】活动(图 2-76)用于显示一个对话框,通过其中的标签消息和输入字段提示用户。该活动在【可用】—【系统】—【对话框】类别下。

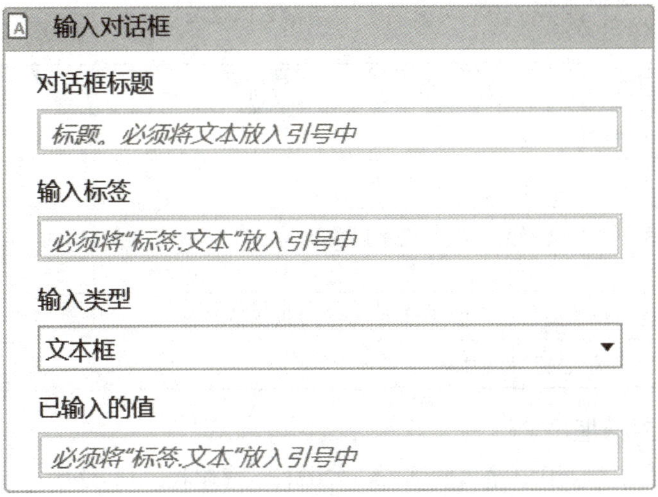

图 2-76 【输入对话框】活动

【输入对话框】活动的【属性】面板如图 2-77 所示。

图 2-77 【输入对话框】活动的【属性】面板

【输入对话框】活动的主要属性及对应功能如表 2-12 所示。

表 2-12 【输入对话框】活动的主要属性及对应功能

属性	功能
标签	表单字段的标签
标题	输入对话框的标题
选项	一系列可供选择的选项。该字段仅支持字符串数组变量,例如:{"项目 1""项目 2""项目 3"}
选项字符串	包含可供选择的选项的字符串,该字段仅支持字符串变量
结果	用户在输入对话框中插入的值

示例 3:输入对话框

说明:令机器人接收用户输入的 A 公司 2021 年营业收入值 32450000000 元,并通过日志消息将该值输出。

活动:【输入对话框】【日志消息】。

操作步骤:

① 在序列中添加【系统】—【对话框】类别下的【输入对话框】活动,设置该活动的对话框标题为"营业收入",输入标签为"请输入 A 公司营业收入",输入类型选择文本框,并在【已输入的值】处创建变量 a,如图 2-78 所示。

图 2-78 【输入对话框】活动设置

② 打开【变量】面板,修改该变量的数据类型为 Double,如图 2-79 所示。

图 2-79 在【变量】面板中修改变量类型

③ 继续添加【编程】—【调试】类别下的【日志消息】活动,设置该活动的日志级别为 Info,消息为 a,如图 2-80 所示。

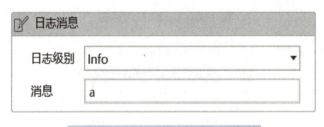

图 2-80 【日志消息】活动设置

④ 单击【调试文件】按钮,在弹出的对话框内输入"32450000000",如图 2-81 所示。

图 2-81 在对话框内输入营业收入值

运行结果如图 2-82 所示。

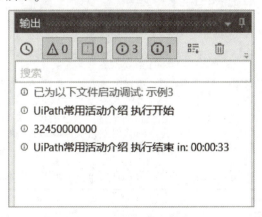

图 2-82 示例 3 运行结果

(四)【获取文本】活动

【获取文本】活动(图 2-83)用于从指定用户界面元素提取文本值。该活动在【可用】—【用户界面自动化】—【元素】—【控件】类别下。

图 2-83 【获取文本】活动

【获取文本】活动的【属性】面板如图 2-84 所示。

图 2-84 【获取文本】活动的【属性】面板

【获取文本】活动的主要属性及对应功能如表 2-13 所示。

表 2-13 【获取文本】活动的主要属性

属性	功能
出错时继续	指定自动化是否应该在活动抛出错误时继续。该字段仅支持布尔值(True、False)。默认值为 False。因此,如果该字段为空白并引发错误,则项目的执行将停止。如果该值设置为 True,则无论出现任何错误,项目都会继续执行
值	用于将指定用户界面元素中的文本存储在变量中。该字段中创建的变量为通用值类型

(五)【消息框】活动

【消息框】活动(图 2-85)用于显示一个具有给定文本的消息框,其中包含各种按钮选项。该活动在【可用】—【系统】—【对话框】类别下。

图 2-85 【消息框】活动

根据税法规定,依法在中国境内成立的居民企业,征收企业所得税时适用 25% 的基本税率。

请设计一个 RPA 利润计算机器人,使其能根据用户输入的企业总收入与成本费用,自动计算出企业的利润、净利润及净利率。

操作步骤:

① 添加【System】—【Activities】—【Statements】类别下的【序列】活动,修改名称为"RPA 利润计算机器人"。为进行利润计算,首先需要获取收入等相关数据。在序列中添加【系统】—【对话框】类别下的【输入对话框】活动,在显示名称中增加"(输入总收入)"。对话框标题设置为"输入相关数据",输入标签设置为"请输入公司本年总收入:",在【已输入的值】选项框中右击创建变量"收入",如图 2-86 所示。右击创建的变量为通用变量,类型为 String,为方便后续公式中直接运用此变量进行计算,修改变量类型为 Double,用于储存输入的总收入数据。

图 2-86 【输入对话框(输入总收入)】活动

② 添加【系统】—【对话框】类别下的【输入对话框】活动,在显示名称中增加"(输入成本费用)"。对话框标题设置为"输入相关数据",输入标签设置为"请输入公司本年成本费用:",在【已输入的值】选项框中右击创建变量"成本费用",如图 2-87 所示。修改变量类型为 Double,用于储存输入的成本费用数据。

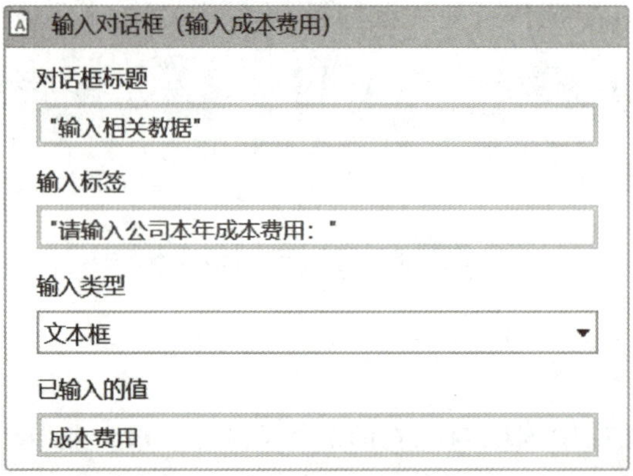

图 2-87 设置【输入对话框(输入成本费用)】活动

③ 开始计算利润等指标,添加【工作流】—【控件】类别下的【分配】活动,在【变量】面板中创建变量"利润",变量类型为 Double,范围为"RPA 利润计算机器人",用于储存计算出的利润。由于利润、收入、成本费用这几个变量均为 Double 类型,可直接计算,因此设置【分配】活动 令利润=收入-成本费用,如图 2-88 所示。

图 2-88 设置【分配】活动计算利润

④ 添加【工作流】—【控件】类别下的【分配】活动,在【变量】面板中创建变量"净利润",变量类型为 Double,范围为"RPA 利润计算机器人",用于储存计算出的净利润。净利润等于利润减去所得税费用。由于实际所得税计算工作较为复杂,此处暂时不考虑所得税计算过程中的调整额,仅进行简易计算。设置【分配】活动,令净利润=利润*(1-0.25),如图 2-89 所示。

图 2-89 设置【分配】活动计算净利润

⑤ 添加【工作流】—【控件】类别下的【分配】活动,在【变量】面板中创建变量"净利率",变量类型为 Double,范围为"RPA 利润计算机器人",用于储存计算出的净利率。净利率等于净利润与收入的比值。设置【分配】活动,令净利率=净利润/收入,如图 2-90 所示。

图 2-90　设置【分配】活动计算净利率

⑥ 至此，利润指标已经计算完成，结果均储存在对应的变量中，需要输出。添加【系统】—【对话框】类别下的【消息框】活动，在显示名称中增加"（输出结果）"。输入文本设置为"公司经营利润分析情况如下："+vbcrlf+"（1）利润总额："+利润.ToString+vbcrlf+"（2）净利润："+净利润.ToString+vbcrlf+"（3）净利率："+formatpercent（净利率.ToString），如图 2-91 所示。其中，vbcrlf 为换行语法，formatpercent（）是将数值转换成百分数形式的函数。当运行完成及计算结束，系统会弹出消息框，显示计算结果。

图 2-91　设置【消息框】活动输出结果

⑦ 单击【调试文件】按钮，在弹出的输入对话框内输入收入"3000000"，成本费用"2500000"，运行结果如图 2-92 所示。

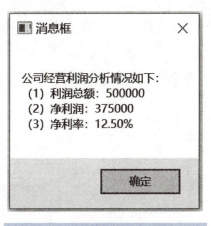

图 2-92　公司经营利润分析情况

任务四　条件分支活动

根据税法规定,居民取得的工资薪金所得,应当按照累计预扣法计算预扣税款,计算公式:本期应预扣预缴税额=(累计预扣预缴应纳税所得额×预扣率−速算扣除数)−累计减免税额−累计已预扣预缴税额。(注:累计减免税额符合个人所得税减免税情况时才扣除,本案例不考虑累计减免税额。)现在使用 UiPath 设计一个"居民工资薪金所得计算机器人"来计算个人所得税。

Uipath 软件可以根据企业业务的实际需求,通过条件分支活动,在某个条件或者某些条件组合进行判断后,执行不同逻辑。条件分支活动包括【IF 条件】【流程决策】【切换】【流程切换】等活动。

一、【IF 条件】活动

(一)【IF 条件】活动简介

【IF 条件】活动是 UiPath 提供的条件分支活动之一,活动包含【Condition】【Then】【Else】三个部分,如图 2-93 所示。在流程执行的过程中先判断【Condition】项目中的条件,如果条件判断结果为 True,则执行【Then】分支中的活动;如果条件判断结果为 False,则执行【Else】分支中的活动。【IF 条件】活动位于【可用】—【System】—【Activities】—【Statements】类别下。

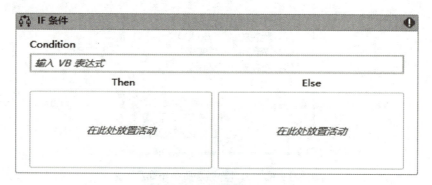

图 2-93　【IF 条件】活动

例如,已知变量 a=10,在【IF 条件】活动的【Condition】项目内输入"a>7",则判断结果为True，此时机器人流程执行【Then】分支内的活动。已知变量 a = 3，在【IF 条件】活动的【Condition】项目内输入"a>7"，则判断结果为 False，此时机器人流程执行【Else】分支内的活动。

(二)【IF 条件】活动使用场景及适用工作流

【IF 条件】活动用于处理一些决策性质的事件，根据不同的条件执行不同的逻辑。【IF 条件】活动既可以用于流程图，也可以用于序列。

示例 1：IF 条件(一)

说明：Z 公司为清理库存，决定打折销售一批存货。A 商品单价为 5000 元，当购买数量大于 20 件时，商品总价打九折；当购买数量小于等于 20 件时，不打折。

要求：设计一个机器人来计算购买商品数量为 30 件时的总价。

活动：【IF 条件】【日志消息】。

操作步骤：

① 在序列中添加【System】—【Activities】—【Statements】类别下的【IF 条件】活动(图 2-94)，打开【变量】面板，创建变量 a，修改变量类型为 Int32，默认值为 30(图 2-95)。

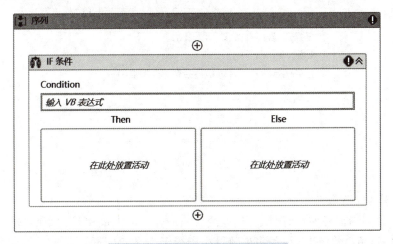

图 2-94 添加【IF 条件】活动

名称	变量类型	范围	默认值
a	Int32	序列	30

图 2-95 在【变量】面板中创建变量

② 设置【IF 条件】活动的判断条件为 a>20，在【Then】分支内添加【编程】—【调试】类别下的【日志消息】活动，日志级别为 Info，日志消息为 5000 * a * 0.9，在【Else】分支内添加【编程】—【调试】类别下的【日志消息】活动，日志级别为 Info，日志消息为 5000 * a，如图 2-96 所示。

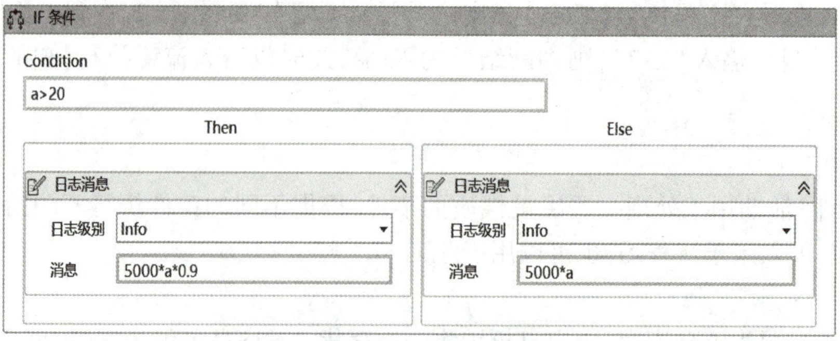

图 2-96 【IF 条件】判断设置

运行结果如图 2-97 所示。

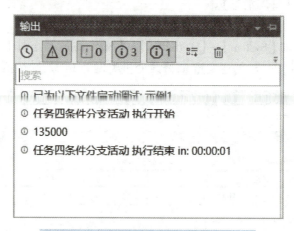

图 2-97 【日志消息】活动输出总价

示例 2：IF 条件(二)

说明：Z 公司为清理库存，决定打折销售一批存货。A 商品单价为 5000 元，当购买数量大于 20 件时，商品总价打九折；当购买数量小于等于 20 件时，不打折。

要求：设计一个机器人，用于接收用户输入的购买数量，并计算购买商品数量为 25 件时的总价。

活动：【输入对话框】【IF 条件】【日志消息】。

操作步骤：

① 先在序列中添加一个【系统】—【对话框】类别下的【输入对话框】活动，设置该活动的对话框标题为"购买件数"，输入标签为"请输入购买件数"，在【已输入的值】处创建变量 a，如图 2-98 所示。

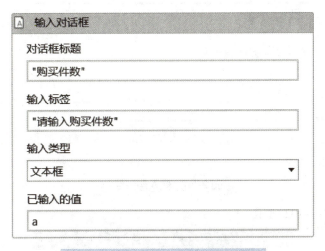

图 2-98 【输入对话框】活动设置

② 打开【变量】面板,修改变量类型为 Int32,如图 2-99 所示。

图 2-99 在【变量】面板中修改变量类型

③ 继续添加【System】—【Activities】—【Statements】类别下的【IF 条件】活动,设置【IF 条件】活动的判断条件为 a>20,在【Then】分支内添加【编程】-【调试】类别下的【日志消息】活动,日志级别为 Info,日志消息为 5000＊a＊0.9,在【Else】分支内添加【编程】—【调试】类别下的【日志消息】活动,日志级别为 Info,日志消息为 5000＊a,如图 2-100 所示。

图 2-100 【IF 条件】判断设置

④ 单击【调试文件】按钮,在机器人弹出的文本框中输入购买件数 25,如图 2-101 所示。

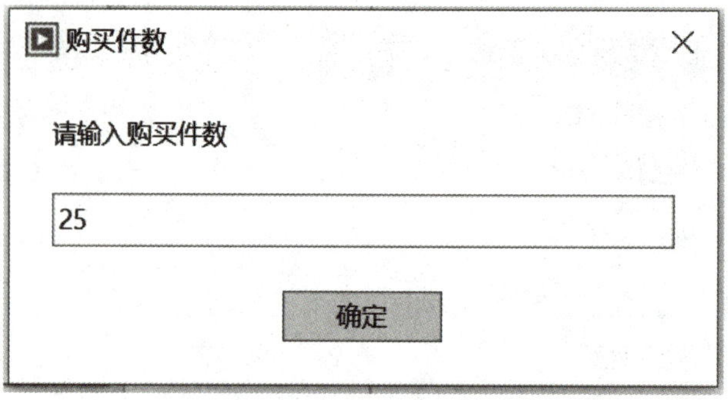

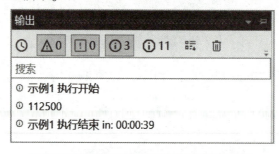

图 2-101 输入购买件数

运行结果如图 2-102 所示。

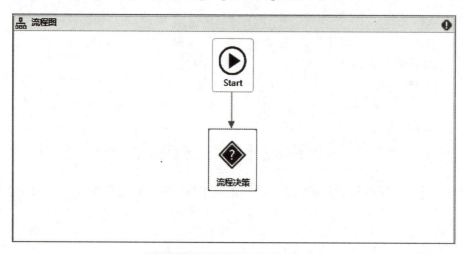

图 2-102 【日志消息】活动输出总价

二、【流程决策】活动

（一）【流程决策】活动简介

【流程决策】活动（图 2-103）用于当满足流程决策指定条件时,执行两个分支之一的活动。默认情况下,分支的名称为 True 和 False,该名称可以在【属性】面板（图 2-104）中修改。【流程决策】活动位于【可用】—【工作流】—【流程图】类别下。

图 2-103 【流程决策】活动

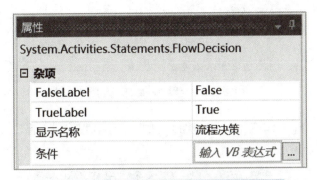

图 2-104 【流程决策】活动的【属性】面板

【流程决策】活动的主要属性及对应功能如表 2-14 所示。

表 2-14 【流程决策】活动的主要属性

属性	功能
TrueLabel	默认情况下,此项填写 True。此处添加的字符串不必放在引号之间
FalseLabel	默认情况下,此项填写 False。此处添加的字符串不必放在引号之间
条件	在执行两个分支之一前要分析的条件。该字段仅支持布尔表达式

(二)【流程决策】活动使用场景及适用工作流

【流程决策】活动可以用于处理一些决策性质的事件,类似于【IF 条件】活动,但是【流程决策】活动只能在流程图中使用,不能单独添加在序列内。

示例 3:流程决策

说明:Z 公司为清理库存,决定打折销售一批存货。A 商品单价为 5000 元,当购买数量大于等于 20 件时,商品总价打九折;当购买数量小于 20 件时,不打折。

要求:设计一个机器人,用于接收用户输入的购买数量,并计算购买商品数量为 15 件时的总价。

活动:【输入对话框】【流程决策】【日志消息】。

操作步骤:

① 新建一个流程图,在流程图中添加一个【系统】—【对话框】类别下的【输入对话框】活动,设置该活动的对话框标题为"购买件数",输入标签为"请输入购买件数",在【已输入的值】处创建变量 a,如图 2-105 所示。

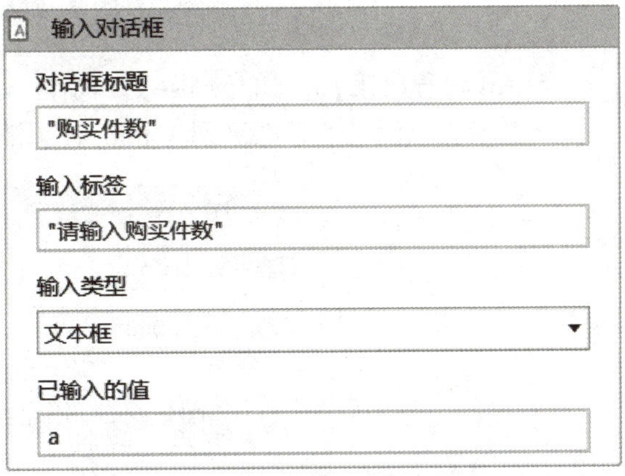

图 2-105 设置【输入对话框】活动

② 打开【变量】面板,修改变量类型为 Int32,如图 2-106 所示。

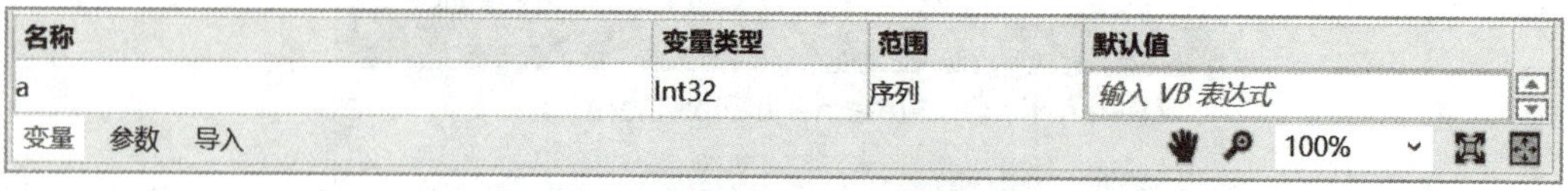

名称	变量类型	范围	默认值
a	Int32	序列	输入 VB 表达式

变量　参数　导入

图 2-106　在【变量】面板中修改变量类型

③ 继续添加一个【工作流】—【流程图】类别下的【流程决策】活动，设置该活动的判断条件为 a>20，如图 2-107 所示。

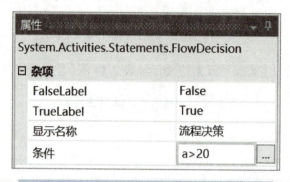

图 2-107　设置【流程决策】活动的判断条件

④ 在【流程决策】活动的【True】方向上添加一个【编程】—【调试】类别下的【日志消息】活动，设置该活动的日志级别为 Info，日志消息为 5000 * a * 0.9，如图 2-108 所示。

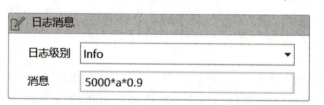

图 2-108　设置【日志消息】活动

⑤ 在【流程决策】活动的【False】方向上添加一个【编程】—【调试】类别下的【日志消息】活动，设置该活动的日志级别为 Info，日志消息为 5000 * a，如图 2-109 所示。

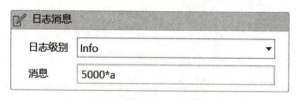

图 2-109　【日志消息】活动设置

⑥ 单击【调试文件】按钮，在机器人弹出的文本框中输入购买件数 15，如图 2-110 所示。

图 2-110　输入购买件数

⑦ 单击【确定】按钮,运行结果如图 2-111 所示。

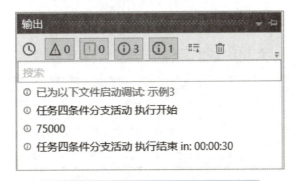

图 2-111　【日志消息】活动输出总价

三、【切换】活动

(一)【切换】活动简介

【切换】活动(图 2-112)也是分支结构活动之一,该活动由三部分组成:【Expression】【Default】【Case 值】。其中,【Expression】用于编写条件表达式,【Case 值】用于符合某一种情况要执行的一个或一组活动;【Default】用于包含在所有情况都不满足时才执行的默认活动。【切换】活动位于【可用】—【System】—【Activities】—【Statements】类别下。

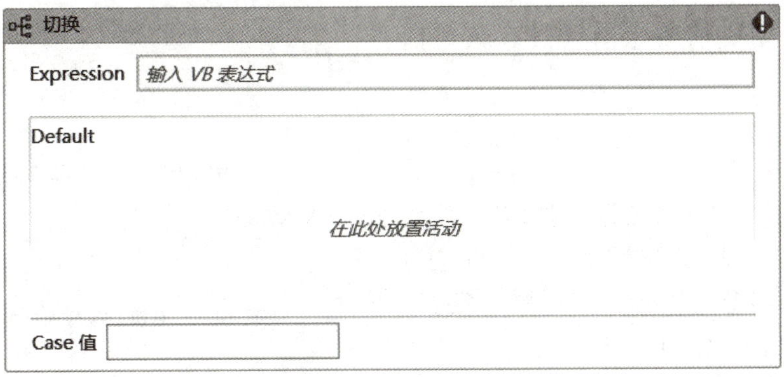

图 2-112　【切换】活动

【切换】活动的【属性】面板如图 2-113 所示。

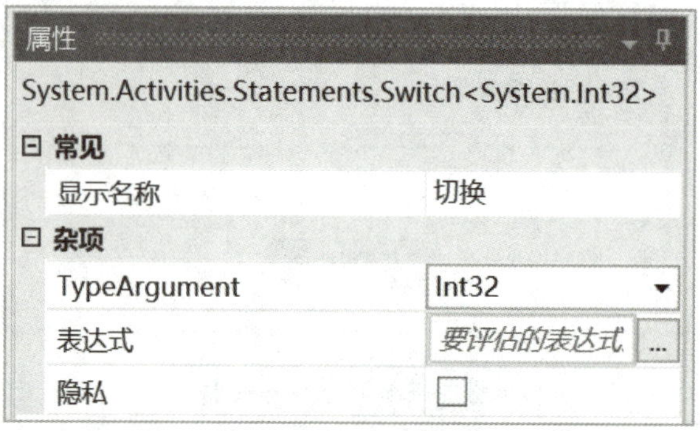

图 2-113　【切换】活动的【属性】面板

【切换】活动的主要属性及其对应功能如表 2-15 所示。

表 2-15　【切换】活动的主要属性及其对应功能

属性	功能
表达式	执行某个 Case 值时所要遵循的语句。默认情况下,该字段支持的变量类型为 Int32。如要更改类型,在【TypeArgument】属性的下拉列表中选择其他选项
TypeArgument	用于选择可在【表达式】属性中添加的语句类型。系统默认选择 Int32

(二)【切换】活动使用场景及适用工作流

【切换】活动是多条件分支活动,专门用于根据不同的情况,选择其中一种情况执行。如果必须针对三个或以上情况进行判断,则可以使用【切换】活动。

示例 4:切换

说明:增值税发票类型有增值税专用发票、增值税普通发票、增值税电子发票。

要求:设计一个机器人,令机器人根据用户选择的发票类型,执行输出选择的发票类型。

活动:【切换】【日志消息】【输入对话框】。

操作步骤:

① 在序列中添加一个【系统】—【对话框】类别下的【输入对话框】活动,设置该活动的对话框标题为"发票类型",输入标签为"请选择发票类型",输入类型选择"多选",输入选项为"增值税专用发票;增值税普通发票;增值税电子发票",在【已输入的值】处创建变量 a,如图 2-114 所示。

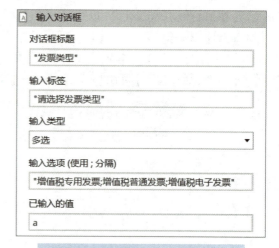

图 2-114　设置【输入对话框】活动

② 继续添加一个【System】—【Activities】—【Statements】类别下的【切换】活动（图 2-115），将该活动的【TypeArgument】属性更改为 String，在【表达式】处输入变量 a（图 2-116）。

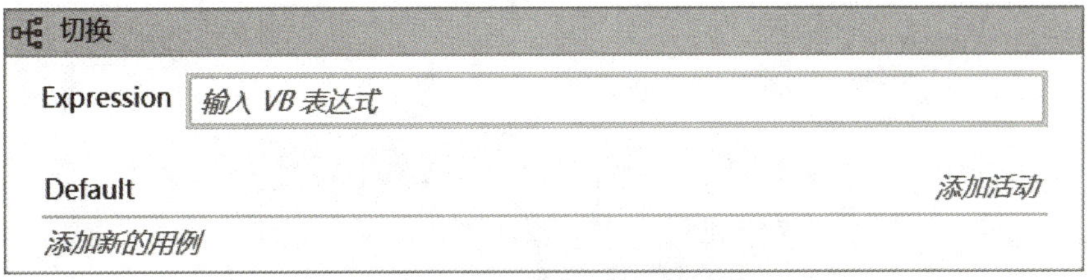

图 2-115　添加【切换】活动

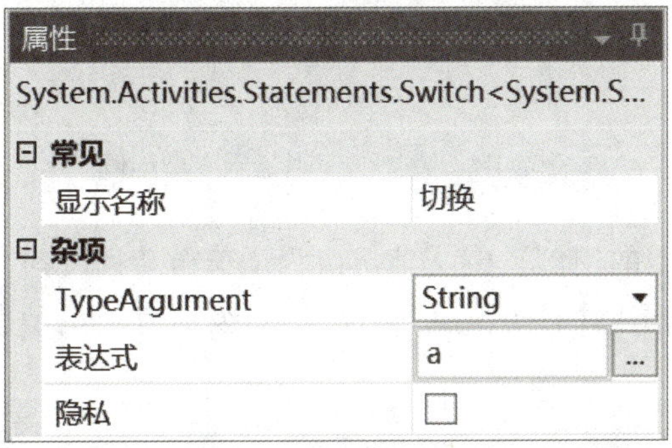

图 2-116　设置【切换】活动的【属性】面板

③ 在【切换】活动处单击【添加新的用例】[图 2-117(a)]，Case 值更改为增值税专用发票[图 2-117(b)]，然后在该分支下拖入一个【编程】—【调试】类别下的【日志消息】活动，日志级别为 Info，消息为"增值税专用发票"[图 2-117(c)]。

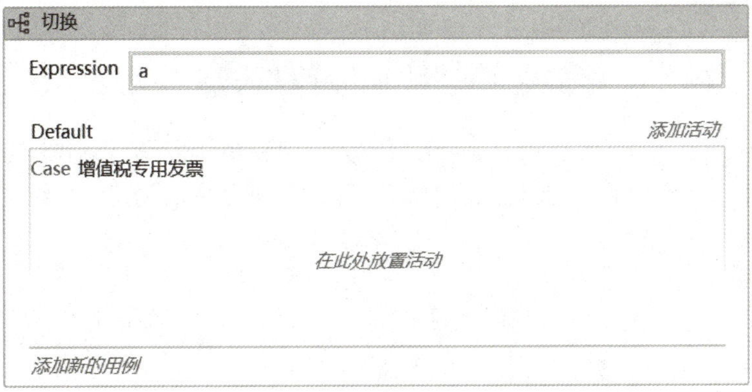

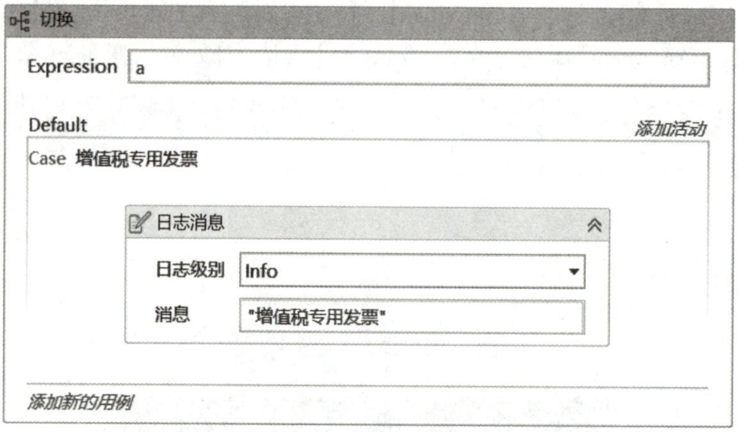

(c)

图 2-117 添加增值税专用发票用例

④ 继续单击【添加新的用例】,Case 值更改为增值税普通发票,然后在该分支下拖入一个【编程】—【调试】类别下的【日志消息】活动,日志级别为 Info,消息为"增值税普通发票",如图 2-118 所示。

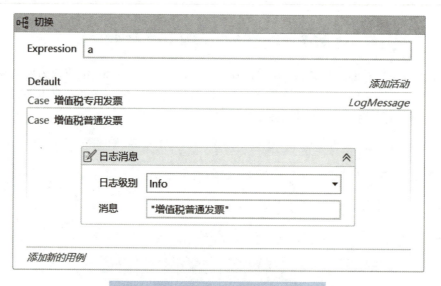

图 2-118 添加增值税普通发票用例

⑤ 继续单击【添加新的用例】,Case 值更改为增值税电子发票,然后在该分支下拖入一个【编程】—【调试】类别下的【日志消息】活动,日志级别为 Info,消息为"增值税电子发票",如图 2-119 所示。

图 2-119 添加增值税电子发票用例

⑥ 单击【调试文件】按钮,在机器人弹出的【发票类型】对话框中选择"增值税专用发票",如图 2-120 所示。

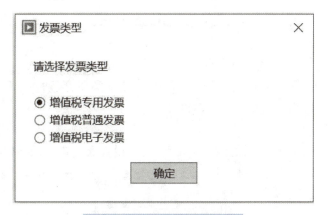

图 2-120 选择发票类型

⑦ 单击【确定】按钮,运行结果如图 2-121 所示。

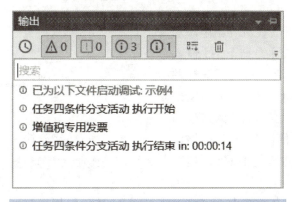

图 2-121 【日志消息】活动输出增值税专用发票

四、【流程切换】活动

(一)【流程切换】活动简介

【流程切换】活动(图 2-122)是一种特定用于流程图的活动,可控制三个或更多个分支,并根据指定条件择一执行,如图 2-122 所示。【流程切换】活动位于【可用】—【工作流】—【流程图】类别下。

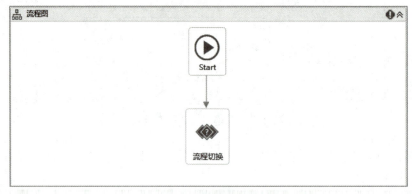

图 2-122 【流程切换】活动

(二)【流程切换】活动使用场景及适用工作流

【流程切换】活动是多条件分支活动,和【切换】活动类似,区别在于【流程切换】活动仅在流程图中使用,一般用于大型程序逻辑设计。

示例 5:流程切换

说明:增值税发票类型有增值税专用发票、增值税普通发票、增值税电子发票。

要求:设计一个机器人,令机器人根据用户选择的发票类型,执行输出选择的发票类型。

活动:【流程切换】【日志消息】【输入对话框】。

操作步骤:

① 新建一个流程图,在流程图中添加一个【系统】—【对话框】类别下的【输入对话框】活动,设置该活动的对话框标题为"发票类型",输入标签为"请选择发票类型",输入类型选择"多选",输入选项为"增值税专用发票;增值税普通发票;增值税电子发票",在【已输入的值】处创建变量 a,如图 2-123 所示。

图 2-123 【输入对话框】活动设置

② 继续添加一个【工作流】—【流程图】类别下的【流程切换】活动(图 2-124),将该活

动的【TypeArgument】属性更改为 String,【表达式】处输入变量 a(图 2-125)。

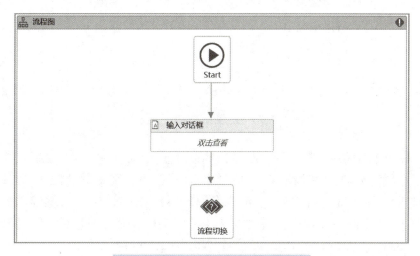

图 2-124　添加【流程切换】活动

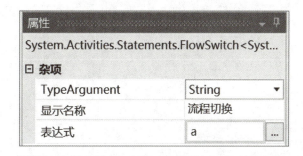

图 2-125　设置【流程切换】活动的【属性】面板

③ 添加一个【编程】—【调试】类别下的【日志消息】活动,连接【工作流】—【流程图】类别下的【流程切换】活动,该条连接线的 Case 值为 Default[图 2-126(a)],设置【日志消息】活动的日志级别为 Info,消息为"增值税电子发票"[图 2-126(b)]。

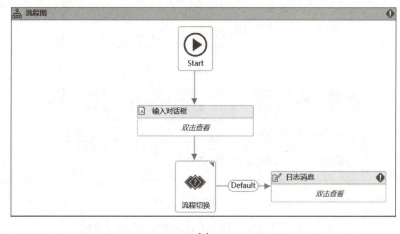

(a)

（b）

图 2-126　设置增值税电子发票

④ 添加一个【编程】—【调试】类别下的【日志消息】活动，连接【工作流】—【流程图】类别下的【流程切换】活动，连接线的 Case 值更改为"增值税专用发票"[图 2-127(a)]，设置该活动的日志级别为 Info，消息为"增值税专用发票"[图 2-127(b)]；继续添加一个【编程】—【调试】类别下的【日志消息】活动，连接【工作流】—【流程图】类别下的【流程切换】活动，连接线的 Case 值更改为"增值税普通发票"[图 2-127(a)]，设置该活动的日志级别为 Info，消息为"增值税普通发票"[图 2-127(c)]。

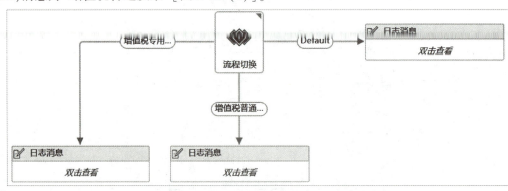

(a)

(b)

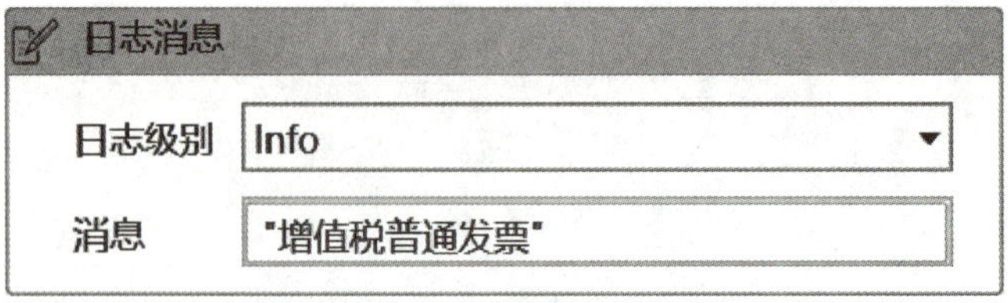

(c)

图 2-127　设置增值税专用发票和增值税普通发票

⑤ 单击【调试文件】按钮,在机器人弹出的【发票类型】对话框中选择"增值税普通发票",如图 2-128 所示。

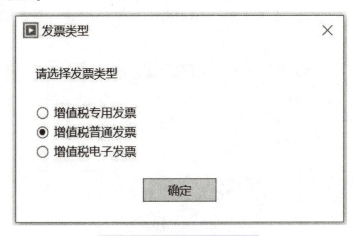

图 2-128 选择发票类型

⑥ 单击【确定】按钮,运行结果如图 2-129 所示。

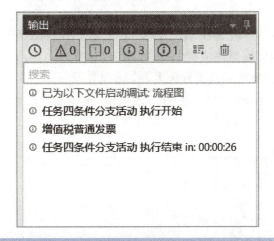

图 2-129 【日志消息】活动输出增值税普通发票

任务要求:

(1) 通过【输入对话框】活动令机器人接收输入的累计预扣预缴应纳税所得额及累计已预扣预缴税额,机器人接收信息后会自动计算本期应预扣预缴税额,并通过消息框提示应交个人所得税税额。

(2) 设计机器人的状态为循环计算本期应预扣预缴税额,即每计算出一个本期应预扣预缴税额,系统会继续弹出对话框,提示用户继续输入累计预扣预缴应纳税所得额及累计已预扣预缴税额,机器人根据输入内容将再次进入计算本期应预扣预缴税额的流程。

操作步骤：

① 在序列中添加【工作流】—【控件】类别下的【先条件循环】活动，设置循环条件为 True（图 2-130），表示这是一个条件永远为真的循环，如果不手动终止机器人的运行，它就会一直运行下去。

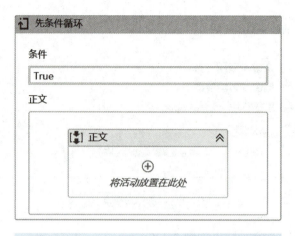

图 2-130　设置【先条件循环】活动的判断条件

② 在【正文】序列内添加【工作流】—【流程图】类别下的【流程图】活动，再在【流程图】活动中添加 8 个活动来完成整体流程设计，如图 2-131 所示。由于居民工资薪金所得税计算存在多重条件判断，因此可通过流程决策语句来设计流程。

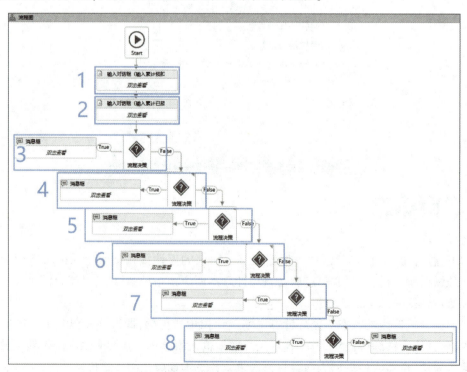

图 2-131　居民工资薪金所得税计算流程图

③ 在【流程图】活动内添加一个【系统】—【对话框】类别下的【输入对话框】活动,并修改名称为"输入对话框(输入累计预扣预缴应纳税所得额)"。设置该活动的对话框标题为"累计预扣预缴应纳税所得额",输入标签为"请输入累计预扣预缴应纳税所得额",输入类型选择"文本框",在【已输入的值】处创建变量Taxableincome,如图2-132所示。Taxableincome的变量类型为Double,范围为序列,该变量用于存储用户输入的累计预扣预缴应纳税所得额。

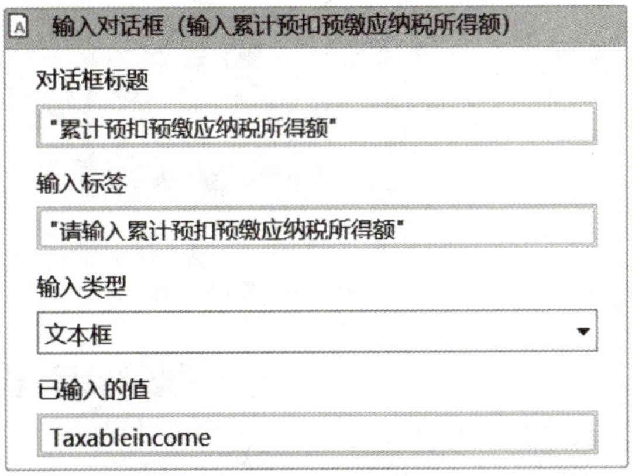

图2-132 设置累计预扣预缴应纳税所得额【输入对话框】活动

④ 继续添加一个【系统】—【对话框】类别下的【输入对话框】活动,并修改名称为"输入对话框(输入累计已预扣预缴税额)"。设置该活动的对话框标题为"累计已预扣预缴税额",输入标签为"请输入累计已预扣预缴税额",输入类型选择"文本框",在【已输入的值】处创建变量Tax,如图2-133所示。Tax的变量类型为Int32,范围为序列,该变量用于存储用户输入的累计已预扣预缴税额。

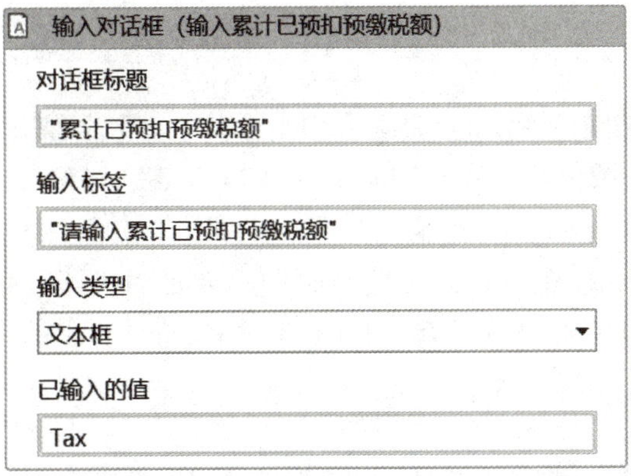

图2-133 设置累计已预扣预缴税额【输入对话框】活动

⑤ 在第二个【输入对话框】活动下添加第一个【工作流】—【流程图】类别下的【流程决策】活动,设置判断条件为"Taxableincome<=36000",在判断结果为True的方向上添加一个【系统】—【对话框】类别下【消息框】活动(图2-134),输入文本:"本期应预扣预缴税额为+"

(Taxableincome*0.03-Tax).ToString(图 2-135)。此步骤的功能是当机器人接收的累计预扣预缴应纳税所得额符合小于或等于 36000 元的条件时,将计算出的个税值进行反馈。

注意:【消息框】活动内的提示消息必须为 String 类型,因此需要对计算出的金额进行变量转换,转换为 String 类型。将金额转换为 String 类型变量的方法为 CStr(X)或 X.Tostring,其中 X 为需要转换的变量,转换结果即(Taxableincome*0.03-Tax).ToString。

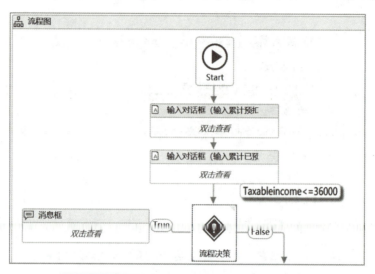

图 2-134　第一个【流程决策】活动流程图

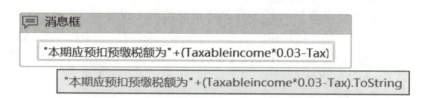

图 2-135　设置【消息框】活动的提示消息(一)

⑥ 在第一个【流程决策】活动的 False 方向上添加一个【流程决策】活动,即第二个【流程决策】活动,设置判断条件为"Taxableincome<=144000"。在第二个【流程决策】活动的 True 方向上添加一个【消息框】活动,输入文本:"本期应预扣预缴税额为"+(Taxableincome*0.1-2520-Tax).ToString(图 2-136)。此步骤的功能是当机器人接收的累计预扣预交应纳税所得额符合第二个【流程决策】活动的判断条件时,将计算出的个税值进行反馈。

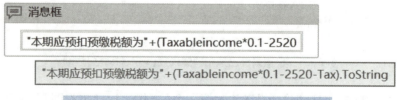

图 2-136　设置【消息框】活动的提示消息(二)

⑦ 在第二个【流程决策】活动的 False 方向上添加一个【流程决策】活动,即第三个【流

程决策】活动,设置判断条件为"Taxableincome<=300000"。在第三个【流程决策】活动的 True 方向上添加一个【消息框】活动,输入文本:"本期应预扣预缴税额为"+(Taxableincome * 0.2-16920-Tax).ToString(图 2-137)。此步骤的功能是当机器人接收的累计预扣预缴应纳税所得额符合第三个【流程决策】活动的判断条件时,将计算的个税值结果进行反馈。

图 2-137 设置【消息框】活动的提示消息(三)

⑧ 在第三个【流程决策】活动的 False 方向上添加一个【流程决策】活动,即第四个【流程决策】活动,设置判断条件为"Taxableincome<=420000"。在第四个【流程决策】活动的 True 方向上添加一个【消息框】活动,输入文本:"本期应预扣预缴税额为"+(Taxableincome * 0.25-31920-Tax).ToString(图 2-138)。此步骤的功能是当机器人接收的累计预扣预缴应纳税所得额符合第四个【流程决策】活动的判断条件时,将计算的个税值结果进行反馈。

图 2-138 设置【消息框】活动的提示消息(四)

⑨ 在第四个【流程决策】的 False 方向上添加一个【流程决策】活动,即第五个【流程决策】活动,设置判断条件为"Taxableincome<=660000"。在第五个【流程决策】活动的 True 方向上添加一个【消息框】活动,输入文本:"本期应预扣预缴税额为"+(Taxableincome * 0.3-52920-Tax).ToString(图 2-139)。此步骤的功能是当机器人接收的累计预扣预缴应纳税所得额符合第五个【流程决策】活动的判断条件时,将计算的个税值结果进行反馈。

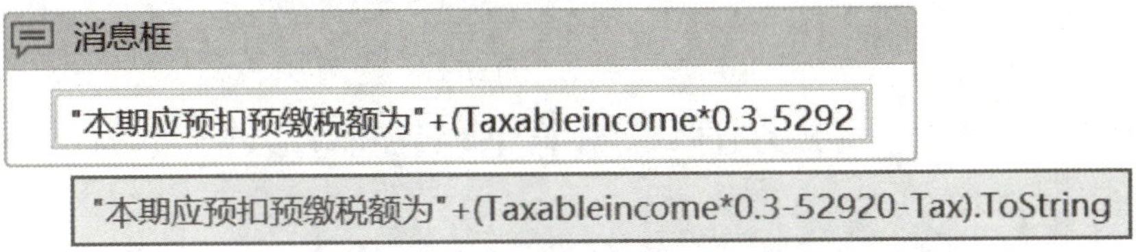

图 2-139 设置【消息框】活动的提示消息(五)

⑩ 在第五个【流程决策】的 False 方向上添加一个【流程决策】活动,即第六个【流程决策】活动,设置判断条件为"Taxableincome<=960000"。在第六个【流程决策】活动的 True 方向上添加一个【消息框】活动,输入文本:"本期应预扣预缴税额为"+(Taxableincome * 0.35-85920-Tax).ToString(图 2-140)。在第六个【流程决策】活动的 False 方向上添加一个【消息

框】活动,输入文本:"本期应预扣预缴税额为"+(Taxableincome*0.45-181920-Tax).ToString(图2-141)。此步骤的功能是让机器人根据接收到的累计预扣预缴应纳税所得额在第六个【流程决策】活动中进行判断,根据判断结果输出不同的个税计算额。

图2-140 设置【消息框】活动的提示消息(六)

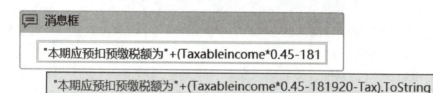

图2-141 设置【消息框】活动的提示消息(七)

⑪ 假设累计预扣预缴应纳税所得额为120000元,累计已预扣预缴税额为825元,调试文件,运行结果如图2-142所示。

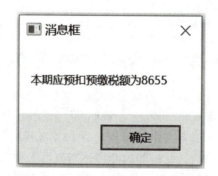

图2-142 消息框提示本期应预扣预缴税额

任务五　条件循环活动

根据税法规定,依法在中国境内成立的居民企业,征收企业所得税时适用25%的基本税率;而对于部分企业,可适用20%、15%和10%的征收率。例如,符合条件的小型微利企业适用20%的征收率,国家需要重点扶持的高新技术企业则适用15%的征收率。

假设暂时不考虑适用15%税率的其他类型企业以及适用10%税率的企业,请设计RPA

企业所得税测算机器人,使其能自动计算出企业的应纳所得税。

任务描述

UiPath 软件中的条件循环活动的设置可以帮助企业完成复杂的业务操作,及时提供有价值的数据。循环结构是指因需要反复执行某个功能而设置的一种程序结构。它由循环体中的条件判断继续执行某个功能还是退出循环。根据判断条件,循环结构又可细分为以下两种形式:先判断后执行的循环结构和先执行后判断的循环结构。

任务准备

一、【先条件循环】活动

(一)【先条件循环】活动简介

【先条件循环】活动(图 2-143)是 UiPath 的条件循环活动之一。当流程中需要实现只要满足某种条件就重复执行某件事务时,就可以使用【先条件循环】活动。

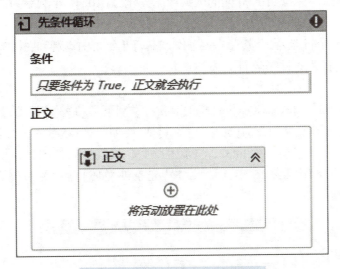

图 2-143 【先条件循环】活动

(二)【先条件循环】活动的工作原理

【先条件循环】活动由【条件】和【正文】两部分组成,当流程执行到该活动时,程序会先执行【条件】,如果条件判断为 True,则继续执行【正文】内的活动,如此循环往复,直到条件判断为 False 时,结束循环,如图 2-144 所示。

注意:如果【先条件循环】条件判断永远为 True,则会进入死循环。

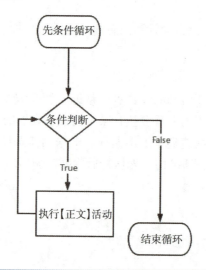

图 2-144 【先条件循环】活动的工作原理

示例 1：先条件循环

说明：李明购买了一款 10000 元的理财产品，期限为 10 年，年利率为 2.75%，每年复利一次。

要求：设计一个机器人，令其计算该理财产品每年年末的本利和，并将计算结果输出。

活动：【分配】【先条件循环】【日志消息】。

操作步骤：

① 添加【System】—【Activities】—【Statements】类别下的【序列】活动，在【序列】活动中添加【工作流】—【控件】类别下的【先条件循环】活动，如图 2-145 所示。在【变量】面板中创建变量"存款年限"，变量类型为 Int32，范围为序列，默认值为 1，如图 2-146 所示。由于本示例中理财产品的存款年限为 10 年，因此设置【先条件循环】活动的条件为"存款年限<=10"，如图 2-145 所示。

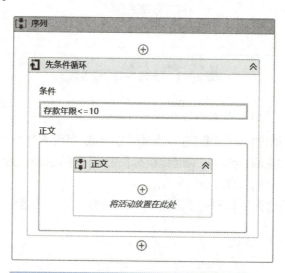

图 2-145 设置【先条件循环】活动的判断条件

名称	变量类型	范围	默认值
存款年限	Int32	序列	1

图 2-146　在【变量】面板中创建变量"存款年限"

② 在【先条件循环】活动的【正文】中添加【System】—【Activities】—【Statements】类别下的【分配】活动。在【变量】面板中创建变量"本利和"和"本金",变量类型均为 Double,范围均为序列,其中本金的默认值设置为 10000,如图 2-147 所示。设置【分配】活动,令本利和 = 本金 * (1+0.0275),如图 2-148 所示。

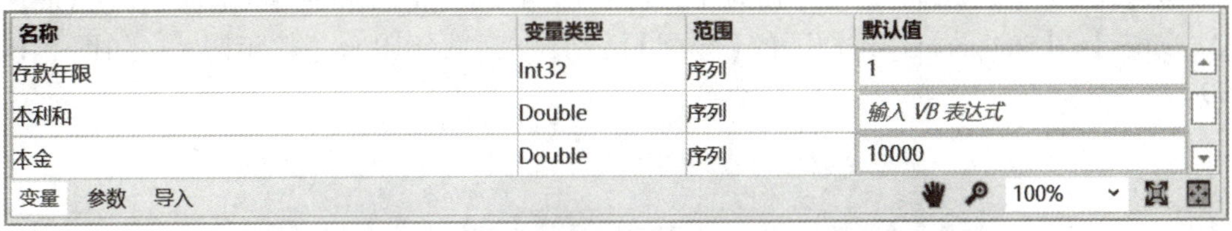

名称	变量类型	范围	默认值
存款年限	Int32	序列	1
本利和	Double	序列	输入 VB 表达式
本金	Double	序列	10000

图 2-147　在【变量】面板中创建变量"本利和"和"本金"

图 2-148　【分配】活动设置本利和

③ 添加【编程】—【调试】类别下的【日志消息】活动,设置日志消息级别为 Info,消息为"第"+存款年限.ToString+"年年末的本利和为:"+本利和.ToString+"元"(图 2-149),即可输出上一步【分配】活动计算出的本利和。

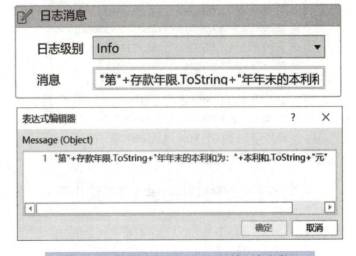

图 2-149　设置【日志消息】活动(输出本利和)

④ 由于本示例为复利计算，因此每一年年末的本利和即为下一年年初的本金。添加【System】—【Activities】—【Statements】类别下的【分配】活动，令本金＝本利和，如图 2-150 所示。

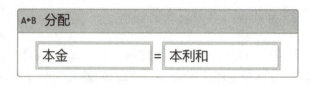

图 2-150 【分配】活动设置本金

⑤ 为控制【先条件循环】活动能进入下一年的本利和计算，添加【System】—【Activities】—【Statements】类别下的【分配】活动，令存款年限＝存款年限+1，如图 2-151 所示。

图 2-151 【分配】活动设置存款年限

运行结果如图 2-152 所示。

图 2-152 【日志消息】活动输出每年年末本利和

二、【后条件循环】活动

(一)【后条件循环】活动简介

【后条件循环】活动(图 2-153)也是条件循环活动。该活动和【先条件循环】活动的功能类似,二者的区别是【后条件循环】活动会至少执行一遍循环体内的事务,而【先条件循环】活动有可能一开始就不满足条件而没有执行循环体内的事务。

图 2-153 【后条件循环】活动

(二)【后条件循环】活动的工作原理

【后条件循环】活动由【条件】和【正文】两部分组成,当流程执行到该活动时,程序会先执行一次【正文】内的活动,然后再进入条件判断,如果条件判断为 True,则继续执行【正文】内的活动,如此循环往复,直到条件判断为 False 时,结束循环,如图 2-154 所示。

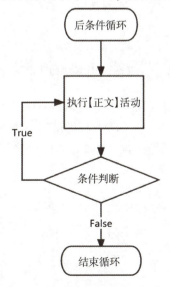

图 2-154 【后条件循环】活动的工作原理

示例 2：后条件循环

说明：李明购买了一款 10000 元的理财产品，期限为 10 年，年利率为 2.75%，每年复利一次。

要求：设计一个机器人，令其计算该理财产品每年年末的本利和，并将计算结果输出。

活动：【分配】【后条件循环】【日志消息】。

操作步骤：

① 添加【System】—【Activities】—【Statements】类别下的【序列】活动，在【序列】活动中添加【工作流】—【控件】类别下的【后条件循环】活动，如图 2-155 所示。在【变量】面板中创建变量“存款年限”，变量类型为 Int32，范围为序列，默认值为 1，如图 2-156 所示。由于本示例中理财产品的存款年限为 10 年，因此设置【后条件循环】的条件为“存款年限<=10”，如图 2-155 所示。

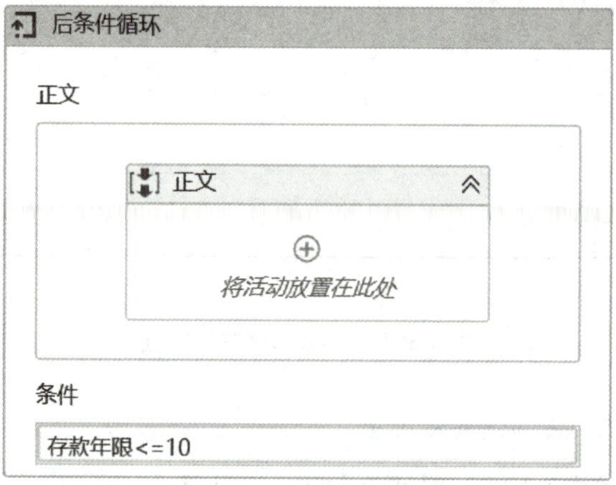

图 2-155 设置【后条件循环】活动的判断条件

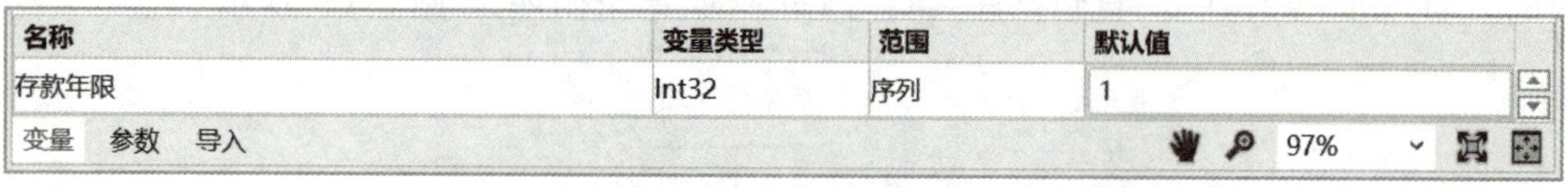

名称	变量类型	范围	默认值
存款年限	Int32	序列	1

图 2-156 在【变量】面板中创建变量“存款年限”

② 在【后条件循环】活动的【正文】中添加【System】—【Activities】—【Statements】类别下的【分配】活动。在【变量】面板中创建变量“本利和”和“本金”，变量类型均为 Double，范围均为序列，其中本金的默认值设置为 10000，如图 2-157 所示。设置【分配】活动，令本利和=本金＊(1+0.0275)，如图 2-158 所示。

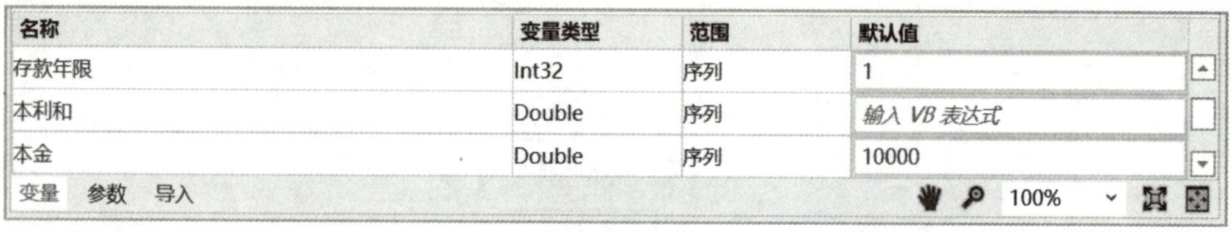

名称	变量类型	范围	默认值
存款年限	Int32	序列	1
本利和	Double	序列	输入 VB 表达式
本金	Double	序列	10000

图 2-157 在【变量】面板中创建变量“本利和”和“本金”

图2-158 【分配】活动设置本利和

③ 添加【编程】—【调试】类别下的【日志消息】活动,设置日志消息级别为Info,消息为"第"+存款年限.ToString+"年年末的本利和为:"+本利和.ToString+"元"(图2-159),即可输出上一步【分配】活动计算出的本利和。

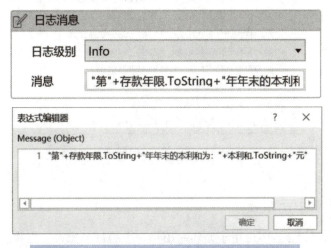

图2-159 设置【日志消息】活动(输出本利和)

④ 由于本示例为复利计算,因此每一年年末的本利和即为下一年年初的本金。添加【System】—【Activities】—【Statements】类别下的【分配】活动,令本金=本利和,如图2-160所示。

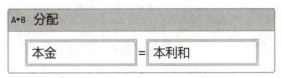

图2-160 【分配】活动设置本金

⑤ 为控制【后条件循环】活动能进入下一年的本利和计算,添加【System】—【Activities】—【Statements】类别下的【分配】活动,令存款年限=存款年限+1,如图2-161所示。

图2-161 【分配】活动设置存款年限

运行结果如图 2-162 所示。

图 2-162 【日志消息】活动输出每年年末本利和

三、【遍历循环】活动

【遍历循环】活动(图 2-163)用于循环遍历集合中的每个元素。当我们要对某个集合中的每个元素执行相同操作时,便可使用【遍历循环】活动。当流程执行到该活动时,由变量 item 遍历表达式,取集合中的第一个元素,再执行【正文】内的活动,如此遍历循环,直到集合中最后一个元素执行完【正文】内的活动为止。

注意:该活动下的变量 item 无须定义,此处变量也可按实际需要自行定义名称。

图 2-163 【遍历循环】活动

示例 3:遍历循环

说明:李明购买了一款 10000 元的理财产品,期限为 10 年,年利率为 2.75%,每年复利一次。

要求：设计一个机器人，令其通过遍历循环数组{1,2,3,4,5,6,7,8,9,10}，完成每年年末的本利和的计算，并将结果输出。

活动：【分配】【遍历循环】【日志消息】。

操作步骤：

① 添加【System】—【Activities】—【Statements】类别下的【序列】活动，在【序列】活动中添加【System】—【Activities】—【Statements】类别下的【分配】活动。在【变量】面板中创建变量"存款年限"，变量类型为 Int32，范围为序列。由于本示例中理财产品的存款年限为 10 年，因此设置【分配】活动，令存款年限={1,2,3,4,5,6,7,8,9,10}，如图 2-164 所示。

图 2-164 【分配】活动设置存款年限

② 在【分配】活动后添加【工作流】—【控件】类别下的【遍历循环】活动，如图 2-165 所示。由于此【遍历循环】活动所要循环的变量"存款年限"为 Int32 类型，因此在【遍历循环】的【属性】面板中设置【TypeArgument】属性为 Int32，值为变量"存款年限"，如图 2-166 所示。每一次循环，item 都会依次引用数组"存款年限"中的元素。

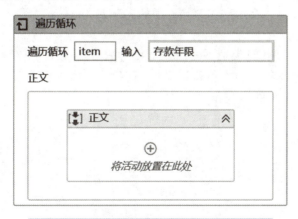

图 2-165 【遍历循环】活动输入存款年限

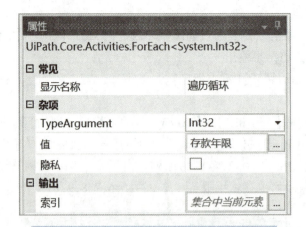

图 2-166 【遍历循环】活动的【属性】面板

③ 添加【System】—【Activities】—【Statements】类别下的【分配】活动。在【变量】面板中创建变量"本利和"和"本金",变量类型均为 Double,范围均为序列,其中本金的默认值设置为 10000,如图 2-167 所示。设置【分配】活动,令本利和 = 本金 * (1+0.0275),如图 2-168 所示。

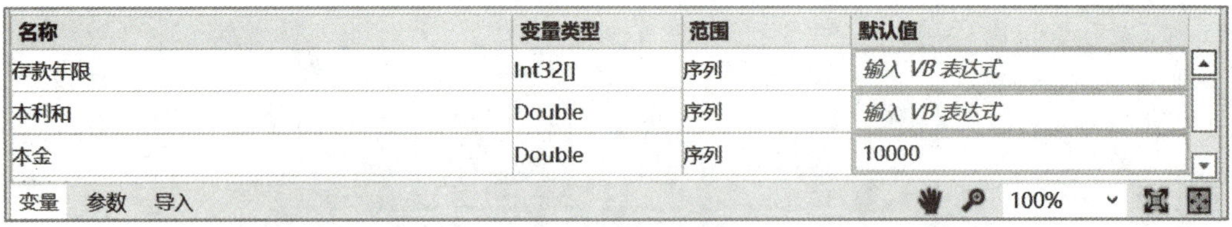

名称	变量类型	范围	默认值
存款年限	Int32[]	序列	输入 VB 表达式
本利和	Double	序列	输入 VB 表达式
本金	Double	序列	10000

图 2-167 在【变量】面板中创建变量"本利和"和"本金"

图 2-168 【分配】活动设置本利和

④ 添加【编程】—【调试】类别下的【日志消息】活动,设置日志消息级别为 Info,消息为"第"+item.ToString+"年年末的本利和为:"+本利和.ToString+"元"(图 2-169),即可输出上一步【分配】活动计算出的本利和。

图 2-169 设置【日志消息】活动

⑤ 由于本示例为复利计算,因此每一年年末的本利和即为下一年年初的本金。添加【System】—【Activities】—【Statements】类别下的【分配】活动,令本金=本利和,如图 2-170 所示。

图 2-170 【分配】活动设置本金

运行结果如图 2-171 所示。

图 2-171 【日志消息】活动输出每年年末本利和

四、循环中断

（一）【中断】活动

【中断】是一种中断活动（图 2-172），只能用于循环体中，表示在活动所在位置退出循环活动（【遍历循环】活动、【先条件循环】活动、【后条件循环】活动），并使用随后的活动继续执行工作流。

图 2-172 【中断】活动

（二）【继续】活动

【继续】也是一种中断活动（图 2-173），与【中断】活动不同的是，【继续】活动只是中断当次循环，整个循环并不会结束。

图 2-173 【继续】活动

任务实施

请设计一个企业所得税测算机器人，使其能根据用户输入的应纳税所得额自动计算出应纳税额。

操作步骤：

① 新建序列，修改名称为"企业所得税测算机器人"。添加【工作流】—【控件】类别下的【先条件循环】活动，条件设置为 True，即【正文】内的活动会一直执行，如图 2-174 所示。

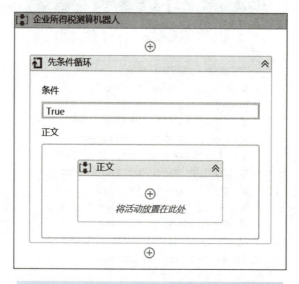

图 2-174 设置【先条件循环】活动的判断条件

② 在【先条件循环】活动的【正文】里添加【系统】—【对话框】类别下的【输入对话框】活动,设置该活动的对话框标题为"企业所得税测算机器人",输入标签为"是否测算企业所得税:",输入类型选择"多选",输入选项设置为"继续;退出",在【已输入的值】选项框中右击创建变量"是否继续",用于储存选项是继续还是退出的判断结果,如 2-175 所示。

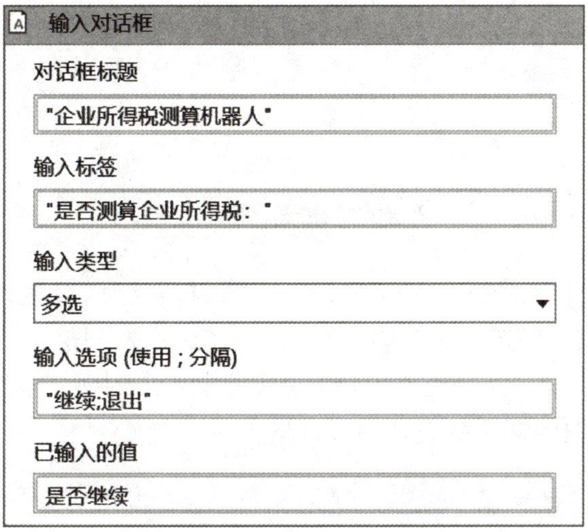

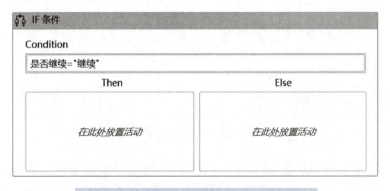

图 2-175　设置【输入对话框】活动

③ 添加一个【工作流】—【控制】类别下的【IF 条件】活动,设置该活动的判断条件:是否继续="继续",即当在第一个【输入对话框】活动中选择"继续"时,执行【Then】分支内的活动,否则执行【Else】分支内的活动,如图 2-176 所示。

图 2-176　设置【IF 条件】活动的判断条件

④ 当条件不成立时,意味着第一个【输入对话框】活动运行时选择了"退出"选项。在【Else】分支内添加【工作流】—【控件】类别下的【中断】活动,用于跳出先条件循环,如图 2-177 所示。

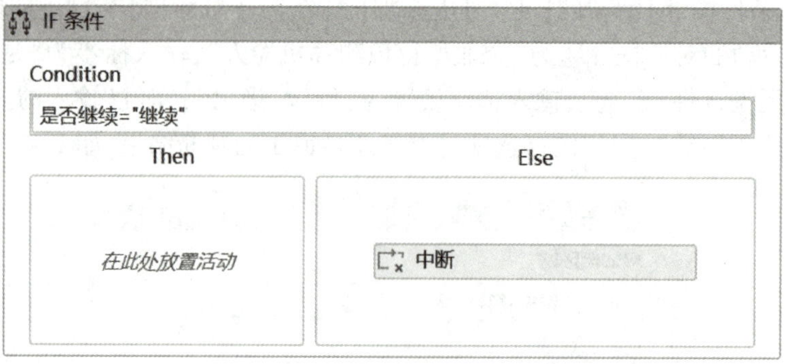

图2-177 设置【中断】活动

⑤ 添加【系统】—【对话框】类别下的【输入对话框】活动,设置该活动的对话框标题为"企业所得税测算机器人",输入标签为"当前企业是否小微企业:",输入类型选择"多选",输入选项设置为"是;否",在【已输入的值】选项框中右击创建变量"是否小微企业",用于储存选项是否小微企业的判断结果,如图2-178所示。

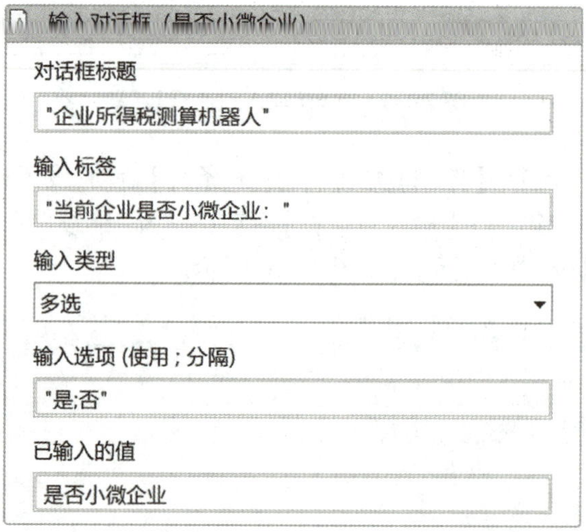

图2-178 设置【输入对话框(是否小微企业)】活动

⑥ 添加【系统】—【对话框】类别下的【输入对话框】活动,设置该活动的对话框标题为"企业所得税测算机器人",输入标签为"当前企业是否高新技术企业:",输入类型选择"多选",输入选项设置为"是;否",在【已输入的值】选项框中右击创建变量"是否高新企业",用于储存选项是否高新企业的判断结果,如图2-179所示。

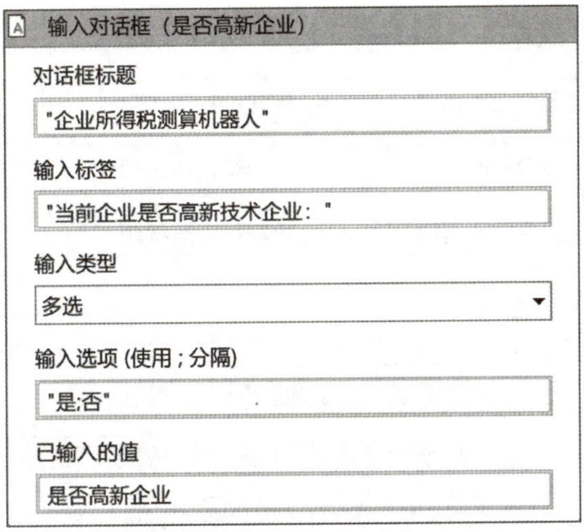

图 2-179 设置【输入对话框(是否高新企业)】活动

⑦ 添加【系统】—【对话框】类别下的【输入对话框】活动,设置该活动的对话框标题为"企业所得税测算机器人",输入标签为"请输入当前企业应纳税所得额:",输入类型选择"文本框",在【已输入的值】选项框中右击创建变量"应纳税所得额",如图 2-180 所示。修改"应纳税所得额"的变量类型为 Double,范围为企业所得税测算机器人,用于储存输入的应纳税所得额数值。

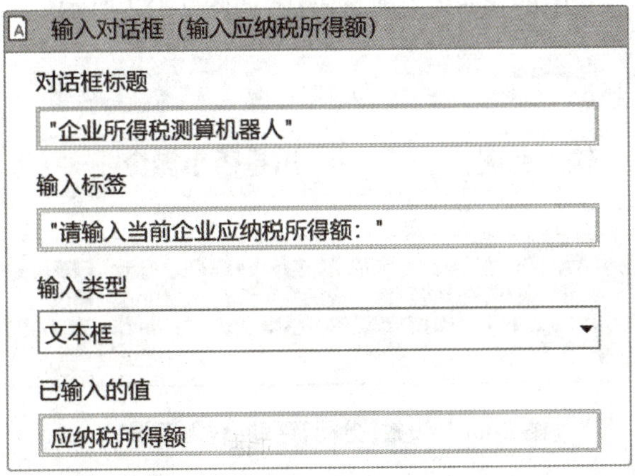

图 2-180 设置【输入对话框(输入应纳税所得额)】活动

⑧ 添加【工作流】—【控件】类别下的【多重分配】活动,在变量面板中创建三个变量:普通企业所得税、小微企业所得税、高新企业所得税,变量类型选择 Double,范围为企业所得税测算机器人。设置【多重分配】活动,按照计算规则将结果分配给三个变量,令普通企业所得税=If(应纳税所得额>0,应纳税所得额 * 0.25,0);小微企业所得税=If(应纳税所得额>0,If(应纳税所得额<=1000000,应纳税所得额 * 0.125 * 0.2,应纳税所得额 * 0.05-25000),0);高新企业所得税=If(应纳税所得额>0,应纳税所得额 * 0.15,0),如图 2-181 所示。

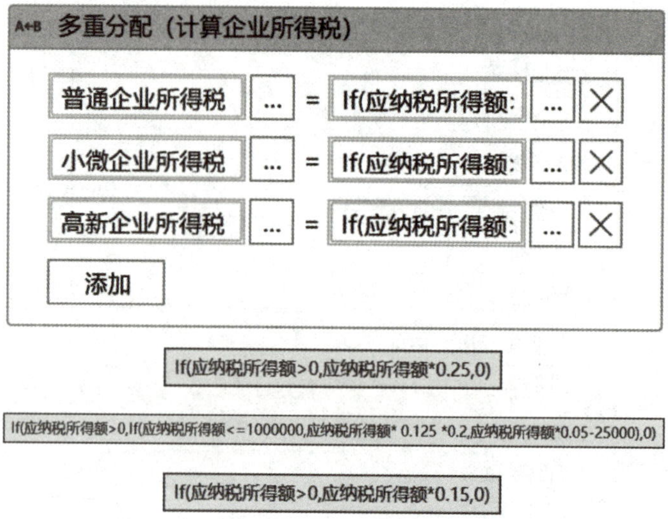

图 2-181　设置【多重分配】活动(计算企业所得税)

⑨ 添加【工作流】—【控件】类别下的【分配】活动,在【变量】面板中创建变量"输入有误",变量类型为 String,范围为企业所得税测算机器人,用于储存输入的应纳税所得额是否符合小微企业条件的判断结果。设置【分配】活动,令输入有误 = If(是否小微企业 = "是" And 应纳税所得额>3000000,"提示：测算可能有误；"+vbcrlf+"应纳税所得额为"+应纳税所得额.ToString+"超过 3000000；"+vbcrlf+"请重新确认是否小微企业；"+vbcrlf+"如有问题请重新测算！！",""),其中的 vbcrlf 为换行语法,如图 2-182 所示。

图 2-182　设置【分配】活动(输入有误)

⑩ 添加【工作流】—【控件】类别下的【分配】活动,在【变量】面板中创建变量"企业所得税",变量类型为 String,范围为企业所得税测算机器人,用于储存整个计算后的最终输出结果。设置【分配】活动,令企业所得税 = If(是否小微企业 = "是",If(是否高新企业 = "否","当前企业是小微企业；"+vbcrlf+"应纳税额测算："+小微企业所得税.ToString+"元。"+vbcrlf+输入有误,"当前企业既是小微企业又是高新技术企业；"+vbcrlf+"按小微企业应纳税额测算："+小微企业所得税.ToString+"元；"+vbcrlf+"按高新技术企业应纳税额测算："+高新企业所得税.ToString+"元；"+vbcrlf+"建议按小微企业优惠政策缴纳企业所得税。"+vbcrlf+输入有误),If(是否高新企业 = "是","当前企业是高新技术企业；"+vbcrlf+"应纳

额测算:"+高新企业所得税.ToString+"元。","当前企业无企业所得税税收优惠;"+vbcrlf+"应纳税额测算:"+普通企业所得税.ToString+"元。")),其中的vbcrlf为换行语法,如图2-183所示。

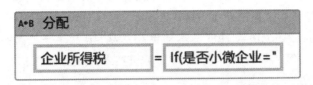

图2-183 设置【分配】活动(企业所得税)

⑪ 添加【系统】—【对话框】类别下的【消息框】活动,消息框内文本设置为变量"企业所得税",如图2-184所示。

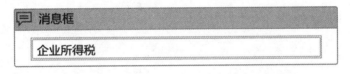

图2-184 【消息框】活动输出企业所得税

⑫ 假设一家小微企业的应纳税所得额为2600000元,调试文件,运行结果如图2-185所示。

图2-185 【消息框】活动输出应纳税额测算结果

项目总结

RPA 财务机器人的 Uipath 软件不仅仅是单纯地将手工流程自动化,更是对业务流程的再造与优化。无论是在大型集团企业、中小企业还是在小微企业中,RPA 财务机器人都有其用武之地。通过学习 Uipath 软件的基本变量和活动,学生能够了解并掌握 RPA 财务机器人的基本知识,为后续的设计与开发 RPA 财务机器人奠定基础。

项目三　RPA 财务机器人 Excel 应用

项目描述

在数字化转型阶段,随着 RPA 技术的普及,很多企业已陆续应用 RPA 技术来优化传统的工作方式,用自动化、智能化方案替代低效率劳动力付出,使员工的时间和精力都投入更有创造性、更具价值的工作中。通过引入 Excel 自动化等办公自动化流程,能够模拟手动操作、处理大量重复工作的软件可在实体计算机和虚拟环境中得以灵活应用,且不受制于底层 IT 基础设施。本项目主要通过介绍目前常用的 Excel 办公自动化操作流程,让学生了解如何通过 UiPath 软件实现 Excel 业务的自动化,高效处理数据。

学习目标

- □ 掌握【应用程序集成】—【Excel】类别下活动的应用。
- □ 了解【系统】—【文件】—【工作簿】类别下活动的应用。
- □ 理解什么是数据表。
- □ 能区分数据表与 Excel。
- □ 掌握读取数据表的方法。
- □ 掌握数据表类别下的常用活动。

任务一　Excel 基本活动介绍

案例导入

企业每个月都需要做工资表,工资结算工作通常需要利用员工的基础信息、考勤数据、各部门奖金数据、各部门加班费数据等进行综合计算。虽然借助 Excel 这样的办公软件可以很快完成此项工作,但若是集团公司旗下有好几百家公司,每个月都重复编写计算函数、重复进行计算的工作量就会无比巨大,也很容易出错。

假设你是集团公司的工资核算人员,请结合 Excel 和 UiPath,利用员工基础信息以及本月考勤、本月奖金、本月加班费等数据,设计一个 RPA 工资结算机器人,以达到 30 秒内准确生成集团工资表的目标。

UiPath 可以帮助企业用户实现 Microsoft Excel 数据处理自动化。它是可以从单元格、列、行或范围中读取数据,向其他电子表格或工作簿写入数据,执行宏,甚至提取公式的软件,还可以对数据进行排序、彩色编码或附加其他信息。

一、Excel 操作自动化

UiPath 中与操作 Excel 有关的活动主要用于帮助各种类型的企业用户实现 Microsoft Excel 数据处理自动化。与操作 Excel 有关的活动包括从单元格、列、行或范围中读取数据,向其他电子表格或工作簿写入数据,从 Excel 中提取公式,等等。UiPath 中操作 Excel 的活动主要包括【应用程序集成】—【Excel】类别下的活动和【系统】—【文件】—【工作簿】类别下的活动。

图 3-1 所示为【应用程序集成】—【Excel】类别下的活动。该组里的活动都必须包含在【Excel 应用程序范围】活动里,不能单独使用。同时,各个活动要操作的 Excel 工作簿路径统一在【Excel 应用程序范围】活动里设置。

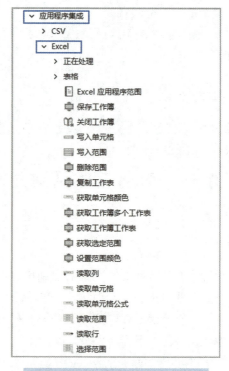

图 3-1 【Excel】类别下的活动

图 3-2 所示为【系统】—【文件】—【工作簿】类别下的活动。该组活动对 Excel 工作簿进行操作时,需要为每个活动各自设置工作簿路径。

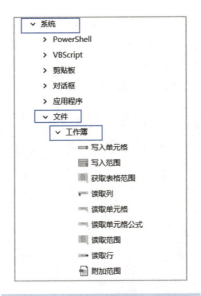

图 3-2 【工作簿】类别下的活动

相比较而言,图 3-1 中的功能比图 3-2 中的功能更丰富。

二、表格类活动

Excel 自动化的表格类活动主要包括【Excel 应用程序范围】等活动,表格类活动的主要功能是对单元格进行基本操作,如对单元格进行读取、写入等操作。

(一)【Excel 应用程序范围】活动

【Excel 应用程序范围】活动(图 3-3)在【应用程序集成】—【Excel】—【表格】类别下,该活动用于打开 Excel 工作簿并为其他 Excel 活动提供数据范围。当此活动结束时,机器人将关闭指定的工作簿和 Excel 应用程序。如果在该活动的【输出】—【工作簿】属性中提供了类型为 WorkbookApplication 的变量,则工作簿数据将保存在相应的变量中,即使此活动结束,该变量中的数据仍然可以使用。如果指定的工作簿文件不存在,那么此活动将创建一个新的 Excel 工作簿。

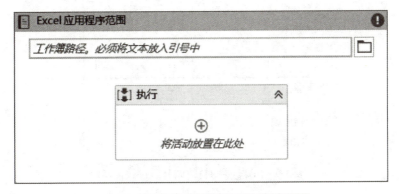

图 3-3 【Excel 应用程序范围】活动

(二)【读取范围】活动

【读取范围】活动用于从 Excel 工作表中读取指定范围内的若干个单元格数据。如图 3-4 所示,在【Excel 应用程序范围】活动的【执行】序列内添加一个【读取范围】活动,令机器人读取"工资结算明细表"中 A: F 范围内的数据。

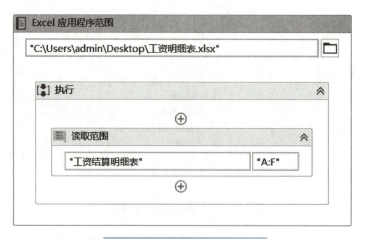

图 3-4 【读取范围】活动

如图 3-5 所示,在【读取范围】活动的【属性】面板的【输出】—【数据表】处设置变量 DT,即将读到的数据保存在变量 DT 中。

注意:【属性】面板中的【添加标头】选项默认为选中状态,即该活动会自动提取指定电子表格范围中的列标题。

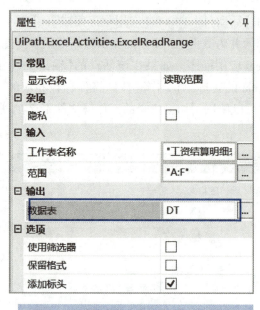

图 3-5 【读取范围】活动的【属性】面板

【读取范围】活动的主要属性及其对应功能如表 3-1 所示。

表 3-1 【读取范围】活动的主要属性及其对应功能

活动	属性	参数	功能
读取范围	输入	工作表名称	需要读取的工作表名称
		范围	要读取的数据范围。如未指定范围,将读取整个表格;如果将范围指定为某个单元格,则读取从该单元格开始的整个表格。范围的表示形式同 Excel 区域的表示形式
	输出	数据表	将读到的数据存储在 DataTable 类型的变量中
	选项	使用筛选器	如果选中,则该活动不会读取指定范围中已筛除的内容,默认未选中
		保留格式	如果选中,那么将保留所读取的范围的格式,默认未选中
		添加标头	如果选中,那么将提取指定数据范围中的列标头,默认选中

示例 1:读取范围

说明:已知“A 公司费用汇总表 . xlsx”内包含三张表,分别为:1 号门店经营费用、2 号门店经营费用、3 号门店经营费用,如图 3-6 所示。

要求:设计一个机器人,令其读取“1 号门店经营费用”表并通过消息框提示费用合计金额。

活动:【Excel 应用程序范围】【读取范围】【消息框】。

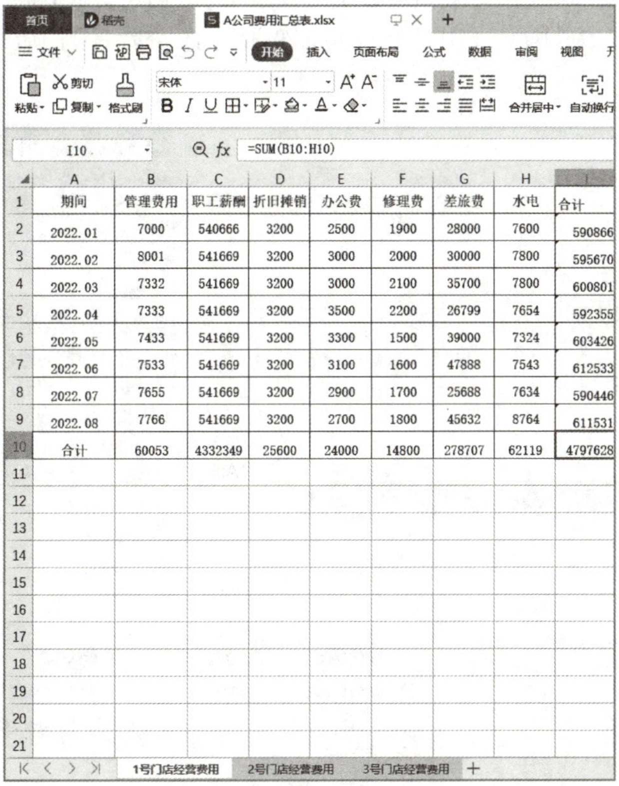

期间	管理费用	职工薪酬	折旧摊销	办公费	修理费	差旅费	水电	合计
2022.01	7000	540666	3200	2500	1900	28000	7600	590866
2022.02	8001	541669	3200	3000	2000	30000	7800	595670
2022.03	7332	541669	3200	3000	2100	35700	7800	600801
2022.04	7333	541669	3200	3500	2200	26799	7654	592355
2022.05	7433	541669	3200	3300	1500	39000	7324	603426
2022.06	7533	541669	3200	3100	1600	47888	7543	612533
2022.07	7655	541669	3200	2900	1700	25688	7634	590446
2022.08	7766	541669	3200	2700	1800	45632	8764	611531
合计	60053	4332349	25600	24000	14800	278707	62119	4797628

图 3-6 A 公司费用汇总表

操作步骤：

① 在序列中添加【应用程序集成】—【Excel】类别下的【Excel 应用程序范围】活动。为该活动设置工作簿路径，单击【浏览】按钮，选择"A 公司费用汇总表.xlsx"文件，如图 3-7 所示。

注意：须将"A 公司费用汇总表.xlsx"保存在当前 RPA 项目文件夹中，即将文件保存在相对路径下。

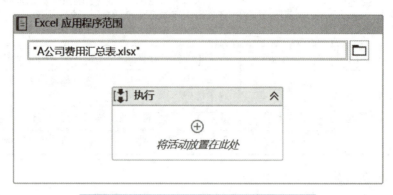

图 3-7　设置【Excel 应用程序范围】活动

② 在【Excel 应用程序范围】活动下的【执行】序列中添加【应用程序集成】—【Excel】类别下的【读取范围】活动 [图 3-8(a)]。打开该活动的【属性】面板，设置工作表名称为"1 号门店经营费用"，范围为"A：I"，接着在【输出】—【数据表】处创建变量 Data [图 3-8(b)]，变量类型为 DataTable，范围为"执行"[图 3-8(c)]，该变量用于存储"1 号门店经营费用"表中 A 列至 I 列的数据。

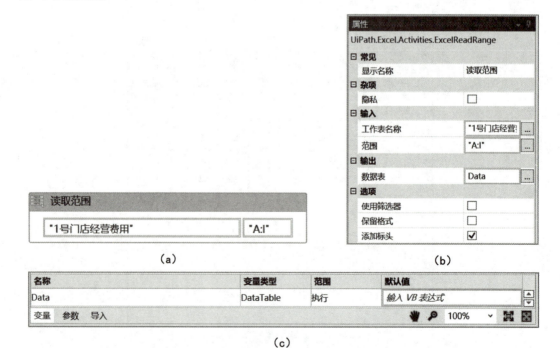

图 3-8　设置【读取范围】活动

③ 继续添加【系统】—【对话框】类别下的【消息框】活动，设置文本为"1 号门店经营费用合计数为"＋Data（8）（8）.tostring＋"元"，用于输出 1 号门店经营费用的合计数，如图 3-9 所示。

图 3-9　设置【消息框】活动

运行结果如图 3-10 所示。

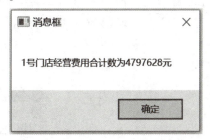

图 3-10　【消息框】活动提示 1 号门店经营费用合计数

（三）【读取列】活动

【读取列】活动用于从指定单元格所在的列中读取整列数据。如图 3-11 所示，在【Excel 应用程序范围】活动的【执行】序列内添加一个【读取列】活动，令机器人读取"工资结算明细表"工作表中 B1 单元格所在的整列数据。

图 3-11　设置【读取列】活动

示例 2：读取列

说明：已知"A 公司费用汇总表.xlsx"内包含三张表，分别为：1 号门店经营费用、2 号门店经营费用、3 号门店经营费用，如图 3-6 所示。

要求：设计一个机器人，令其读取"1 号门店经营费用"表中"合计"列的数据，并通过消息框提示期间为"2022.08"的合计费用。

活动：【Excel 应用程序范围】【读取列】【消息框】。

操作步骤：

① 在序列中添加【应用程序集成】—【Excel】类别下的【Excel 应用程序范围】活动。为该活动设置工作簿路径，单击【浏览】按钮，选择"A 公司费用汇总表.xlsx"文件，如图 3-7 所示。

注意：须将"A 公司费用汇总表.xlsx"保存在当前 RPA 项目文件夹中，即将文件保存在相对路径下。

② 在【Excel 应用程序范围】活动下的【执行】序列中添加【应用程序集成】—【Excel】类别下的【读取列】活动［图 3-12(a)］。打开该活动的【属性】面板，设置工作表名称为"1 号门店经营费用"，起始单元格为"I1"，接着在【输出】—【结果】处创建变量，该变量命名为"合计"［图 3-12(b)］，变量类型为 IEnumerable<Object>，范围为"序列"［图 3-12(c)］，该变量用于存储"1 号门店经营费用"表中 I 列的数据。

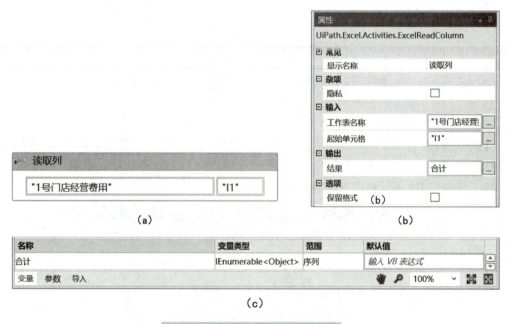

图 3-12 设置【读取列】活动

③ 继续添加【系统】—【对话框】类别下的【消息框】活动，设置文本为"1 号门店 2022 年 8 月的费用合计数为"+合计(8).tostring+"元"，用于输出 1 号门店 2022 年 8 月的费用合计数，如图 3-13 所示。

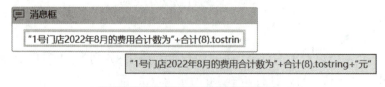

图 3-13 设置【消息框】活动

运行结果如图 3-14 所示。

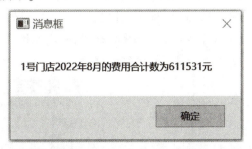

图 3-14 【消息框】活动提示 1 号门店 2022 年 8 月的费用合计数

(四)【读取行】活动

【读取行】活动用于从给定单元格所在的行中读取整行数据。如图 3-15 所示,在【Excel 应用程序范围】活动的【执行】序列内添加一个【读取行】活动,令机器人读取"工资结算明细表"工作表中 A2 单元格所在行的数据。

图 3-15 设置【读取行】活动

示例 3:读取行

说明:已知"A 公司费用汇总表.xlsx"内包含三张表,分别为:1 号门店经营费用、2 号门店经营费用、3 号门店经营费用,如图 3-6 所示。

要求:设计一个机器人,令其读取"1 号门店经营费用"表中期间为"2022.02"的数据,并通过消息框提示该期间的管理费用。

活动:【Excel 应用程序范围】【读取行】【消息框】。

操作步骤:

① 在序列中添加【应用程序集成】—【Excel】类别下的【Excel 应用程序范围】活动。为该活动设置工作簿路径,单击【浏览】按钮,选择"A 公司费用汇总表.xlsx"文件,如图 3-7 所示。

注意:须将"A 公司费用汇总表.xlsx"保存在当前 RPA 项目文件夹中,即将文件保存在相对路径下。

② 在【Excel 应用程序范围】活动下的【执行】序列中添加【应用程序集成】—【Excel】类

别下的【读取行】活动。打开该活动的【属性】面板,设置工作表名称为"1号门店经营费用",起始单元格为"A3"[图3-16(a)],接着在【输出】—【结果】处创建变量,该变量命名为"二月费用"[图3-16(b)],变量类型为IEnumerable<Object>,范围为"序列"[图3-16(c)],该变量用于存储"1号门店经营费用"表中第三行的数据。

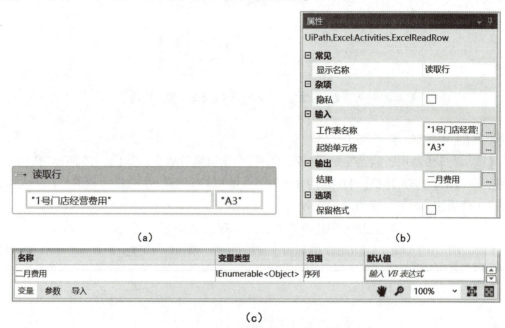

图3-16 设置【读取行】活动

③ 继续添加【系统】—【对话框】类别下的【消息框】活动,设置文本为"1号门店2022年2月的管理费用为"+二月费用(1).tostring+"元",用于输出1号门店2022年2月的管理费用,如图3-17所示。

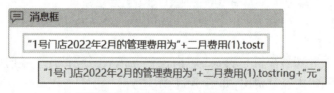

图3-17 设置【消息框】活动

运行结果如图3-18所示。

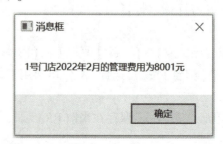

图3-18 【消息框】活动提示1号门店2022年2月的管理费用

(五)【读取单元格】活动

【读取单元格】活动用于读取 Excel 单元格的值,并可将读出的数据存储在变量中。如图 3-19 所示,在【Excel 应用程序范围】活动的【执行】序列内添加一个【读取单元格】活动,令机器人读取 Excel 工作簿"工资明细表.xlsx"的"工资结算明细表"工作表的 A1 单元格的数据。

图 3-19　设置【读取单元格】活动

(六)【写入范围】活动

【写入范围】活动(图 3-20)用于将流程中的数据表写入 Excel 工作簿中指定工作表的指定范围内,写入数据的位置从指定的起始单元格开始,如果未指定起始单元格,则从 A1 单元格开始写入。如果操作的工作表不存在,那么系统将自动创建新工作表。

注意:新写入的数据将覆盖原有指定范围内的数据。

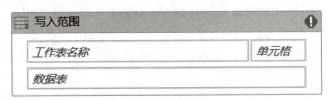

图 3-20　【写入范围】活动

【写入范围】活动的主要属性及其对应功能如表 3-2 所示。

表 3-2　【写入范围】活动的主要属性及其对应功能

活动	属性	参数	功能
写入范围	目标	工作表名称	要写入的工作表名
		起始单元格	从指定单元格开始写入数据
	输入	数据表	数据表中保存着即将写入 Excel 中的数据
	选项	添加标头	如果选中,则将列标头写入工作表的指定范围,默认未选中

示例 4：写入范围

说明：已知“工资明细表 . xlsx”内包含一张工资结算明细表，该表数据如图 3-21 所示。

工号	一级部门	二级部门	岗位	姓名	姓别	证照号码	出勤	基本工资	加班费	奖金	补贴	应付工资	个人缴纳社保	个人缴纳住房公积	税前工资	应交个税	单位缴纳社保	单位缴纳住房公积
KY82001	战略规划部	总经办	总经理	许建辉	男	350925199206170148	22	12000.00	0.00			13638.00	178.50	240.00	13219.50	1388.90	414.80	240.00
KY82002	战略规划部	总经办	副总经理	刘晓光	男	130728198712244398	22	10500.00	0.00			10500.00	178.50	240.00	10081.50	761.30	414.80	240.00
KY82003	战略规划部	总经办	总经理助理	林丽萍	女	340421198805230989	22	6500.00	0.00	866.00		7366.00	178.50	240.00	6947.50	239.75	414.80	240.00
KY82004	战略规划部	企划部	企划部经理	王辉	男	140429199109234112	22	6200.00	0.00	348.00		6548.00	178.50	240.00	6129.50	157.95	414.80	240.00
KY82005	战略规划部	企划部	规划员	林艺芳	女	130826198709138087	26	4000.00	444.00	315.00		4759.00	178.50	240.00	4340.50	25.22	414.80	240.00
KY82006	战略规划部	企划部	规划员	李玉	女	130631199209143990	25	4000.00	252.00	251.00		4503.00	178.50	240.00	4084.50	17.54	414.80	240.00
KY82007	综合管理部	行政部	行政部经理	凯琳	女	340405198704062995	22	6000.00	0.00	746.00		6746.00	178.50	240.00	6327.50	177.75	414.80	240.00
KY82008	综合管理部	行政部	行政助理	董智磊	男	130682198212256431	25	3800.00	255.00	327.00		4382.00	178.50	240.00	3963.50	13.91	414.80	240.00
KY82009	综合管理部	行政部	行政助理	曹丽珠	女	330522198805175887	28	3800.00	233.00	291.00		4324.00	178.50	240.00	3905.50	12.17	414.80	240.00
KY82010	综合管理部	采购部	采购部经理	林月	女	350304198011026213	22	6000.00	0.00	923.00		6923.00	178.50	240.00	6504.50	195.45	414.80	240.00
KY82011	综合管理部	采购部	采购人员	黄莱悦	男	330922198906029819	26	3800.00	272.00	209.00		4281.00	178.50	240.00	3862.50	10.88	414.80	240.00
KY82012	综合管理部	采购部	采购人员	李丽云	女	331082199008292755	25	3800.00	194.00	409.00		4403.00	178.50	240.00	3984.50	14.54	414.80	240.00
KY82013	综合管理部	人力资源部	人事部经理	林志刚	男	340601198012072336	22	6000.00	296.00	989.00		7285.00	178.50	240.00	6866.50	231.65	414.80	240.00
KY82014	综合管理部	人力资源部	人事助理	吴伟平	男	340881198307222663	27	3800.00	375.00	418.00		4593.00	178.50	240.00	4174.50	20.24	414.80	240.00
KY82015	综合管理部	人力资源部	人事助理	曹艳玲	女	330281198706081051	23	3800.00	105.00	259.00		4164.00	178.50	240.00	3745.50	7.37	414.80	240.00
KY82016	综合管理部	仓储后勤部	仓库主管	张玲	女	350582198501191533	25	4800.00	646.00	927.00		6373.00	178.50	240.00	5954.50	140.45	414.80	240.00
KY82017	综合管理部	仓储后勤部	仓库管理员	岳嘉禾	男	130181198311173989	26	3800.00	316.00	366.00		4482.00	178.50	240.00	4063.50	16.91	414.80	240.00
KY82018	综合管理部	仓储后勤部	货车司机	戴君华	男	130301198711192848	23	4500.00	98.00	200.00		4798.00	178.50	240.00	4379.50	26.39	414.80	240.00
KY82019	综合管理部	仓储后勤部	装卸员	黄建军	男	230421199004263056	22	4000.00	122.00	377.00		4499.00	178.50	240.00	4080.50	17.42	414.80	240.00
KY82020	综合管理部	仓储后勤部	装卸员	吴飞宏	男	130728198811022792	24	4000.00	118.00	216.00		4334.00	178.50	240.00	3915.50	12.47	414.80	240.00
KY82021	财务部	会计核算部	财务经理	张乐	男	220422198511265743	22	6500.00	0.00	1000.00		7500.00	178.50	240.00	7081.50	253.15	414.80	240.00
KY82022	财务部	会计核算部	会计主管	吴浩	男	140828198811295423	27	4800.00	329.00	660.00		5789.00	178.50	240.00	5370.50	82.05	414.80	240.00
KY82023	财务部	会计核算部	总账会计	陈飞	女	130503198208118122	27	4600.00	310.00	313.00		5223.00	178.50	240.00	4804.50	39.14	414.80	240.00
KY82024	财务部	会计核算部	成本会计	陈丽婷	女	210811198108132673	23	4600.00	101.00	289.00		4990.00	178.50	240.00	4571.50	32.15	414.80	240.00
KY82025	财务部	会计核算部	出纳	谢娜	女	230711198712212349	25	4000.00	183.00	241.00		4424.00	178.50	240.00	4005.50	15.17	414.80	240.00
KY82026	财务部	税务管理部	税务主管	何翔	男	331101198711178411	25	4200.00	306.00	841.00		5347.00	178.50	240.00	4928.50	42.86	414.80	240.00
KY82027	财务部	税务管理部	税收筹划专员	黄海清	女	130706198911146665	27	3800.00	550.00	364.00		4714.00	178.50	240.00	4295.50	23.87	414.80	240.00
KY82028	财务部	税务管理部	税务稽核专员	吴赫	女	140421198111107885	28	3800.00	169.00	399.00		4368.00	178.50	240.00	3949.50	13.49	414.80	240.00

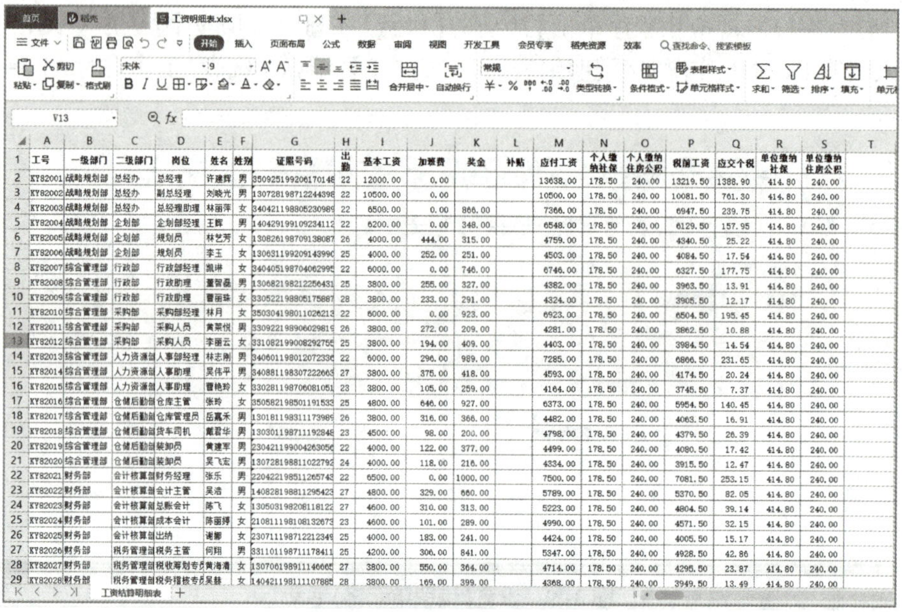

图 3-21　工资明细表

要求：设计一个机器人，令其读取“工资结算明细表”中战略规划部的工资情况，并将该数据写入名称显示为“战略规划部”的工作表。

活动：【Excel 应用程序范围】【读取范围】【写入范围】。

操作步骤：

① 在序列中添加【应用程序集成】—【Excel】类别下的【Excel 应用程序范围】活动。为该活动设置工作簿路径，单击【浏览】按钮，选择“工资明细表 . xlsx”文件，如图 3-22 所示。

注意： 须将“工资明细表 . xlsx”保存在当前 RPA 项目文件夹中，即将文件保存在相对路径下。

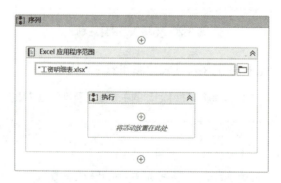

图 3-22　【Excel 应用程序范围】活动

② 在【Excel 应用程序范围】活动下的【执行】序列中添加【应用程序集成】—【Excel】类

别下的【读取范围】活动。打开该活动的【属性】面板,设置工作表名称为"工资结算明细表",范围为"A1:S7"[图 3-23(a)],接着在【输出】—【数据表】处创建变量 Data_1 [图 3-23(b)],变量类型为 DataTable,范围为"执行",该变量用于存储"工资结算明细表"中单元格 A1 到 S7 范围的数据,即战略规划部的工资情况。

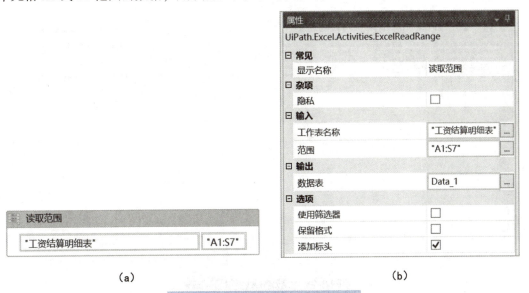

图 3-23 设置【读取范围】活动

③ 继续添加【应用程序集成】—【Excel】类别下的【写入范围】活动,设置工作表名称为"战略规划部",起始单元格为"A1"[图 3-24(a)],输入数据表为 Data_1,勾选【添加标头】[图 3-24(b)],将存储在变量 Data_1 中的数据写入表格"战略规划部"中。

注意:"战略规划部"表不存在,通过【写入范围】活动的设置,机器人会自动在"工资明细表.xlsx"内创建该工作表,命名为"战略规划部"。

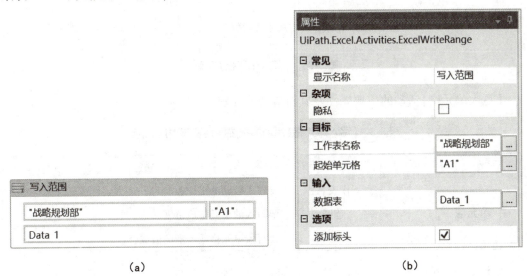

图 3-24 设置【写入范围】活动

运行结果如图 3-25 所示。

图 3-25 "战略规划部"工作表

（七）【写入单元格】活动

【写入单元格】活动(图 3-26)用于将值或公式写入指定的单元格或范围。如果操作的工作表不存在,则系统自动创建该工作表。如果对应单元格内有值,则被覆盖。

图 3-26 【写入单元格】活动

【写入单元格】活动的主要属性及其对应功能如表 3-3 所示。

表 3-3 【写入单元格】活动的主要属性及其对应功能

活动	属性	参数	功能
写入单元格	目标	工作表名称	要写入数据的工作表名
		范围	要写入的单元格或范围
	输入	值	要写入单元格或范围的值或公式

示例 5：写入单元格

说明：已知"工资明细表.xlsx"内包含一张工资结算明细表,该表数据如图 3-21 所示。

要求：设计一个机器人，令其在"工资结算明细表"的 T1 单元格内写入"实发工资"，在 T2 单元格内写入公式"'=SUM(M2-N2-O2-Q2)'"，计算实发工资。

活动：【Excel 应用程序范围】【写入单元格】。

操作步骤：

① 在序列中添加【应用程序集成】—【Excel】类别下的【Excel 应用程序范围】活动。为该活动设置工作簿路径，单击【浏览】按钮，选择"工资明细表.xlsx"文件，如图 3-22 所示。

注意：须将"工资明细表.xlsx"保存在当前 RPA 项目文件夹中，即将文件保存在相对路径下。

② 在【Excel 应用程序范围】活动下的【执行】序列中添加【应用程序集成】—【Excel】类别下的【写入单元格】活动。设置工作表名称为"工资结算明细表"，范围为"T1"，输入值为"实发工资"，即令机器人将输入值"实发工资"写入"工资结算明细表"的 T1 单元格，如图 3-27 所示。

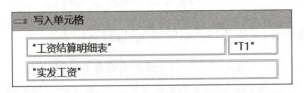

图 3-27 【写入单元格】活动写入"实发工资"

③ 继续添加【应用程序集成】—【Excel】类别下的【写入单元格】活动，设置工作表名称为"工资结算明细表"，范围为"T2"，输入值为"'=SUM(M2-N2-O2-Q2)'"，即令机器人写入公式，计算出 T2 单元格的实发工资，如图 3-28 所示。

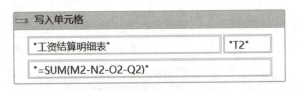

图 3-28 【写入单元格】活动计算实发工资

运行结果如图 3-29 所示。

图 3-29 T2 单元格的实发工资

三、正在处理类活动

图 3-30 所示为【应用程序集成】—【Excel】—【正在处理】类别下的 8 个过程活动，主要包括复制单元格全范围，启用宏、运行宏，添加或删除指定数量的列和行，删除指定范围内的所有重复行，以及搜索特定值的单元格坐标等功能。

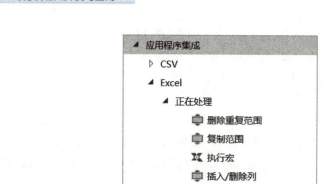

图 3-30 【正在处理】类别下的活动

【Excel】—【正在处理】类别下的活动的功能如表 3-4 所示。

表 3-4 【正在处理】类别下的活动的功能

类型	活动	功能
正在处理	删除重复范围	删除指定范围内的所有重复行
	复制范围	复制整个范围,包括值、公式、表格式和单元格格式,并将其粘贴到指定工作表中
	执行宏	工作簿需要一个启用宏的活动,更改将立即保存,只能在 Excel 应用程序范围中使用
	插入/删除列	在某个位置添加或删除指定数量的列
	插入/删除行	在某个位置添加或删除指定数量的行
	查找范围	在指定范围内搜索具有特定值的单元格坐标,并将其作为字符串变量返回
	自动填充范围	使用源范围中定义的公式规则,并根据最终目标范围对其进行调整,模拟 Excel 中的自动填充功能
	调用应用程序视觉化 Basic	从包含 VBA 代码的外部文件调用宏,并对 Excel 文件运行宏

(一)【复制范围】活动

【复制范围】活动(图 3-31)主要用于复制整个范围,包括值、公式、表格式和单元格格式,并将其粘贴到指定的工作表中的具体位置上。

图 3-31 【复制范围】活动

【复制范围】活动的主要属性及其对应功能如表 3-5 所示。

项目三 RPA 财务机器人 Excel 应用

表 3-5 【复制范围】活动的主要属性及其对应功能

活动	属性	参数	功能
复制范围	目标	目标单元格	待粘贴范围的起始单元格
		目标工作表	待粘贴数据的目标工作表
	输入	工作表名称	要复制的源工作表名
		源范围	要复制的原始范围
	选项	复制项目	选择性复制、粘贴,可从下拉菜单中选择要复制、粘贴的项目,例如值、公式等。默认为"All"

示例 6:复制范围

说明:通过示例 5,机器人已在"工资结算明细表"的 T2 单元格内写入公式计算实发工资。

要求:令机器人复制 T2 单元格的公式,写入 T3 至 T45 单元格,完成实发工资的计算。

活动:【Excel 应用程序范围】【先条件循环】【读取范围】【复制范围】。

操作步骤:

① 在序列中添加【应用程序集成】—【Excel】类别下的【Excel 应用程序范围】活动。为该活动设置工作簿路径,单击【浏览】按钮,选择"工资明细表.xlsx"文件,如图 3-22 所示。

注意:须将示例 5 中已计算出 T2 单元格实发工资的"工资明细表.xlsx"保存在当前 RPA 项目文件夹中,即将文件保存在相对路径下。

② 在【Excel 应用程序范围】活动下的【执行】序列中添加【应用程序集成】—【Excel】类别下的【读取范围】活动[图 3-32(a)]。打开该活动的【属性】面板,设置工作表名称为"工资结算明细表",范围为"A:S",在【输出】—【数据表】处创建变量 Data_2[图 3-32(b)],变量类型为 DataTable,范围为"执行",该变量用于存储"工资结算明细表"中 A 列至 S 列的数据。

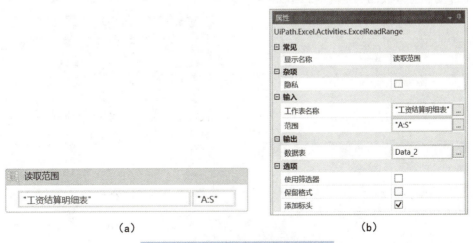

图 3-32 设置【读取范围】活动

③ 继续添加【工作流】—【控件】类别下的【先条件循环】活动[图 3-33(a)],在【变量】面板中创建变量 i,变量类型为 Int32,范围为"执行",设置默认值为 1[图 3-33(b)],该变量

113

用于表示第几行。设置【先条件循环】活动的输入条件为 Data_2(i)(0).tostring<>" "[图 3-33(a)],表示第 i 行第 1 列的数据不为空时,需要继续执行正文序列里的活动。

图 3-33　设置【先条件循环】活动

④ 在【正文】序列中添加【应用程序集成】—【Excel】类别下的【复制范围】活动[图 3-34(a)]。打开【复制范围】的【属性】面板,设置目标单元格为"T"+(i+2).tostring,目标工作表为"工资结算明细表",输入工作表名称为"工资结算明细表",输入源范围为"T2",复制项目默认为"All"[图 3-34(b)],表示将"工资结算明细表"中 T2 单元格的所有内容全部复制至该表的"T"+(i+2)单元格。

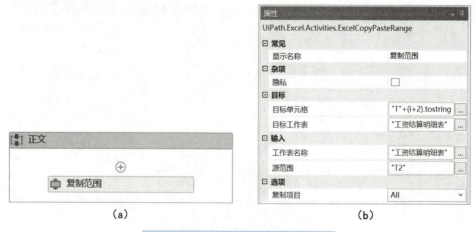

图 3-34　设置【复制范围】活动

⑤ 在【复制范围】活动下添加【System】—【Activities】—【Statements】类别下的【分配】活动。设置【分配】活动,令 i=i+1,如图 3-35 所示。

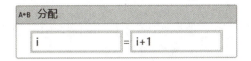

图 3-35　设置【分配】活动

运行结果如图 3-36 所示。

[表格：工资结算明细表，显示各员工工资数据]

图 3-36　"工资结算明细表"的实发工资

（二）【插入/删除列】活动

【插入/删除列】活动（图 3-37）主要用于在某个位置添加或删除指定数量的列。

图 3-37　【插入/删除列】活动

【插入/删除列】活动的主要属性及其对应功能如表 3-6 所示。

表 3-6　【插入/删除列】活动的主要属性及其对应功能

活动	属性	参数	功能
插入/删除列	目标	位置	执行插入/删除操作的位置，该字段仅支持整数或 Int32 类型变量，默认值为"1"
		无列	需要删除或添加的列数，该字段仅支持整数或 Int32 类型变量，默认值为"1"
	输入	更改模式	选择添加或删除列：选择 Add 将向文档添加列，而选择 Remove 将删除列

示例 7：插入/删除列

说明：已知 A 公司"工资明细表.xlsx"内包含一张工资结算明细表，目前该公司取消了

115

工资补贴制度。

要求：设计一个机器人，令其删除"工资结算明细表"内的"补贴"列。

活动：【Excel 应用程序】【插入/删除列】。

操作步骤：

① 在序列中添加【应用程序集成】—【Excel】类别下的【Excel 应用程序范围】活动。为该活动设置工作簿路径，单击【浏览】按钮，选择"工资明细表.xlsx"文件，如图 3-22 所示。

注意：须将"工资明细表.xlsx"保存在当前 RPA 项目文件夹中，即将文件保存在相对路径下。

② 在【Excel 应用程序范围】活动下的【执行】序列中添加【应用程序集成】—【Excel】类别下的【插入/删除列】活动［图 3-38(a)］。打开该活动的【属性】面板，设置目标位置为 12，无列为 1，输入工作表名称为"工资结算明细表"，更改模式为 Remove［图 3-38(b)］，表示将"工资结算明细表"中第 12 列删除，即删除"补贴"这一列。

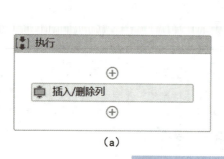
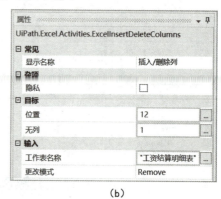

(a)   (b)

图 3-38　设置【插入/删除列】活动

运行结果如图 3-39 所示。

图 3-39　删除"补贴"列

任务实施

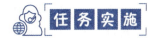

（一）收集数据

将 Excel 工资数据表收集起来，为后续流程做好准备。Excel 工资数据文件包含“员工基础信息表 . xlsx”“本月考勤表 . xlsx”“本月奖金表 . xlsx”“本月加班费表 . xlsx”。

① 员工基础信息表包含工号、所属部门、职位、姓名、岗位基本工资等信息，注意数据列从 A 列至 H 列，如图 3-40 所示。

	A	B	C	D	E	F	G	H
1	工号	一级部门	二级部门	职位	姓名	性别	居民身份证	岗位基本工资（含满勤奖300元）
2	TL10001	综合管理部	总经办	总经理	陆奕文	男	230708197907214214	12000.00
3	TL10002	综合管理部	总经办	副总经理	朱樱	女	140929197810277802	9000.00
4	TL10003	综合管理部	总经办	副总经理	钟玲	女	222401198912276845	7000.00
5	TL10004	综合管理部	行政部	行政经理	吴绚丽	女	210114198408250043	7000.00
6	TL10005	综合管理部	行政部	行政助理	张倩均	女	210114199408151643	5000.00
7	TL10006	综合管理部	财务部	会计主管	周鑫童	男	110107197903118434	4500.00
8	TL10007	综合管理部	财务部	总账会计	钟罗荇	男	110106198406200912	4500.00
9	TL10008	综合管理部	财务部	出纳	陆雨朋	女	110111199609083563	3500.00
10	TL10009	综合管理部	采购部	采购主管	刘磷品	男	110115198409044033	4500.00
11	TL10010	综合管理部	仓管部	仓库主管	陈战力	男	140724198002236555	5000.00
12	TL10011	综合管理部	仓管部	仓管员	吴轩	女	140724198902453265	4000.00
13	TL10012	销售部	业务部	业务主管	杨帆	男	141022199102013856	6500.00
14	TL10013	销售部	业务部	业务人员	廖丽霞	女	150204199007023643	3500.00
15	TL10014	销售部	业务部	业务人员	詹渊	男	150422198909034637	3500.00
16	TL10015	销售部	业务部	业务人员	宋子洋	男	150422199409235539	3500.00
17	TL10016	销售部	业务部	业务人员	宋秦	男	150422199604037837	3500.00
18	TL10017	销售部	业务部	业务人员	陈飞展	女	130202199012058565	3500.00
19	TL10018	基本生产车间	生产管理部	生产负责人	赵凌霄	男	210904198004198874	6000.00
20	TL10019	基本生产车间	生产管理部	生产主管	林一淡	女	210904199504296824	5000.00
21	TL10020	基本生产车间	生产管理部	生产主管	吴长江	男	211102198006206514	5000.00
22	TL10021	基本生产车间	加工车间	车间组长	王伟	男	210904198711097093	6000.00
23	TL10022	基本生产车间	加工车间	质量检测员	蔡亦辉	男	131102199009129414	5000.00
24	TL10023	基本生产车间	加工车间	生产工人	柳韵平	女	321003197801231980	4000.00
25	TL10024	基本生产车间	加工车间	生产工人	柯寻依	女	210782198411306182	4000.00
26	TL10026	基本生产车间	加工车间	生产工人	孙敏涛	男	140826198411096896	4000.00
27	TL10027	基本生产车间	加工车间	生产工人	黄梅	女	210101197809027642	4000.00
28	TL10028	基本生产车间	加工车间	生产工人	张恒	男	350505199207051214	4000.00

Sheet1

图 3-40 员工基础信息表

② 本月考勤表包含员工信息和考勤信息，如图 3-41 所示。

	A	B	C	D	E	F	G	H	I	J
1	工号	姓名	性别	居民身份证	满勤	事假	年假（带薪休假）	病假	缺勤	出勤
2	TL10001	陆奕文	男	230708197907214214	22				0	22
3	TL10002	朱樱	女	140929197810277802	22				0	22
4	TL10003	钟玲	女	222401198912276845	22				0	22
5	TL10004	吴绚丽	女	210114198408250043	22				0	22
6	TL10005	张倩均	女	210114199408151643	22		3		3	19
7	TL10006	周鑫童	男	110107197903118434	22				0	22
8	TL10007	钟罗荇	男	110106198406200912	22				0	22
9	TL10008	陆雨朋	女	110111199609083563	22				0	22
10	TL10009	刘磷品	男	110115198409044033	22	1			1	21
11	TL10010	陈战力	男	140724198002236555	22				0	22
12	TL10011	吴轩	女	140724198902453265	22				0	22
13	TL10012	杨帆	男	141022199102013856	22			2	2	20
14	TL10013	廖丽霞	女	150204199007023643	22				0	22
15	TL10014	詹渊	男	150422198909034637	22				0	22
16	TL10015	宋子洋	男	150422199409235539	22	2			2	20
17	TL10016	宋秦	男	150422199604037837	22				0	22
18	TL10017	陈飞展	女	130202199012058565	22				0	22
19	TL10018	赵凌霄	男	210904198004198874	22				0	22
20	TL10019	林一淡	女	210904199504296824	22				0	22
21	TL10020	吴长江	男	211102198006206514	22			5	5	17
22	TL10021	王伟	男	210904198711097093	22				0	22
23	TL10022	蔡亦辉	男	131102199009129414	22				0	22
24	TL10023	柳韵平	女	321003197801231980	22				0	22
25	TL10024	柯寻依	女	210782198411306182	22	2			2	20
26	TL10026	孙敏涛	男	140826198411096896	22				0	22
27	TL10027	黄梅	女	210101197809027642	22				0	22
28	TL10028	张恒	男	350505199207051214	22				0	22

Sheet1

图 3-41 本月考勤表

③ 本月奖金表和本月加班费表包含员工信息、奖金数据、加班费数据等，如图 3-42 和图 3-43 所示。

图 3-42 本月奖金表	图 3-43 本月加班费表

（二）设置工资表基础数据

① 在 Main 主工作流的序列内添加【Excel 应用程序范围】活动，修改此活动的显示名称为"Excel 应用程序范围（工资表基础数据）"，设置工作簿路径为"员工基础信息.xlsx"，然后在【Excel 应用程序范围】活动的【执行】序列内添加【读取范围】活动，并修改该活动的名称为"读取范围（员工基本信息）"，读取"Sheet1"工作表中 A: K 范围内的数据，如图 3-44 所示。

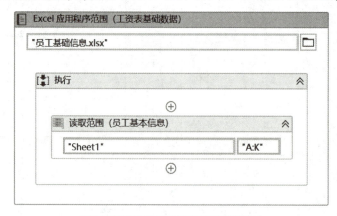

图 3-44 读取员工基本信息

② 在【读取范围】活动的【属性】面板中添加数据表变量 DATA 来接收此活动读取到的

数据,因为此处要获取表格的列标题,所以不要勾选【添加标头】选项。此步骤的功能是让机器人读取员工基础信息表里的基础信息,并将读到的数据保存在数据表变量 DATA 中,后续流程中就可以使用 DATA 中的数据进行进一步的计算和处理,如图 3-45 所示。

注意:此处读取了 Sheet1 工作表中 A:K 范围内的数据,而员工基础信息表中只有 A:H 范围内有原始数据,读到的数据显然多了 I 列、J 列和 K 列,这三列并没有数据,后续步骤将由机器人自动为这三列补充数据。

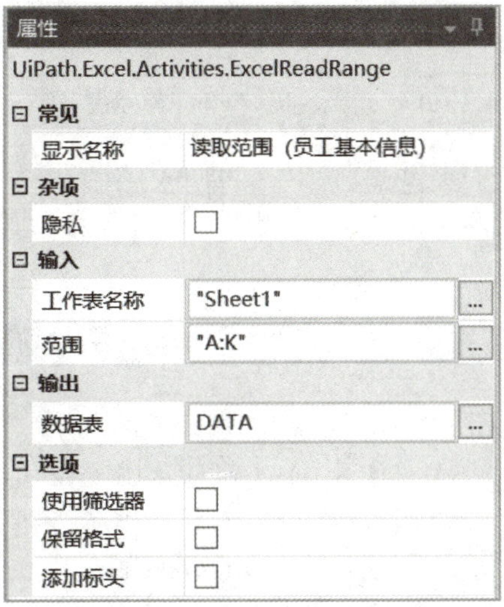

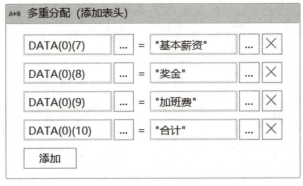

图 3-45 设置【读取范围】活动属性

③ 在【读取范围】活动后面添加【工作流】—【控件】类别下的【多重分配】活动,设置显示名称为"多重分配(添加表头)"。在此活动中为 DATA 变量添加新列名。首先,修改 DATA 中 DATA(0)(7)的值,对照"员工基础信息表"可知,DATA(0)(7)对应的是 Excel 表中的 H1 单元格,令 DATA(0)(7) = "基本薪资",即修改 DATA(0)(7)中原来的值为基本薪资;接着,令 DATA(0)(8) = "奖金",DATA(0)(9) = "加班费",DATA(0)(10) = "合计",即在 DATA 变量中添加三个新列名,如图 3-46 所示。此步骤的功能是使机器人在数据表 DATA 中设置"基本薪资""奖金""加班费""合计"四个列名,为后续读取其他工资数据并存储到 DATA 中做好准备。

图 3-46 设置【多重分配(添加表头)】活动

④ 继续添加【多重分配】活动,设置显示名称为"多重分配(添加函数)",为"基本薪资""奖金""加班费""合计"这四列添加读取数据的函数,如图 3-47 所示。

注意:本步骤仅为 DATA(1)行的(7)(8)(9)(10)这四列读取工资数据。

图 3-47 设置【多重分配(添加函数)活动】

其中,a 处为 DATA(1)(7)赋值表达式:DATA(1)(7)= " = ROUND(VLOOKUP(A2,[员工基础信息.xlsx]Sheet1!$A:$H,8,0)-(VLOOKUP(A2,[员工基础信息.xlsx]Sheet1!$A:$H,8,0)-300)/22 * (VLOOKUP(A2,[本月考勤.xlsx]Sheet1!$A:$J,6,0)+VLOOKUP(A2,[本月考勤.xlsx]Sheet1!$A:$J,8,0) * 0.5)-IF(VLOOKUP(A2,[本月考勤.xlsx]Sheet1!$A:$J,9,0)>0,300,0),2)"。此赋值的作用是让机器人根据计算公式计算出员工当月可取得的基本薪资,并将计算结果添加到 DATA(1)(7)中。

b 处为 DATA(1)(8) 赋值表达式:DATA(1)(8)= " =IFERROR(VLOOKUP(A2,[本月奖金.xlsx]Sheet1!$A:$E,5,0),0)"。此赋值的作用是让机器人获取员工本月奖金,并将结果添加到 DATA(1)(8)中。

c 处为 DATA(1)(9)赋值表达式:DATA(1)(9)= " =IFERROR(VLOOKUP(A2,[本月加班费.xlsx]Sheet1!$A:$E,5,0),0)"。此赋值的作用是让机器人获取员工本月加班费,并将结果添加到 DATA(1)(9)中。

d 处为 DATA(1)(10)赋值表达式:DATA(1)(10)= " = sum(H2:J2)"。此赋值的作用是让机器人计算工资合计数,并将计算结果添加到 DATA(1)(10)中。

可以看出,以上设置的工资计算表达式其实就是 Excel 函数。通过上述流程,机器人就可以自动从多张 Excel 表中读取数据,并完成工资计算。

(三)生成本月工资结算表

① 在序列中继续添加一个【Excel 应用程序范围】活动,修改此活动的显示名称为"Excel 应用程序范围(工资表生成)",设置工作簿路径为"本月工资结算表.xlsx",如图 3-48 所示。由于此工作簿并不存在,因此机器人将创建一个新的名为"本月工资结算表.xlsx"的 Excel 文件。

项目三 RPA 财务机器人 Excel 应用

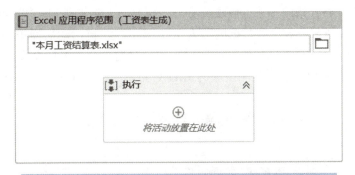

图 3-48 设置【Excel 应用程序范围(工资表生成)】活动

② 在【Excel 应用程序范围(工资表生成)】活动的【执行】序列内添加【写入范围】活动，设置显示名称为"写入范围(基础数据写入)"，将"(二)设置工资表基础数据"中创建的存储工资计算结果的数据表变量 DATA 写入本月工资结算表中，如图 3-49 所示。

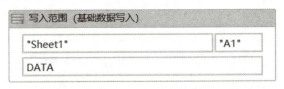

图 3-49 设置【写入范围(基础数据写入)】活动

③ 上一步骤的功能是使机器人在生成的"本月工资结算表.xlsx"内写入工资结果数据，最终生成的工资表包含"工号""一级部门""二级部门""职位""姓名""性别""居民身份证""基本薪资""奖金""加班费""合计"等列，写入结果如图 3-50 所示。

注意：写入所读取的表格数据时并不会将格式一起写入，因此身份号码显示为乱码，运行完成后调整单元格格式即可正常显示。

	A	B	C	D	E	F	G	H	I	J	K
1	工号	一级部门	二级部门	职位	姓名	性别	居民身份证	基本薪资	奖金	加班费	合计
2	TL10001	综合管理部	总经办	总经理	陆奕文	男	230708********4214	12000	1187	0	13187
3	TL10002	综合管理部	总经办	副总经理	朱樱	女	140929********7802				
4	TL10003	综合管理部	总经办	副总经理	钟玲	女	222401********6845				
5	TL10004	综合管理部	行政部	行政经理	吴绚丽	女	210114********0043				
6	TL10005	综合管理部	行政部	行政助理	张倩均	女	210114********1643				
7	TL10006	综合管理部	财务部	会计主管	周鑫童	男	110107********8434				
8	TL10007	综合管理部	财务部	总账会计	钟罗荇	男	110106********0912				
9	TL10008	综合管理部	财务部	出纳	陆雨朋	男	110111********3563				
10	TL10009	综合管理部	采购部	采购主管	刘磷品	男	110115********4033				
11	TL10010	综合管理部	仓管部	仓库主管	陈战力	男	140724********6555				
12	TL10011	综合管理部	仓管部	仓管员	吴轩	男	140724********3265				
13	TL10012	销售部	业务部	业务主管	杨帆	男	141022********3856				
14	TL10013	销售部	业务部	业务人员	廖丽霞	女	150204********3643				
15	TL10014	销售部	业务部	业务人员	陆渊	男	150422********4637				
16	TL10015	销售部	业务部	业务人员	宋子洋	男	150422********5539				
17	TL10016	销售部	业务部	业务人员	宋綦	男	150422********7837				
18	TL10017	销售部	业务部	业务人员	陈飞展	女	130202********8565				
19	TL10018	基本生产车间	生产管理部	生产负责人	赵凌霄	男	210904********8874				
20	TL10019	基本生产车间	生产管理部	生产主管	林一淼	女	210904********6824				
21	TL10020	基本生产车间	生产管理部	生产主管	吴长江	男	211102********6514				
22	TL10021	基本生产车间	加工车间	车间组长	王伟	男	210904********7093				
23	TL10022	基本生产车间	加工车间	质量检测员	蔡亦辉	男	131102********9414				
24	TL10023	基本生产车间	加工车间	生产工人	柳韵平	女	321003********1980				
25	TL10024	基本生产车间	加工车间	生产工人	柯寻依	女	210782********6182				

图 3-50 本月工资结算表

④ 从 H3 单元格开始的一片区域还没有写入相应的工资数据,下面的操作将采用 Excel 中复制单元格的方法来完成这些数据的写入。在【写入范围】活动后面添加【先条件循环】活动,并修改该活动名称为"先条件循环(复制函数)",对此活动进行设置,增加循环变量 i,变量类型为 Int32,默认值为 2,循环条件为 DATA(i)(0).ToString<>"",分别如图 3-51 和图 3-52 所示。

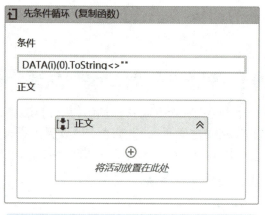

图 3-51 设置【先条件循环】活动判断条件

名称	变量类型	范围	默认值
DATA	DataTable	序列	输入 VB 表达式
i	Int32	序列	2

图 3-52 在【变量】面板中创建变量

⑤ 在【先条件循环】活动的【正文】中添加【复制范围】活动[图 3-53(a)],设置工作表名称为"Sheet1",源范围为"H2:K2",目标单元格为"H"+(i+1).ToString,目标工作表为"Sheet1",如图 3-53(b)所示。

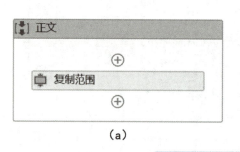

(a)

(b)

图 3-53 设置【复制范围】活动

⑥ 添加【分配】活动,设置表达式为 i=i+1,如图 3-54 所示。

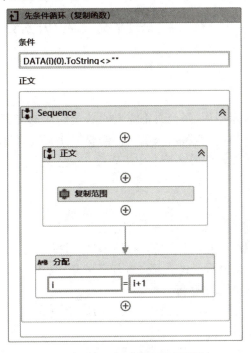

图 3-54　循环复制范围

④—⑥这三个步骤的功能是使机器人完成从源单元格区域 H2:K2 到目标单元格区域的复制,每次循环复制一行,重复复制直到工号列的值为空时停止。

⑦ 单击【调试文件】按钮,机器人会读取员工基础信息、本月考勤、本月奖金、本月加班费等数据,自动生成本月工资结算表,如图 3-55 所示。

	A	B	C	D	E	F	G	H	I	J	K
1	工号	一级部门	二级部门	职位	姓名	性别	居民身份证	基本薪资	奖金	加班费	合计
2	TL10001	综合管理部	总经办	总经理	陆奕文	男	230708********4214	12000	1187	0	13187
3	TL10002	综合管理部	总经办	副总经理	朱樱	女	140929********7802	9000	1152	0	10152
4	TL10003	综合管理部	总经办	副总经理	钟玲	女	222401********6845	7000	1242	0	8242
5	TL10004	综合管理部	行政部	行政经理	吴绚丽	女	210114********0043	7000	1413	0	8413
6	TL10005	综合管理部	行政部	行政助理	张倩均	女	210114********1643	4700	0	0	4700
7	TL10006	综合管理部	财务部	会计主管	周鑫童	女	110107********8434	4500	1427	0	5927
8	TL10007	综合管理部	财务部	总账会计	钟罗荇	男	110106********0912	4500	1254	0	5754
9	TL10008	综合管理部	财务部	出纳	陆雨朋	女	110111********3563	3500	0	0	3500
10	TL10009	综合管理部	采购部	采购主管	刘磷品	男	110115********4033	4009.09	1002	0	5011.09
11	TL10010	综合管理部	仓管部	仓库主管	陈战力	男	140724********6555	5000	2222	0	7222
12	TL10011	综合管理部	仓管部	仓管员	吴轩	女	140724********3265	4000	1022	0	5022
13	TL10012	销售部	业务部	业务主管	杨帆	男	141022********3856	5918.18	2977	0	8895.18
14	TL10013	销售部	业务部	业务人员	廖丽霞	女	150204********3643	3500	3575	0	7075
15	TL10014	销售部	业务部	业务人员	詹渊	男	150422********4637	3500	3082	0	6582
16	TL10015	销售部	业务部	业务人员	宋子洋	男	150422********5539	2909.09	3917	0	6826.09
17	TL10016	销售部	业务部	业务人员	宋秦	男	150422********7837	3500	2943	0	6443
18	TL10017	销售部	业务部	业务人员	陈飞展	男	130202********8565	3500	4158	0	7658
19	TL10018	基本生产车间	生产管理部	生产负责人	赵凌霄	男	210904********8874	6000	0	2301	8301
20	TL10019	基本生产车间	生产管理部	生产主管	林一淡	女	210904********6824	5000	0	2563	7563
21	TL10020	基本生产车间	生产管理部	生产主管	吴长江	男	211102********6514	4165.91	0	1684	5849.91
22	TL10021	基本生产车间	加工车间	车间组长	王伟	男	210904********7093	6000	0	504	6504
23	TL10022	基本生产车间	加工车间	质量检测员	蔡亦辉	男	131102********9414	5000	0	680	5680

图 3-55　本月工资结算表

任务二　数据表活动介绍

亚邦集团旗下有很多家门店,每个月都需要对各个门店的经营费用明细表进行汇总分析。由于该集团公司旗下的门店较多,人工操作需要消耗大量的时间。为此,让我们来为这家集团公司开发一个费用汇总机器人吧!

数据表(Data Table)是 UiPath 中的一种变量类型,这种变量类型可以储存大量的、具有行和列的、表格形式的数据,它以行索引和列索引来标识每个数据。我们可以简单地将数据表视为 Excel 工作表的内存表示形式。通过本任务的学习,学生可以利用 RPA 机器人自动化,对数据表进行构建、筛选和排序等。

一、数据表的行列索引

在数据表中,行与列的索引都从 0 开始,即数据表的第 1 行内容(不含标题行)索引为 0,第 1 列索引为 0;若数据表第 1 行内容为列标题,则索引 0 从第 2 行开始,如图 3-56 所示。

图 3-56　数据表的行列索引

二、数据表的读取方法

假设数据表变量命名为 Data,读取该数据表的内容可用以下几种方法。

方法一：Data(i)(j),代表数据表中的第 i 行第 j 列。

方法二：使用【对于每一个行】活动对每一行的数据进行访问。

方法三：Data.row(0).item("工资"),代表第 0 行的工资列。

三、数据表与 Excel 的区别

UiPath 中的数据表常用于存储从 Excel 文件中读取的数据,这种数据表与 Excel 数据的区别在于后者是一个 Excel 文件,其中可以存储各种类型的数据(如数字、文字、图片等),也可以格式化排版;而 UiPath 中的数据表只是最简单的电子表格数据类型,它只有行、列与可选标题。

四、数据表常用活动介绍

与操作数据表有关的活动位于【编程】—【数据表】类别下,其中主要包括【删除数据列】【删除数据行】【删除重复行】【合并数据表】等 16 个子活动,如图 3-57 所示。

图 3-57 【数据表】类别下的活动

(一)【对于每一个行】活动

【对于每一个行】活动(图 3-58)的作用是遍历数据表中的每一行内容,遍历的结果为数据行(而非某一个元素),然后执行循环体中的活动。该活动中的变量 row 无须定义,此处变量也可按实际需要自行定义名称。遍历的对象为 DataTable 类型的变量。

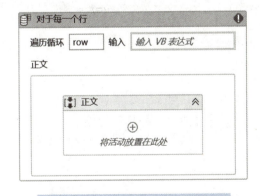

图 3-58 【对于每一个行】活动

示例 1：对于每一个行

说明：已知“年终奖金 . xlsx”内包含一张“年终奖金发放表”。该表数据如图 3-59 所示。

要求：设计一个机器人，令其遍历循环年终奖金发放表，筛选出年终奖金超过 10000 元的职员，并将筛选结果输出。

活动：【Excel 应用程序范围】【读取范围】【对于每一个行】【IF 条件】【日志消息】。

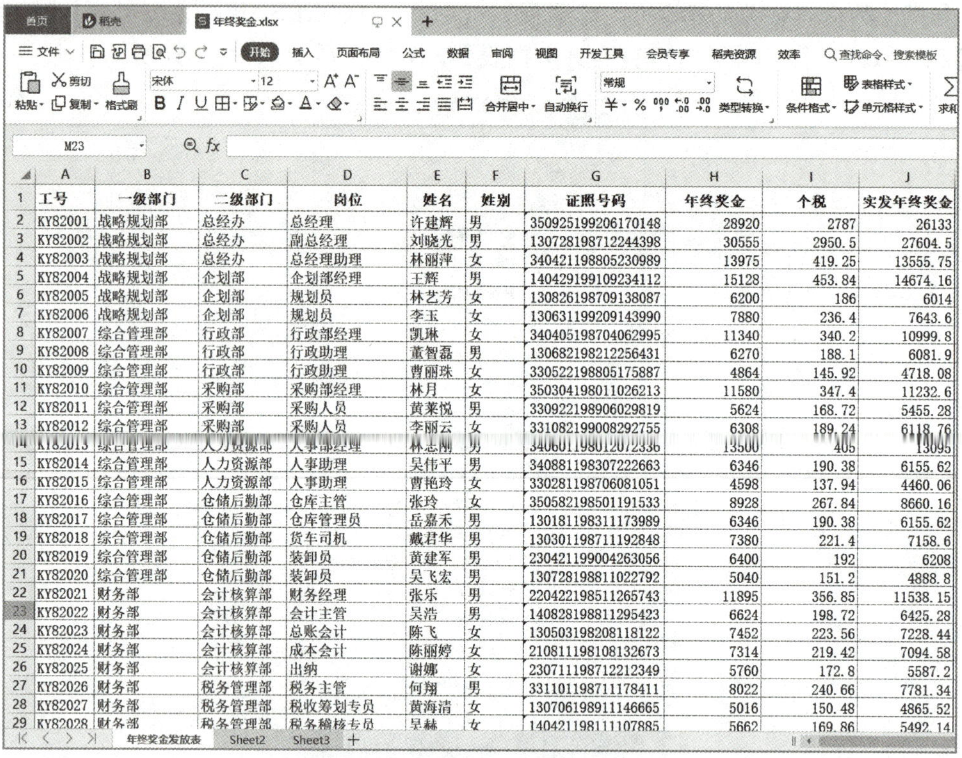

工号	一级部门	二级部门	岗位	姓名	姓别	证照号码	年终奖金	个税	实发年终奖金
KY82001	战略规划部	总经办	总经理	许建辉	男	350925199206170148	28920	2787	26133
KY82002	战略规划部	总经办	副总经理	刘晓光	男	130728198712244398	30555	2950.5	27604.5
KY82003	战略规划部	总经办	总经理助理	林丽萍	女	340421198805230989	13975	419.25	13555.75
KY82004	战略规划部	企划部	企划部经理	王辉	男	140429199109234112	15128	453.84	14674.16
KY82005	战略规划部	企划部	规划员	林艺芳	女	130826198709138087	6200	186	6014
KY82006	战略规划部	企划部	规划员	李玉	女	130631199209143990	7880	236.4	7643.6
KY82007	综合管理部	行政部	行政部经理	凯琳	女	340405198704062995	11340	340.2	10999.8
KY82008	综合管理部	行政部	行政助理	董智磊	男	130682198212256431	6270	188.1	6081.9
KY82009	综合管理部	行政部	行政助理	曹丽珠	女	330522198805175887	4864	145.92	4718.08
KY82010	综合管理部	采购部	采购部经理	林月	女	350304198011026213	11580	347.4	11232.6
KY82011	综合管理部	采购部	采购人员	黄莱悦	男	330922198906029819	5624	168.72	5455.28
KY82012	综合管理部	采购部	采购人员	李丽云	女	331082199008292755	6308	189.24	6118.76
KY82013	综合管理部	人力资源部	人事部经理	林志刚	男	340601198012072336	13500	405	13095
KY82014	综合管理部	人力资源部	人事助理	吴伟平	男	340881198307222663	6346	190.38	6155.62
KY82015	综合管理部	人力资源部	人事助理	曹艳玲	女	330281198706081051	4598	137.94	4460.06
KY82016	综合管理部	仓储后勤部	仓库主管	张玲	女	350582198501191533	8928	267.84	8660.16
KY82017	综合管理部	仓储后勤部	仓库管理员	岳嘉禾	男	130181198311173989	6346	190.38	6155.62
KY82018	综合管理部	仓储后勤部	货车司机	戴君华	男	130301198711192848	7380	221.4	7158.6
KY82019	综合管理部	仓储后勤部	装卸员	黄建军	男	230421199004263056	6400	192	6208
KY82020	综合管理部	仓储后勤部	装卸员	吴飞宏	男	130728198811022792	5040	151.2	4888.8
KY82021	财务部	会计核算部	财务经理	张乐	男	220422198511265743	11895	356.85	11538.15
KY82022	财务部	会计核算部	会计主管	吴浩	男	140828198811295423	6624	198.72	6425.28
KY82023	财务部	会计核算部	总账会计	陈飞	女	130503198208118122	7452	223.56	7228.44
KY82024	财务部	会计核算部	成本会计	陈丽婷	女	210811198108132673	7314	219.42	7094.58
KY82025	财务部	会计核算部	出纳	谢娜	女	230711198712212349	5760	172.8	5587.2
KY82026	财务部	税务管理部	税务主管	何翔	男	331101198711178411	8022	240.66	7781.34
KY82027	财务部	税务管理部	税收筹划专员	黄海清	女	130706198911146665	5016	150.48	4865.52
KY82028	财务部	税务管理部	税务稽核专员	吴赫	女	140421198111107885	5662	169.86	5492.14

图 3-59　年终奖金发放表

操作步骤：

① 在序列中添加【应用程序集成】—【Excel】类别下的【Excel 应用程序范围】活动，设置工作簿路径为“年终奖金 . xlsx”，该路径为相对路径，如图 3-60 所示。

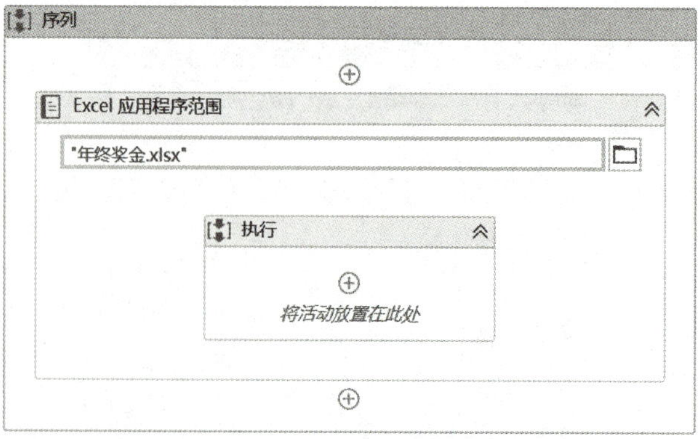

图 3-60　设置【Excel 应用程序范围】活动

② 在【执行】序列中添加【应用程序集成】—【Excel】类别下的【读取范围】活动,设置工作表名称为"年终奖金发放表",范围为"A1:J45",如图3-61所示。在该活动【属性】面板的【输出】—【数据表】处创建变量 Data_3,变量类型为 DataTable,范围为"执行",该变量用于存储"年终奖金发放表"中单元格 A1 到 J45 范围的所有数据。

图3-61　设置【读取范围】活动读取年终奖金发放表

③ 继续添加【编程】—【数据表】类别下的【对于每一个行】活动,输入数据表为 Data_3,此处表示令机器人遍历数据表变量 Data_3 中的每一行数据,如图3-62所示。

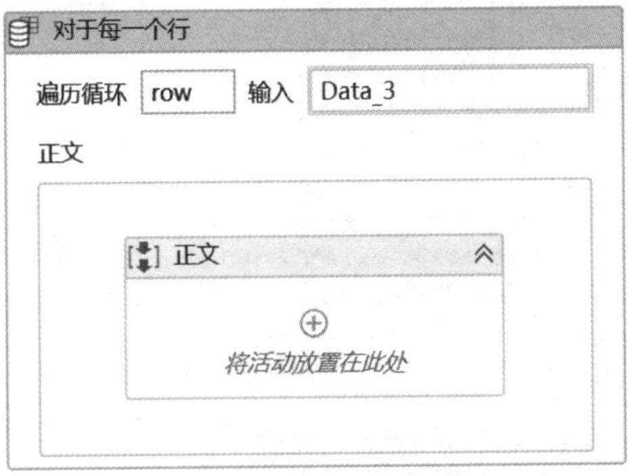

图3-62　设置【对于每一个行】活动

④ 在【正文】序列中添加【System】—【Activities】—【Statements】类别下的【IF 条件】活动,设置判断条件:cdbl(row(7))>10000,该活动用于判断每位职员的年终奖金是否大于10000元,如图3-63所示。[注:cdbl()函数可将数据类型转换为 Double 类型]

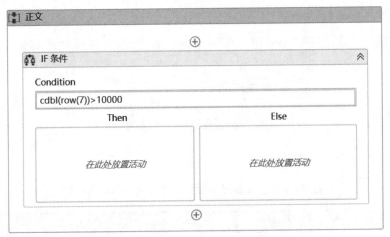

图3-63　设置【IF 条件】活动的判断条件

⑤ 在【Then】执行语句中添加【日志消息】活动,日志级别为 Info,日志消息为 row(3).ToString+row(4).ToString+"年终奖金为"+row(7).ToString+"元",如图3-64所示。

图 3-64 设置【日志消息】活动

运行结果如图 3-65 所示。

图 3-65 年终奖金超过 10000 元的职员

(二)【排序数据表】活动

【排序数据表】活动(图 3-66)用于根据指定列的值,按升序或降序对整个"DataTable"进行排序。

图 3-66 【排序数据表】活动

【排序数据表】活动的主要属性及其对应功能如表 3-7 所示。

表 3-7 【排序数据表】活动的主要属性及其对应功能

活动	属性	参数	功能
排序数据表	排序列	列	此为包含要排序的列的变量。该字段仅支持"DataColumn"变量。在该属性字段中设置变量将禁用其他两个属性
		名称	要搜索的列的名称。该字段仅支持字符串和"String"变量。在该属性字段中设置变量将禁用其他两个属性

128

续表

活动	属性	参数	功能
排序数据表	排序列	索引	要搜索的列的索引。该字段仅支持"Int32"变量。在该属性字段中设置变量将禁用其他两个属性
		顺序	表格的排序顺序。"Ascending"表示第一个值是最低值,而"Descending"表示第一个值是最高值
	输入	数据表	要排序的数据表。该字段仅支持"DataTable"变量
	输出	数据表	数据表的排序结果。该字段仅支持"DataTable"变量

示例 2:排序数据表

说明:已知"年终奖金.xlsx"内包含一张"年终奖金发放表"。该表数据如图 3-59 所示。
要求:设计一个机器人,令其对"年终奖金发放表"内的实发年终奖金进行降序排序。
活动:【Excel 应用程序范围】【读取范围】【排序数据表】【写入范围】。
操作步骤:

① 在序列中添加【应用程序集成】—【Excel】类别下的【Excel 应用程序范围】活动,设置工作簿路径为"年终奖金.xlsx",该路径为相对路径。

② 在【执行】序列中添加【应用程序集成】—【Excel】类别下的【读取范围】活动,设置工作表名称为"年终奖金发放表",范围为"A:J",如图 3-67 所示。在该活动【属性】面板的【输出】—【数据表】处创建变量 DT,变量类型为 DataTable,范围为"执行",该变量用于存储"年终奖金发放表"中 A 列到 J 列的数据。

图 3-67 设置【读取范围】活动读取年终奖金发放表

③ 添加【编程】—【数据表】类别下的【排序数据表】活动[图 3-68(a)],打开该活动的【属性】面板,输入索引为 9,顺序选择 Descending,设置输入数据表为 DT,在【输出】—【数据表】处创建变量 DT_1,变量类型为 DataTable,范围为"执行",如图 3-68(b)所示。该活动表示对"年终奖金发放表"第 9 列(即实发年终奖金)进行降序排列,降序排列后的数据存储在变量 DT_1 中。

(a)　　　　　　　　　　(b)

图 3-68 设置【排序数据表】活动

④ 添加【应用程序集成】—【Excel】类别下的【写入范围】活动(图 3-69),打开该活动的【属性】面板,设置工作表名称为“Sheet1”,起始单元格为“A1”,输入数据表为 DT_1,勾选【添加标头】。这一步表示将降序排列后的数据写入工作表“Sheet1”中,从 A1 单元格开始写入。

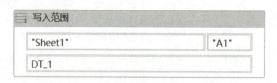

图 3-69　设置【写入范围】活动

运行结果如图 3-70 所示。

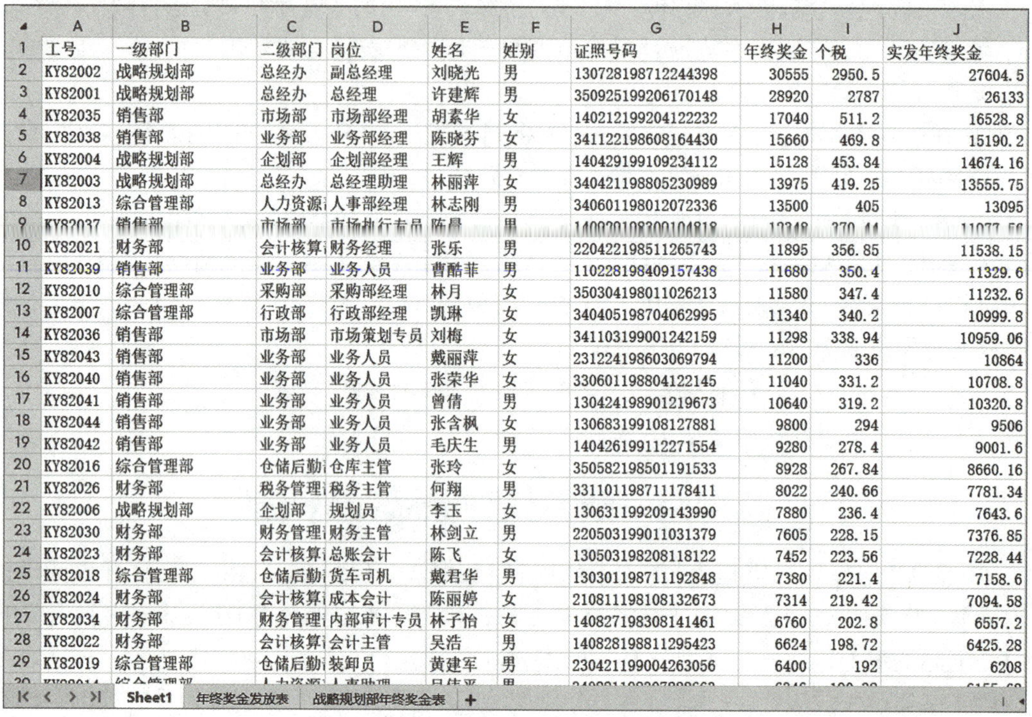

	A	B	C	D	E	F	G	H	I	J
1	工号	一级部门	二级部门	岗位	姓名	姓别	证照号码	年终奖金	个税	实发年终奖金
2	KY82002	战略规划部	总经办	副总经理	刘晓光	男	130728198712244398	30555	2950.5	27604.5
3	KY82001	战略规划部	总经办	总经理	许建辉	男	350925199206170148	28920	2787	26133
4	KY82035	销售部	市场部	市场部经理	胡素华	女	140212199204122232	17040	511.2	16528.8
5	KY82038	销售部	业务部	业务部经理	陈晓芬	女	341122198608164430	15660	469.8	15190.2
6	KY82004	战略规划部	企划部	企划部经理	王辉	男	140429199109234112	15128	453.84	14674.16
7	KY82003	战略规划部	总经办	总经理助理	林丽萍	女	340421198805230989	13975	419.25	13555.75
8	KY82013	综合管理部	人力资源	人事部经理	林志刚	男	340601198012072336	13500	405	13095
9	KY82037	销售部	市场部	市场执行专员	[illegible]	男	[illegible]	12348	370.44	[illegible]
10	KY82021	财务部	会计核算	财务经理	张乐	男	220422198511265743	11895	356.85	11538.15
11	KY82039	销售部	业务部	业务人员	曹酷菲	男	110228198409157438	11680	350.4	11329.6
12	KY82010	综合管理部	采购部	采购部经理	林月	女	350304198011026213	11580	347.4	11232.6
13	KY82007	综合管理部	行政部	行政部经理	凯琳	女	340405198704062995	11340	340.2	10999.8
14	KY82036	销售部	市场部	市场策划专员	刘梅	女	341103199001242159	11298	338.94	10959.06
15	KY82043	销售部	业务部	业务人员	戴丽萍	女	231224198603069794	11200	336	10864
16	KY82040	销售部	业务部	业务人员	张荣华	女	330601198804122145	11040	331.2	10708.8
17	KY82041	销售部	业务部	业务人员	曾倩	男	130424198901219673	10640	319.2	10320.8
18	KY82044	销售部	业务部	业务人员	张含枫	女	130683199108127881	9800	294	9506
19	KY82042	销售部	业务部	业务人员	毛庆生	男	140426199112271554	9280	278.4	9001.6
20	KY82016	综合管理部	仓储后勤	仓库主管	张玲	女	350582198501191533	8928	267.84	8660.16
21	KY82026	财务部	税务管理	税务主管	何翔	男	331101198711178411	8022	240.66	7781.34
22	KY82006	战略规划部	企划部	规划员	李玉	女	130631199209143990	7880	236.4	7643.6
23	KY82030	财务部	财务管理	财务主管	林剑立	男	220503199011031379	7605	228.15	7376.85
24	KY82023	财务部	会计核算	总账会计	陈飞	女	130503198208118122	7452	223.56	7228.44
25	KY82018	综合管理部	仓储后勤	货车司机	戴君华	男	130301198711192848	7380	221.4	7158.6
26	KY82024	财务部	会计核算	成本会计	陈丽婷	女	210811198108132673	7314	219.42	7094.58
27	KY82034	财务部	财务管理	内部审计专员	林子怡	女	140827198308141461	6760	202.8	6557.2
28	KY82022	财务部	会计核算	会计主管	吴浩	男	140828198811295423	6624	198.72	6425.28
29	KY82019	综合管理部	仓储后勤	装卸员	黄建军	男	230421199004263056	6400	192	6208

图 3-70　按年终奖金降序排序

(三)【构建数据表】活动

【构建数据表】活动(图 3-71)用于根据指定架构创建数据表。此处创建数据表允许自定义行列数以及每列数据类型、值等,创建完的数据表以变量的形式存储于系统内部,不会展示在人机交互界面,如果要写入 Excel 工作簿,则需要使用【写入范围】【附加范围】等活动来实现。

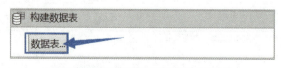

图 3-71　【构建数据表】活动

在活动主体中单击【数据表】按钮即可打开【构建数据表】窗口,该窗口用于自定义要创建的表格,如图 3-72 所示。

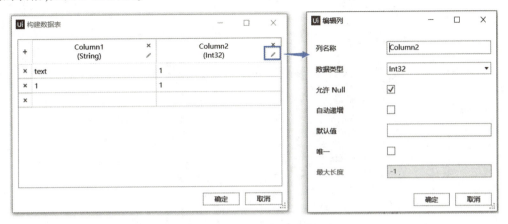

图 3-72 【构建数据表】窗口

示例 3:构建数据表

说明:A 公司财务每月要向上级部门汇报经营成果,汇报内容主要为营业收入、营业成本、营业外支出、营业外收入、利润总额、净利润这几个项目的本期金额及上期金额。

要求:设计一个机器人,令其为 A 公司编制一张简易利润表。

活动:【构建数据表】【Excel 应用程序】【写入范围】。

操作步骤:

① 在序列中添加【应用程序集成】—【Excel】类别下的【Excel 应用程序范围】活动,设置工作簿路径为"简易利润表.xlsx",该路径为相对路径,如图 3-73 所示。

注意:在相对路径下原先并不存在该表,系统在运行过程中会自动创建该表。

图 3-73 【Excel 应用程序范围】活动

② 在【执行】序列中添加【编程】—【数据表】类别下的【构建数据表】活动,单击【数据表】按钮,然后单击【编辑列】按钮,修改第 1 列列名称为"项目",数据类型为 String,单击【确定】按钮。同理,后面几列按相同方法修改列名称,【项目】列下的行数据如图 3-74 所示添加。表格构建完后,在该活动【属性】面板的【输出】—【数据表】处创建变量 data_4,该变量用于存储构建好的表格。

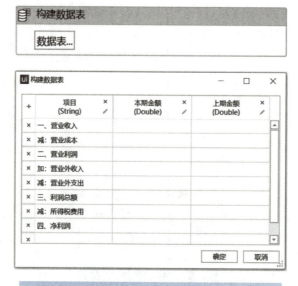

图 3-74 【构建数据表】活动创建简易利润表

③ 继续添加【应用程序集成】—【Excel】类别下的【写入范围】活动(图 3-75),打开该活动的【属性】面板,设置工作表名称为"Sheet1",起始单元格为"A1",输入数据表为 Data_4,勾选【添加标头】。这一步表示将存储在变量 Data_4 中已经构建好的数据表写入"简易利润表.xlsx"的"Sheet1"工作表中,从 A1 单元格开始写入。

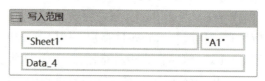

图 3-75 设置【写入范围】活动

运行结果如图 3-76 所示。

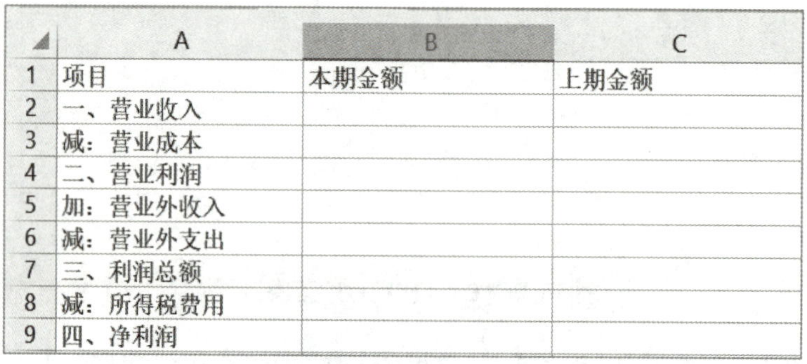

	A	B	C
1	项目	本期金额	上期金额
2	一、营业收入		
3	减:营业成本		
4	二、营业利润		
5	加:营业外收入		
6	减:营业外支出		
7	三、利润总额		
8	减:所得税费用		
9	四、净利润		

图 3-76 简易利润表

(四)【添加数据行】活动

【添加数据行】活动(图 3-77)用于将数据行添加到指定的数据表中。

图 3-77 【添加数据行】活动

【添加数据行】活动的主要属性及其对应功能如表 3-8 所示。

表 3-8 【添加数据行】活动的主要属性及其对应功能

活动	属性	参数	功能
添加数据行	输入	数据行	此为数据行对象,用于添加到数据表。如果设置了此属性,则系统会忽略"数组行"参数
		数据表	此为数据表对象,用于添加行
		数组行	此为数组行对象,用于添加到数据表。每个对象类均应映射到数据表中对应列的类型

示例 4：添加数据行

说明：由于 A 公司要求财务每月汇报的经营成果要包含每股收益项目,因此编制好的简易利润表要进行调整。

要求：令机器人在示例 3 创建的数据表 Data_4 中添加一行数据,为数组行{"五、每股收益"}。

活动：【构建数据表】【Excel 应用程序】【写入范围】【添加数据行】。

操作步骤：

基于示例 3 已创建好的 RPA 运行程序,在【构建数据表】活动下添加【编程】—【数据表】类别下的【添加数据行】活动[图 3-78(a)]。打开该活动的【属性】面板,输入数据表为 Data_4,数组行为{"五、每股收益"},表示将"五、每股收益"添加到示例 3 创建的数据表 Data_4 中,如图 3-78(b)所示。

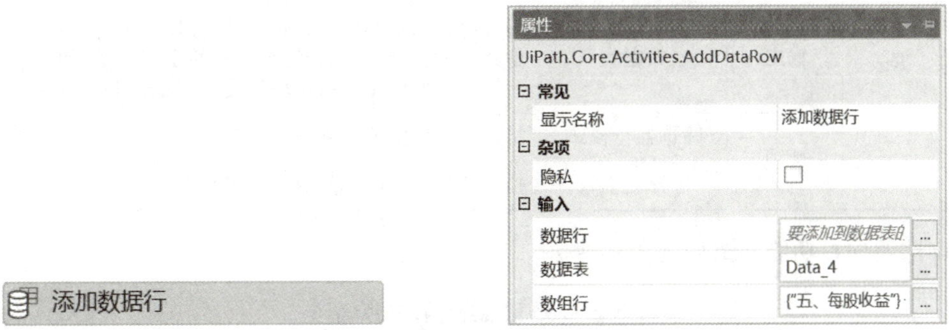

（a） （b）

图 3-78 设置【添加数据行】活动

运行结果如图 3-79 所示。

	A	B	C
1	项目	本期金额	上期金额
2	一、营业收入		
3	减：营业成本		
4	二、营业利润		
5	加：营业外收入		
6	减：营业外支出		
7	三、利润总额		
8	减：所得税费用		
9	四、净利润		
10	五、每股收益		

图 3-79 添加"每股收益"行

(五)【筛选数据表】活动

【筛选数据表】活动(图 3-80)用于在【筛选器向导】对话框中指定条件来筛选 "DataTable"变量。此活动可以根据在该向导中指定的逻辑条件保留或删除行或列。活动主体包含【筛选器向导】按钮，便于用户随时访问向导并自定义设置。

图 3-80 【筛选数据表】活动

【筛选数据表】活动的主要属性及其对应功能如表 3-9 所示。

表 3-9 【筛选数据表】活动的主要属性及其对应功能

活动	属性	参数	功能
筛选数据表	输入	数据表	要筛选的"DataTable"变量。该字段仅支持"DataTable"变量
	输出	数据表	最终筛选出的"DataTable"变量。若使用与"输入"字段中相同的变量，则系统会覆盖初始变量，但添加新变量不会影响初始变量。该字段仅支持"DataTable"变量
	选项	筛选器行模式	指定通过保留或删除目标行来筛选表格
		选择列模式	指定通过保留或删除目标列来筛选表格

筛选器向导功能介绍如表 3-10 所示。

表 3-10 筛选器向导功能介绍

向导名称	功能	说明
筛选器向导	筛选行	选项卡用于按"行"筛选 DataTable
	And/Or	指定条件之间要使用的逻辑连词。系统仅在设置多个条件时才会显示该按钮。默认情况下，当添加新条件时，该按钮会显示为【And】。单击按钮可将其值更改为【Or】

续表

向导名称	功能	说明
筛选器向导	添加/删除条件	单击【+】按钮可在条件中另添一行,而单击【×】按钮则会删除行
	列	要在数据表中保留或删除的列
	操作	"列"和"值"之间要满足的逻辑条件
	值	要使用"运算"和"列"检查的值

示例 5:筛选数据表

说明:已知"年终奖金.xlsx"内包含一张"年终奖金发放表"。该表数据如 3-59 所示。

要求:设计一个机器人,令其筛选战略规划部的年终奖金,并将筛选结果写入"战略规划部年终奖金表"。

活动:【Excel 应用程序】【筛选数据表】【读取范围】【写入范围】。

操作步骤:

① 在序列中添加【应用程序集成】—【Excel】类别下的【Excel 应用程序范围】活动,设置工作簿路径为"年终奖金.xlsx",该路径为相对路径,如图 3-59 所示。

② 在【执行】序列中添加【应用程序集成】—【Excel】类别下的【读取范围】活动,设置工作表名称为"年终奖金发放表",范围为"A: J",如图 3-65 所示。在该活动【属性】面板的【输出】—【数据表】处创建变量 Data_5,变量类型为 DataTable,范围为"执行",该变量用于存储"年终奖金发放表"中 A 列到 J 列的数据。

③ 添加【编程】—【数据表】类别下的【筛选数据表】活动,单击【筛选器向导】按钮,打开【筛选器向导】对话框,输入数据表为 Data_5,输出数据表处创建变量 Data_6,变量类型为 DataTable,范围为"执行"。在【行筛选模式】处将规则定为保留一级部门为战略规划部的行数据,将筛选后的数据表存储在变量 Data_6 中,如图 3-81 所示。

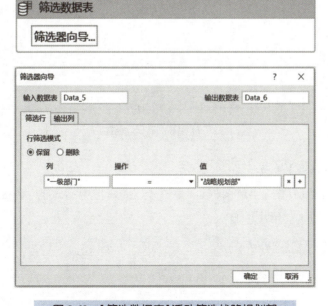

图 3-81 【筛选数据表】活动筛选战略规划部

④ 继续添加【应用程序集成】—【Excel】类别下的【写入范围】活动(图 3-82),打开该活动的【属性】面板,设置工作表名称为"战略规划部年终奖金表",起始单元格为"A1",输入数据表为 Data_6,勾选【添加标头】。这一步表示将存储在变量 Data_6 中的数据表写入"战略规划部年终奖金表"中,从 A1 单元格开始写入。

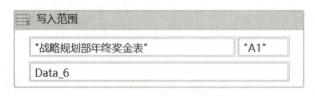

图 3-82　设置【写入范围】活动

运行结果如图 3-83 所示。

	A	B	C	D	E	F	G	H	I	J
1	工号	一级部门	二级部门	岗位	姓名	姓别	证照号码	年终奖金	个税	实发年终奖金
2	KY82001	战略规划部	总经办	总经理	许建辉	男	350925199206170148	28920	2787	26133
3	KY82002	战略规划部	总经办	副总经理	刘晓光	男	130728198712244398	30555	2950.5	27604.5
4	KY82003	战略规划部	总经办	总经理助	林丽萍	女	340421198805230989	13975	419.25	13555.75
5	KY82004	战略规划部	企划部	企划部经	王辉	男	140429199109234112	15128	453.84	14674.16
6	KY82005	战略规划部	企划部	规划员	林芳芳	女	130826198700138987	6200	186	6014
7	KY82006	战略规划部	企划部	规划员	李玉	女	130631199209143990	7880	236.4	7643.6

图 3-83　战略规划部年终奖金表

(六)【联接数据表】活动

【联接数据表】活动(图 3-84)会根据"联接类型"属性中指定的"联接"规则,使用两张表共有的值来合并两张表格中的行。

图 3-84　【联接数据表】活动

【联接数据表】活动的主要属性及其对应功能如表 3-11 所示。

表 3-11 【联接数据表】活动的主要属性及其对应功能

活动	属性	参数	功能
联接数据表	输入	数据表 1	要在"联接"操作中使用的第一张表,存储在"DataTable"变量中。该字段仅支持"DataTable"变量
		数据表 2	要在"联接"操作中使用的第二张表,存储在"DataTable"变量中。该字段仅支持"DataTable"变量
	输出	数据表	此为包含已联接的值的表格,存储在"DataTable"变量中。该字段仅支持"DataTable"变量
	选项	联接类型	要使用的"联接"操作类型,包括 Inner、Left、Full

联接向导功能介绍如表 3-12 所示。

表 3-12 联接向导功能介绍

向导名称	功能	说明
联接向导	表 1 的列	第一张表中列的名称。该字段仅支持包含列名称的"String"变量、包含列索引的"Int32"变量或"ExcelColumn"变量
	表 2 的列	第二张表中列的名称。该字段仅支持包含列名称的"String"变量、包含列索引的"Int32"变量或"ExcelColumn"变量
	操作	定义列之间关系的运算

【联接数据表】活动中各种联接类型的具体功能如下。

（1）Inner：保留"数据表 1"和"数据表 2"中所有满足"联接"规则的行。所有不符合规则的行均会从生成的表中删除。

（2）Left：保留"数据表 1"中的所有行以及"数据表 2"中仅满足"联接"规则的值。对于在"数据表 2"中不存在匹配项的"数据表 1"的行,将 null 值插入相应行中。

（3）Full：保留"数据表 1"和"数据表 2"中的所有行,不考虑是否满足"联接"条件。将 null 值插入两张表中不存在匹配项的行。

示例 6：联接数据表

说明：已知 A 公司第一季度和第二季度商品销售明细表位于"商品销售明细表 . xlsx"文件内,如图 3-85 所示。

要求：为便于对两个季度的商品销售情况对比分析,使用【联接数据表】活动令机器人将两张销售明细表进行合并。

活动：【Excel 应用程序】【读取范围】【联接数据表】【写入范围】。

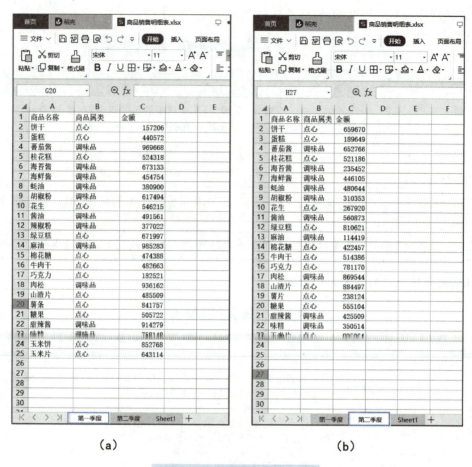

(a)　　　　　　　　　　　(b)

图 3-85　商品销售明细表

操作步骤：

① 在序列中添加【应用程序集成】—【Excel】类别下的【Excel 应用程序范围】活动，设置工作簿路径为"商品销售明细表.xlsx"，该路径为相对路径，如图 3-86 所示。

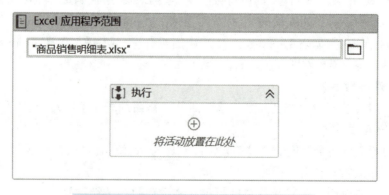

图 3-86　设置【Excel 应用程序范围】活动

② 在【执行】序列中添加【应用程序集成】—【Excel】类别下的【读取范围】活动，设置工

作表名称为"第一季度",范围为"A1:C25",如图 3-87 所示。在该活动【属性】面板的【输出】—【数据表】处创建变量 Data_7,变量类型为 DataTable,范围为"执行",该变量用于存储工作表"第一季度"中 A1 单元格到 C25 单元格范围的所有数据。

图 3-87 读取第一季度工作表

③ 在【执行】序列中添加【应用程序集成】—【Excel】类别下的【读取范围】活动,设置工作表名称为"第二季度",范围为"A1:C23",如图 3-88 所示。在该活动【属性】面板的【输出】—【数据表】处创建变量 Data_8,变量类型为 DataTable,范围为"执行",该变量用于存储工作表"第二季度"中 A1 单元格到 C23 单元格范围的所有数据。

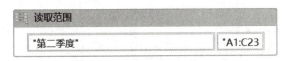

图 3-88 读取第二季度工作表

④ 添加【编程】—【数据表】类别下的【联接数据表】活动,单击【联接向导】按钮,打开【联接向导】对话框,输入数据表 1 为 Data_7,输入数据表 2 为 Data_8,输出数据表处创建变量为 Data_9,变量类型为 DataTable,范围为"执行",该变量用于存储第一季度和第二季度合并后的数据。为了便于对两个季度所有商品的销售情况进行对比分析,需要保留第一季度和第二季度的所有行,因此选择"Full"联接方式,联接规则为将第一季度的商品名称(第 1 列,列数 0)和第二季度的商品名称(第 1 列,列数 0)核对,通过共有的值来合并两张表格的行,不满足联接规则的,系统会将 null 值插入两张表中不存在匹配项的行。如图 3-89 所示。

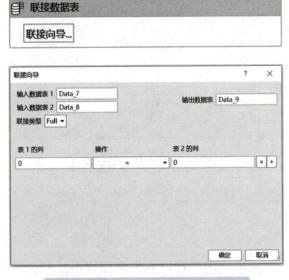

图 3-89 设置【联接数据表】活动

⑤ 添加【应用程序集成】—【Excel】类别下的【写入范围】活动(图 3-90),打开该活动的【属性】面板,设置工作表名称为"Sheet1",起始单元格为"A1",输入数据表为 Data_9,勾选【添加标头】。这一步表示将两个工作表合并后的数据写入工作表"Sheet1"中,从 A1 单元格开始写入。

图 3-90 【写入范围】活动设置

运行结果如图 3-91 所示。

	A	B	C	D	E	F
1	商品名称	商品属类	金额	商品名称_1	商品属类_1	金额_1
2	饼干	点心	985594	饼干	点心	931521
3	蛋糕	点心	898178	蛋糕	点心	622585
4	蕃茄酱	调味品	905725	蕃茄酱	调味品	910796
5	桂花糕	点心	963170	桂花糕	点心	116706
6	海苔酱	调味品	871205	海苔酱	调味品	576216
7	海鲜酱	调味品	654180	海鲜酱	调味品	287385
8	蚝油	调味品	264787	蚝油	调味品	194071
9	胡椒粉	调味品	570358	胡椒粉	调味品	904878
10	花生	点心	994093	花生	点心	313661
11	酱油	调味品	581131	酱油	调味品	867405
12	绿豆糕	点心	253070	绿豆糕	点心	985874
13	麻油	调味品	639468	麻油	调味品	104564
14	棉花糖	点心	284688	棉花糖	点心	453819
15	牛肉干	点心	487152	牛肉干	点心	822805
16	巧克力	点心	651416	巧克力	点心	135316
17	肉松	调味品	921643	肉松	调味品	523510
18	山渣片	点心	774088	山渣片	点心	589392
19	糖果	点心	427337	糖果	点心	407836
20	甜辣酱	调味品	742984	甜辣酱	调味品	782138
21	味精	调味品	411435	味精	调味品	231435
22	玉米片	点心	287637	玉米片	点心	206968
23	辣椒粉	调味品	488734			
24	薯条	点心	703785			
25	玉米饼	点心	140201			
26				薯片	点心	471973

图 3-91 合并销售明细表

(一) 数据准备

创建一个文件夹(数据包),用于存储亚邦集团旗下 7 家门店的经营费用明细,如图 3-92 所示。其中,1 号门店经营费用明细表的格式如图 3-93 所示,亚邦集团费用汇总主表的格式如图 3-94 所示。

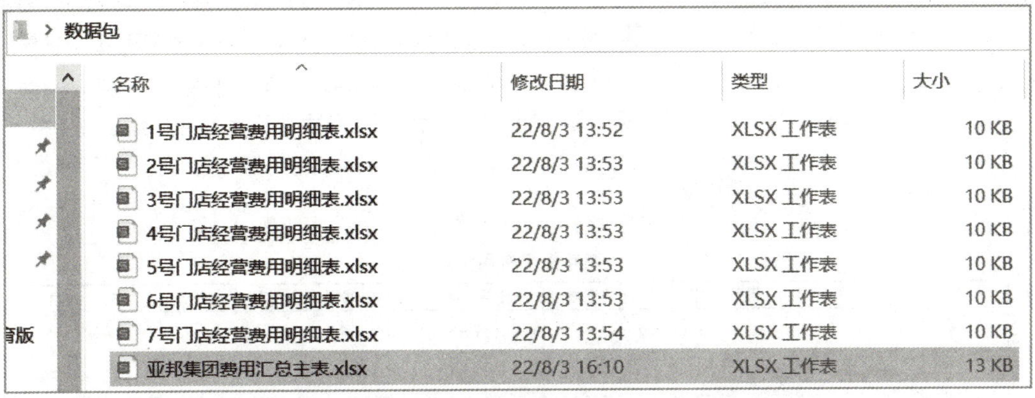

数据包

名称	修改日期	类型	大小
1号门店经营费用明细表.xlsx	22/8/3 13:52	XLSX 工作表	10 KB
2号门店经营费用明细表.xlsx	22/8/3 13:53	XLSX 工作表	10 KB
3号门店经营费用明细表.xlsx	22/8/3 13:53	XLSX 工作表	10 KB
4号门店经营费用明细表.xlsx	22/8/3 13:53	XLSX 工作表	10 KB
5号门店经营费用明细表.xlsx	22/8/3 13:53	XLSX 工作表	10 KB
6号门店经营费用明细表.xlsx	22/8/3 13:53	XLSX 工作表	10 KB
7号门店经营费用明细表.xlsx	22/8/3 13:54	XLSX 工作表	10 KB
亚邦集团费用汇总主表.xlsx	22/8/3 16:10	XLSX 工作表	13 KB

图 3-92　亚邦集团经营费用明细表文件夹(数据包)

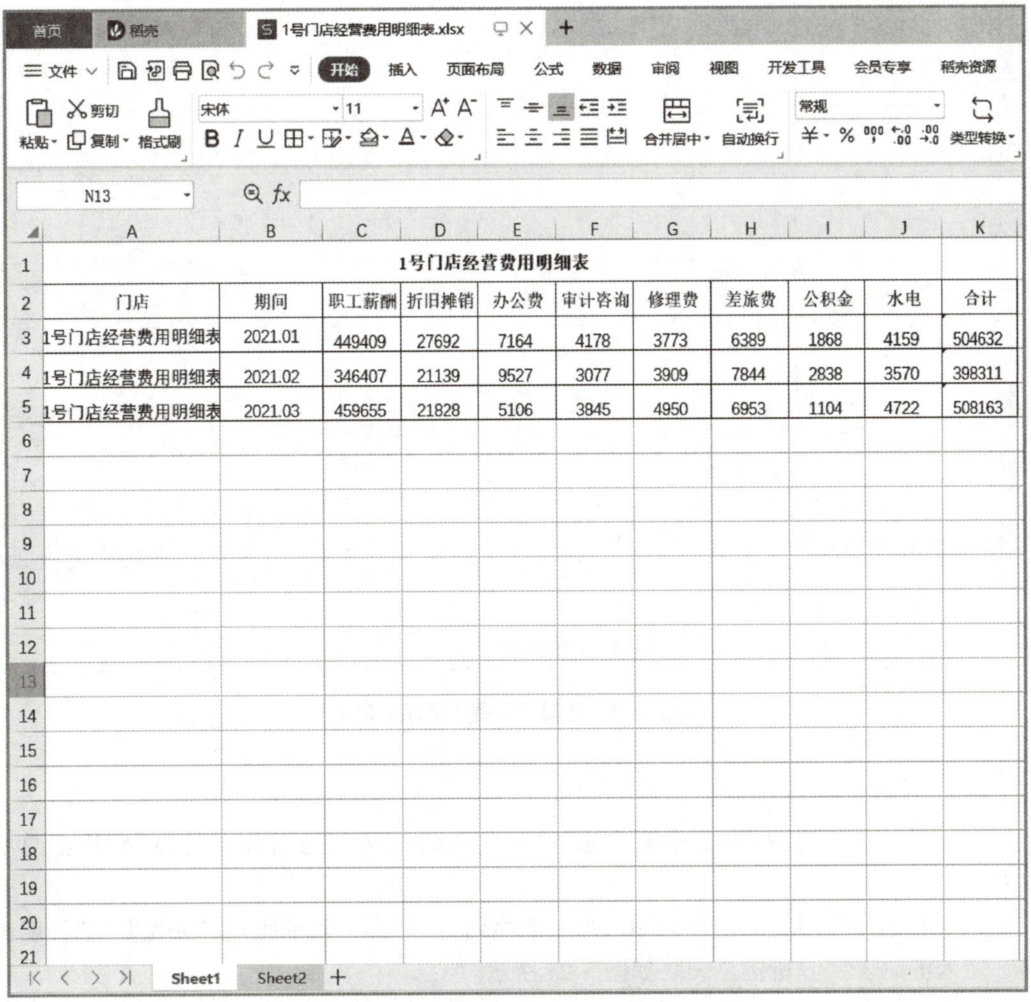

1号门店经营费用明细表

门店	期间	职工薪酬	折旧摊销	办公费	审计咨询	修理费	差旅费	公积金	水电	合计
1号门店经营费用明细表	2021.01	449409	27692	7164	4178	3773	6389	1868	4159	504632
1号门店经营费用明细表	2021.02	346407	21139	9527	3077	3909	7844	2838	3570	398311
1号门店经营费用明细表	2021.03	459655	21828	5106	3845	4950	6953	1104	4722	508163

图 3-93　1 号门店经营费用明细表

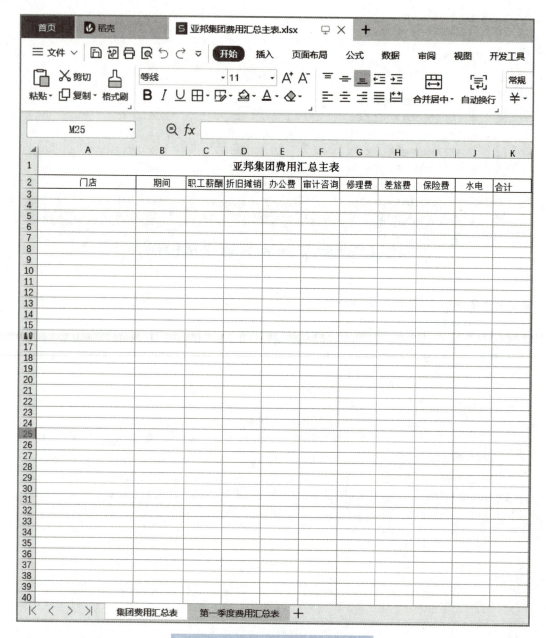

图 3-94 亚邦集团费用汇总主表

(二)开发步骤

① 打开主工作流,在主工作流中添加序列,并将该序列的名称修改为"费用汇总机器人"。

② 在【费用汇总机器人】序列中添加 3 个序列,并将这 3 个序列分别命名为"选择明细表""写入汇总表""分析汇总表",如图 3-95 所示。

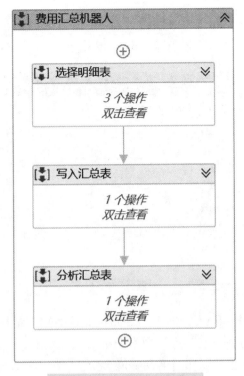

图 3-95　添加 3 个序列

③ 在【选择明细表】序列中添加【系统】—【对话框】类别下的【消息框】活动,并将该活动的名称修改为"消息框(选择费用文件夹)",设置文本为"请选择费用文件夹",如图 3-96 所示。

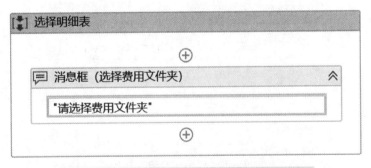

图 3-96　【消息框】活动(选择费用文件夹)

④ 添加【系统】—【对话框】类别下的【选择文件夹】活动,打开该活动的【属性】面板,在【输出】—【选择的文件夹】中创建变量,该变量名称为"费用文件夹",变量类型为 String,范围为"费用汇总机器人",该变量用于存储所选文件夹的完整路径,如图 3-97 所示。

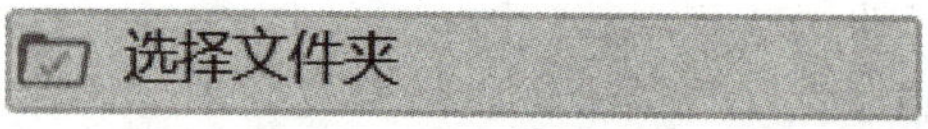

图 3-97 设置【选择文件夹】活动

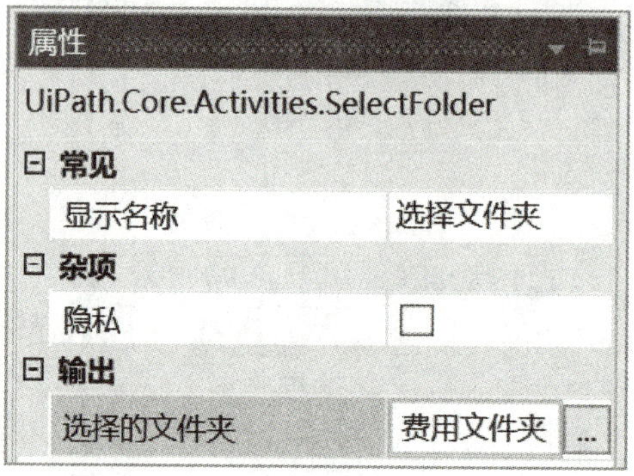

⑤ 继续添加【System】—【Activities】—【Statements】类别下的【分配】活动,在该活动下创建变量,命名为"费用明细表",变量类型为 String,范围为"费用汇总机器人"。此步骤是将数据包中的明细表文件通过【分配】活动赋值给变量"费用明细表",分配公式:费用明细表 = Directory. GetFiles(费用文件夹,"*明细表*"),如图 3-98 所示。

注意:Directory. GetFiles(参数 1,参数 2)用于获取指定目录下的所有文件,参数 1 是指要搜索目录的相对路径或绝对路径,参数 2 默认是选取目录中的所有文件,可以指定通配符限定选取文件。

图 3-98 设置【分配】活动

⑥ 在【写入汇总表】序列中添加【工作流】—【控件】类别下的【遍历循环】活动，由item遍历循环数组变量"费用明细表"，如图3-99所示。此步骤会令机器人将存储在变量"费用明细表"中的明细表依次输入item中，遍历一次输入一张明细表。

图3-99 设置遍历循环费用明细表

⑦ 在【遍历循环】活动的【正文】序列中继续添加【文件】—【工作簿】类别下的【读取范围】活动[图3-100(a)]。打开该活动的【属性】面板，设置工作簿路径为item.ToString，工作表名称为"Sheet1"，范围为"A2: K5"，在【输出】—【数据表】处创建变量，变量名称为"费用明细"，变量类型为DataTable，范围为"费用汇总机器人"，该变量用于存储遍历读取到的每张明细表中A2到K5范围的数据，如图3-100(b)所示。

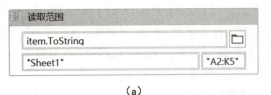

(a)　　　　　　　　　　　　　　(b)

图3-100 设置【读取范围】活动

⑧ 继续添加【文件】—【工作簿】类别下的【附加范围】活动，单击【浏览】按钮，设置工作簿路径为"数据包\亚邦集团费用汇总主表.xlsx"，输入工作表名称为"集团费用汇总表"，输入数据表为费用明细，将存储在变量"费用明细表"中的数据附加到"集团费用汇总表"中，如图3-101所示。

注意：须将"数据包\亚邦集团费用汇总主表.xlsx"保存在当前RPA项目文件夹中，即将文件保存在相对路径下。

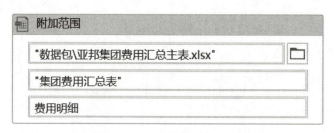

图3-101 设置【附加范围】活动

⑨ 在【分析汇总表】序列下添加【应用程序集成】—【Excel】类别下的【Excel应用程序范围】活动，设置工作表路径为"数据包\亚邦集团费用汇总主表.xlsx"，该文本须放在英文状态下的引号内，如图3-102所示。

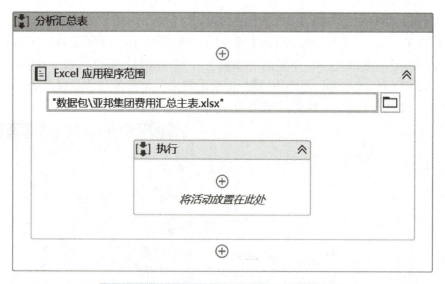

图3-102 设置【Excel应用程序范围】活动

⑩ 在【执行】序列中添加【应用程序集成】—【Excel】类别下的【读取范围】活动［图3-103（a）］。打开该活动的【属性】面板，设置工作表名称为"集团费用汇总表"，范围为"A2"，在【输出】—【数据表】处创建变量data，变量类型为DataTable，范围为"费用汇总机器人"，该变量用于存储"集团费用汇总表"中的数据，如图3-103（b）所示。

注意：此活动读取的"集团费用汇总表"内的数据是已经完成各个门店第一季度的费用汇总后的数据。

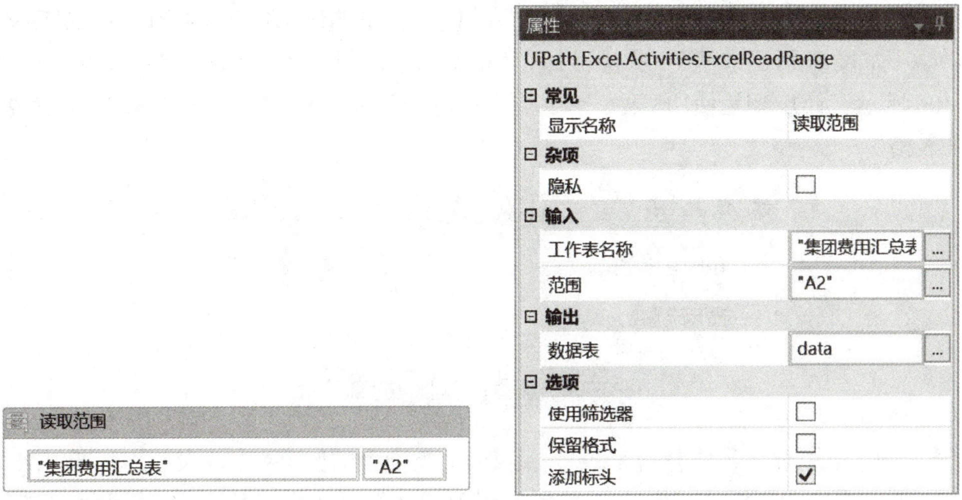

项目三 RPA 财务机器人 Excel 应用

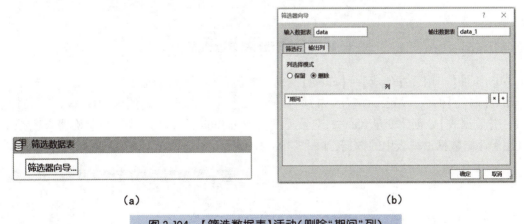

(a)　　　　　　　　　　　　　　　(b)

图 3-103　读取集团费用汇总表

⑪ 添加【编程】—【数据表】类别下的【筛选数据表】活动,单击【筛选器向导】按钮,打开【筛选器向导】对话框,输入数据表为 data,在【输出列】页签中删除"期间"列,在【输出数据表】处创建变量 data_1,变量类型为 DataTable,范围为"费用汇总机器人",该变量用于存储删除"期间"列的费用汇总表,如图 3-104 所示。

(a)　　　　　　　　　　　　　　　(b)

图 3-104　【筛选数据表】活动(删除"期间"列)

⑫ 添加【应用程序集成】—【Excel】类别下的【写入范围】活动,设置工作表名称为"第一季度费用汇总表",起始单元格为"A1",输入数据表为 data_1,勾选【添加标头】,将存储在 data_1 中的费用汇总表写入"第一季度费用汇总表",如图 3-105 所示。

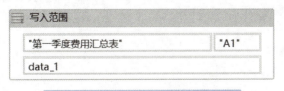

图 3-105　设置【写入范围】活动

⑬ 添加【应用程序集成】—【Excel】—【表格】类别下的【创建表格】活动,输入工作表名称为"第一季度费用汇总表",设置目标范围为"A:J",目标表格命名为"费用汇总",如图 3-106 所示。此步骤是使用"第一季度费用汇总表"中 A 到 J 列的数据创建一张"费用汇总"的表格。

图 3-106 设置【创建表格】活动

⑭ 添加【应用程序集成】—【Excel】—【表格】类别下的【创建透视表】活动,输入工作表名称为"第一季度费用汇总表",设置目标范围为"M1",输入源表格名称为"费用汇总",目标表格命名为"数据透视表",如图 3-107 所示。此步骤是使用工作表"第一季度费用汇总表"中的"费用汇总"表格作为源表格数据创建一张数据透视表。

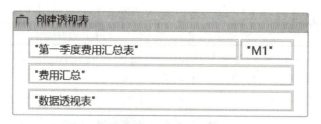

图 3-107 设置【创建透视表】活动

⑮ 添加【应用程序集成】—【Excel】类别下的【读取范围】活动[图 3-108(a)]。打开该活动的【属性】面板,设置工作表名称为"第一季度费用汇总表",范围为"M1:V10",在【输出】—【数据表】处创建变量 data_2,变量类型为 DataTable,范围为"费用汇总机器人",该变量用于存储数据透视表中的数据,如图 3-108(b)所示。

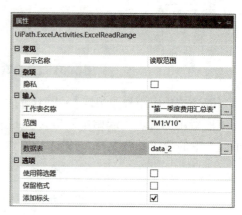

(a)　　　　　　　　　　(b)

图 3-108 读取第一季度费用汇总表

⑯ 添加【编程】—【调试】类别下的【日志消息】活动，设置消息："亚邦集团所有门店费用汇总情况如下："+vbcrlf+"职工薪酬合计："+data_2(8)(1).tostring+vbcrlf+"折旧摊销合计："+data_2(8)(2).tostring+vbcrlf+"办公费合计："+data_2(8)(3).tostring+vbcrlf+"审计咨询合计："+data_2(8)(4).tostring+vbcrlf+"修理费合计："+data_2(8)(5).tostring+vbcrlf+"差旅费合计："+data_2(8)(6).tostring+vbcrlf+"保险费合计："+data_2(8)(7).tostring+vbcrlf+"水电合计："+data_2(8)(8).tostring，如图 3-109 所示。

图 3-109　【日志消息】活动输出费用汇总情况

⑰ 单击【调试文件】按钮，机器人汇总各个门店的费用明细表，并分析费用汇总表输出汇总情况，如图 3-110 所示。

图 3-110　第一季度各个门店的费用汇总情况

通过学习 Excel 自动化中具体的操作流程和数据表的基本活动，学生能够了解并掌握 UiPath 中的 Excel 办公自动化可以实现的功能，可以独立设计与开发 RPA 机器人，并具备与专业程序开发人员沟通、协调的能力。

项目四 RPA 财务机器人 E-mail 应用

项目描述

电子邮件(E-mail)是最早的一种数字通信方式。时至今日,在日常办公中,邮件仍是沟通必不可少的一环,例如,给同事发工资单、报表文件,给客户发邀请函、对账单,给求职候选人发面试通知……如果周期性地处理大量邮件,仅靠纯手工操作,不但十分耗时,而且还容易漏发、错发,工作效率很低,徒增工作压力。

随着自动化技术的发展,智能时代的办公方式也面临转型。那些日常办公中具有高重复性、规则明确的计算机操作,如大量的信息录入、数据合并、报表制作、统计汇总、邮件收发以及流程确认与审批等,如今都可交由 RPA 机器人来处理。RPA 的出现,在一定程度上重新定义了当前的工作方式。本项目主要通过介绍目前常用的 E-mail 办公自动化操作流程,让学生了解如何通过 UiPath 软件实现 E-mail 业务的自动化,高效办公。

学习目标

- □ 了解 RPA 操作 E-mail 的环境准备。
- □ 掌握开启电子邮件协议的流程。
- □ 认识 RPA 操作 E-mail 的活动组件。
- □ 掌握【发送 SMTP 邮件消息】活动。
- □ 能独立开发一个 RPA 机器人给他人发送邮件。
- □ 掌握【获取 POP3 邮件消息】活动。
- □ 掌握【保存附件】活动。
- □ 独立完成"批量下载邮件附件机器人"的设计。

任务一 RPA 发送邮件

工资条记载着员工工资的发放情况,员工对工资条有知情权和监督权。北京科云股份有限公司财务部门每月都要向员工发放工资条,每个员工的工资条由财务填写完后,通过电子邮件逐个向员工发送。由于公司员工众多,该操作烦琐,容易出现邮箱号、工资条金额等信息输入错误或者漏发、错发工资条的情况。面对此工作痛点,该公司希望开发 RPA E-mail 工资条发放机器人以代替人工完成此项工作。

电子邮件是一种用电子手段提供信息交换的通信方式,是互联网应用最广的服务。借助网络中的电子邮件系统,用户可以以非常低廉的价格(不管发送到哪里,都只需要负担网费)、非常快速的方式(几秒钟之内可以发送到世界上任何指定的目的地),与世界上任何一个角落的网络用户联系。发件人把邮件通过邮件服务器放在收件人邮箱中,收件人可随时上网到自己使用的邮件服务器进行读取。

收发电子邮件可以使用两种形式:网页邮箱与客户端邮箱。网页邮箱就是通过网页来收发邮件,例如进入网址 https://mail.163.com 可登录网易邮箱进行邮件收发的操作。客户端邮箱通常指使用 IMAP/APOP/POP3/SMTP/ESMTP 协议收发电子邮件的软件,例如 Foxmail、Outlook 等。使用客户端邮箱,收件人可将邮件收取到本地计算机上,离线后仍可继续阅读邮件。

一、开启 POP3、IMAP、SMTP 协议

使用 UiPath 软件进行自动收发邮件,必须先开启电子邮件协议。在收发邮件的过程中,需要遵守相关的协议,其中主要有:

➢ 发送电子邮件的协议:SMTP。
➢ 接收电子邮件的协议:POP3 和 IMAP。

本教材使用 163 邮箱收发邮件。开通 163 邮箱 POP3/SMTP/IMAP 协议的操作步骤如图 4-1 所示。

(a)

(b)

(c)

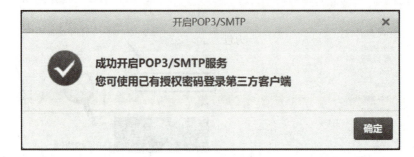

(d)

图 4-1 开通 POP3/IMAP/SMTP 协议的操作步骤

二、检查操作 E-mail 的相关活动组件

要使用 E-mail 自动化功能,需要先检查是否已安装操作 E-mail 的相关活动组件。可打开 UiPath,在【活动】面板的搜索栏中输入"邮件",如果【应用程序集成】的【邮件】标签下显示如图 4-2 所示,表明计算机已安装相关活动组件。

图 4-2 【应用程序集成】—【邮件】

如图 4-3 所示,如果没有检测到相应的 E-mail 活动组件,可以打开管理程序包搜索相应的活动包进行安装。

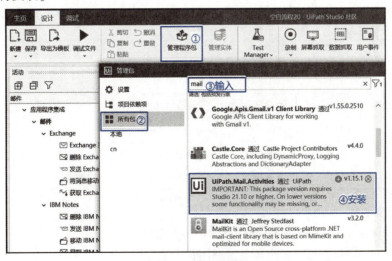

图 4-3 管理程序包

三、使用 RPA 发送单个邮件

【发送 SMTP 邮件消息】活动(图 4-4)用于使用 SMTP 协议发送电子邮件。用该活动发送邮件需要在【属性】面板配置服务器地址及端口号。

图 4-4 【发送 SMTP 邮件消息】活动

【发送 SMTP 邮件消息】活动的主要属性及其对应功能如表 4-1 所示。

表 4-1 【发送 SMTP 邮件消息】活动的主要属性及其对应功能

活动	属性	参数	功能
发送 SMTP 邮件消息	主机	服务器	待使用的电子邮件服务器主机
		端口	用于发送电子邮件消息的端口
	收件人	目标	电子邮件消息的收件人
	电子邮件	主题	电子邮件消息的主题
		正文	电子邮件消息的正文
	登录	密码	用于发送邮件消息的电子邮件账户密码
		电子邮件	用于发送邮件消息的电子邮件账户

不同邮件服务商的端口不同,本教材以网易 163 邮箱为例(表 4-2),其他邮件服务商的端口可自行上网查询。

表 4-2 【属性】面板—端口

邮件服务商	协议类型	协议功能	服务器地址	非 SSL 端口号	SSL 端口号
网易 163 邮箱	SMTP	发送邮件	smtp.163.com	25	465/994
	POP3	接收邮件	pop.163.com	110	995
	IMAP	接收邮件	imap.163.com	143	993

示例 1:发送单个邮件

任务:设计一个 RPA 机器人,给自己发送一封邮件。

主题:2022 年 1—2 月团建清单及发票附件。

正文:这是你的 RPA 机器人发送的邮件。

附件(图4-5):2022年1—2月团建清单.xlsx;

22-1团建聚餐.pdf;

22-2团建聚餐.pdf。

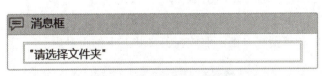

图4-5 团建清单及发票文件

操作步骤:

① 在序列中添加【系统】—【对话框】类别下的【输入对话框】活动并修改名称为"输入对话框-请输入账号名称"。对话框标题设置为"自动发送邮件",输入标签设置为"请输入收件人邮箱账号",在【已输入的值】选项框中通过快捷键创建变量,变量名称为"邮箱账号",如图4-6所示,变量类型为String,范围为"序列",该变量用于存储收件人的邮箱账号。

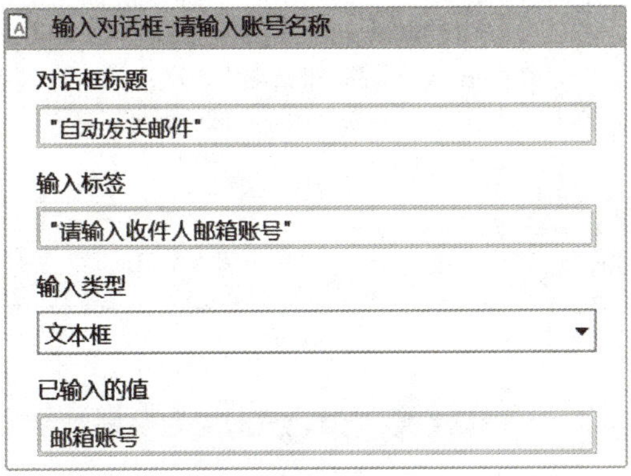

图4-6 设置【输入对话框】活动

② 添加【系统】—【对话框】类别下的【消息框】活动,输入文本为"请选择文件夹",如图4-7所示。

图4-7 设置【消息框】活动

③ 添加【系统】—【对话框】类别下的【选择文件夹】活动[图4-8(a)]。打开该活动的【属性】面板,在【输出】—【选择的文件夹】处创建变量files[图4-8(b)],变量类型为String,范围为"序列",该变量用于存储所选文件夹的完整路径。

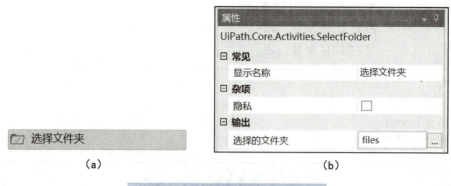

图 4-8　设置【选择文件夹】活动

④ 添加【System】—【Activities】—【Statements】类别下的【分配】活动,在该活动下创建变量 arrfiles,变量类型为 String,范围为"序列"。将获取的 files 路径下含有团建名称的文件通过【分配】活动赋值给变量 arrfiles,分配公式为:arrfiles = Directory.GetFiles(files,"*团建*"),如图 4-9 所示。

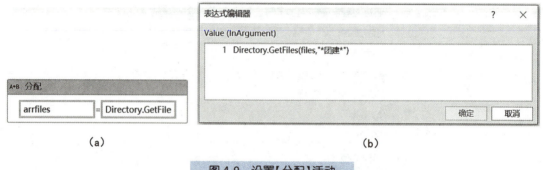

图 4-9　设置【分配】活动

⑤ 添加【应用程序集成】—【邮件】—【SMTP】类别下的【发送 SMTP 邮件消息】活动,打开该活动的【属性】面板,设置主机服务器为"smtp.163.com",端口为 465,设置收件人目标为变量"邮箱账号",主题为"2022 年 1—2 月团建清单及附件",正文为"这是你的 RPA 机器人发送的邮件"。设置登录密码,即 163 邮箱的授权码,在【电子邮件】处输入 163 邮箱的邮箱账号,设置附件集合为变量 arrfiles,如图 4-10 所示。

注意:该授权码和邮箱账号都需要放在英文状态下的引号内。

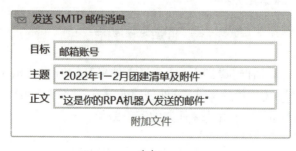

(a)

项目四 RPA 财务机器人 E-mail 应用

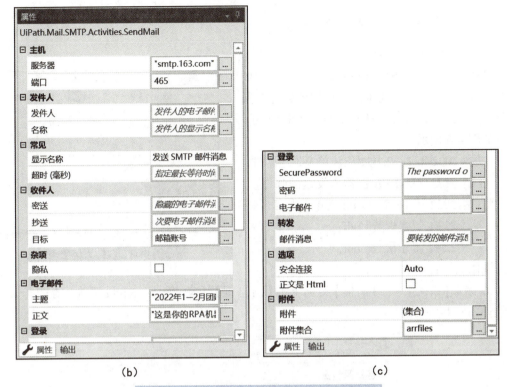

(b)　　　　　　　　　　　(c)

图 4-10　设置【发送 SMTP 邮件消息】活动

⑥ 添加【系统】—【对话框】类别下的【消息框】活动,输入文本设置为"发送完毕",用于提示执行活动结束,如图 4-11 所示。

图 4-11　【消息框】活动提示发送完毕

运行结果如图 4-12 所示。

图 4-12　RPA 机器人发送的邮件

157

四、使用 RPA 批量发送邮件

示例 2：批量发送邮件

任务：设计一个 RPA 机器人，给参加团建的人员发送团建清单及发票附件，参加团建的人员信息见"收件人信息表.xlsx"，如图 4-13 所示。附件如图 4-5 所示。

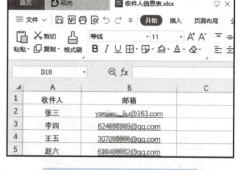

图 4-13　收件人信息表

主题：2022 年 1—2 月团建清单及发票附件。

正文：这是你的 RPA 机器人发送的邮件。

附件：2022 年 1—2 月团建清单.xlsx；

　　　22-1 团建聚餐.pdf；

　　　22-2 团建聚餐.pdf。

操作步骤：

① 添加【系统】—【对话框】类别下的【消息框】活动，输入文本设置为"请选择文件夹"，如图 4-14 所示。

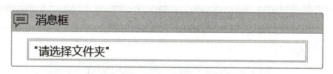

图 4-14　设置【消息框】活动

② 在序列中添加【系统】—【对话框】类别下的【选择文件夹】活动[图 4-15（a）]，打开该活动的【属性】面板，在【输出】—【选择的文件夹】处创建变量 files[图 4-15（b）]，变量类型为 String，范围为"序列"，该变量用于存储所选文件夹的完整路径，如图 4-15 所示。

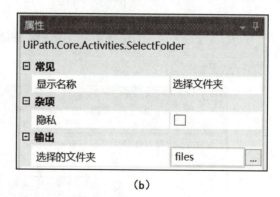

（a）　　　　　　　　　　（b）

图 4-15　设置【选择文件夹】活动

③ 添加【System】—【Activities】—【Statements】类别下的【分配】活动，在该活动下创建变量 arrfiles[图 4-16（a）]，变量类型为 String，范围为"序列"。将获取到的 files 路径下含有团建名称的文件通过【分配】活动赋值给变量 arrfiles，分配公式为：arrfiles = Directory.GetFiles(files,"*团建*")，如图 4-16（b）所示。

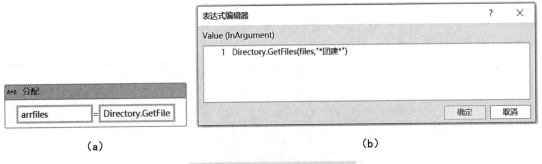

(a)　　　　　　　　　　　　　　　(b)

图 4-16　设置【分配】活动

④ 添加【文件】—【工作簿】类别下的【读取范围】活动，输入工作簿路径设置为"收件人信息表.xlsx"，工作表名称设置为"Sheet1"，范围为""，如图 4-17 所示。【输出】—【数据表】处通过快捷键创建变量，变量名称为 data_收件人，变量类型为 DataTable，范围为"序列"，该变量用于存储"Sheet1"工作表中的内容。

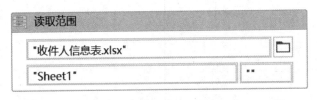

图 4-17　读取收件人信息表

⑤ 添加【编程】—【数据表】类别下的【对于每一个行】活动，输入数据表为 data_收件人，如图 4-18 所示。

图 4-18　设置【对于每一个行】活动

⑥ 在【正文】序列中添加【应用程序集成】—【邮件】—【SMTP】类别下的【发送 SMTP 邮件消息】活动［图 4-19（a）］。打开该活动的【属性】面板，设置主机服务器为"smtp.163.com"，端口为 465，设置收件人目标为 row(1).ToString，主题为"2022 年 1—2 月

团建清单及附件",正文为"这是你的 RPA 机器人发送的邮件"[图 4-19(b)]。设置登录密码即 163 邮箱的授权码,在电子邮件处输入 163 邮箱的邮箱账号,设置附件集合为 arrfiles[图 4-19(c)]。

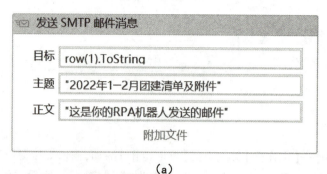

(a)

(b)

(c)

图 4-19 设置【发送 SMTP 邮件消息】活动

⑦ 添加【系统】—【对话框】类别下的【消息框】活动,输入文本设置为"发送完毕",用于提示执行活动结束,如图 4-20 所示。

图 4-20 设置【消息框】活动

运行结果如图 4-21 所示。

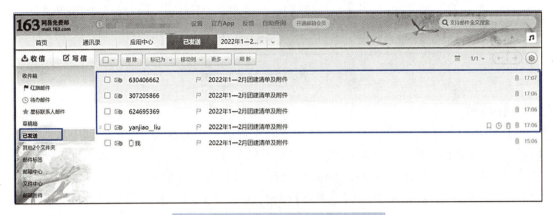

图 4-21 发送团建清单及发票附件

资料准备：RPA E-mail 工资条发放机器人所获取的工资发放清单工作簿中应当包含 3 张工作表，即工资明细表、员工资料表和 2020 年 1 月份工资条。这 3 张表的关系如下：

(1) 工资明细表为当月应发放的员工工资明细，如图 4-22 所示。

图 4-22 工资明细表

(2) 员工资料表包含以下信息（图 4-23）：① 工号；② 姓名；③ 员工接收工资条的 E-mail；④ 相关事项，也就是工资条发放主题；⑤ 是否通知发送成功。

	A	B	C	D	E
1	工号	姓名	E-mail	事项	是否通知
2	HY001	林华宇	cinge@163.com	林华宇,您好！！2020年1月份工资条已发送到您的邮箱,请尽快查收！！	
3	HY002	许晓婷	89065848@qq.com	许晓婷,您好！！2020年1月份工资条已发送到您的邮箱,请尽快查收！！	
4	HY006	李宇浩	89065848@qq.com	李宇浩,您好！！2020年1月份工资条已发送到您的邮箱,请尽快查收！！	
5	HY003	赵斯琪	14220367@qq.com	赵斯琪,您好！！2020年1月份工资条已发送到您的邮箱,请尽快查收！！	
6	HY004	唐棠	chenhx_2021@163.com	唐棠,您好！！2020年1月份工资条已发送到您的邮箱,请尽快查收！！	
7	HY005	柳之雅	89065848@qq.com	柳之雅,您好！！2020年1月份工资条已发送到您的邮箱,请尽快查收！！	

图 4-23 员工资料表

(3) 工资条包含以下信息（图 4-24）：① 工号；② 姓名；③ 职位；④ 性别；⑤ 身份证；⑥ 出勤天数；⑦ 基本工资；⑧ 加班费；⑨ 奖金；⑩ 岗位津贴；⑪ 应付工资；⑫ 个人医社保费合计；⑬ 个人住房公积金；⑭ 税前工资；⑮ 应交个税；⑯ 实发工资。此外，还要在工资条中设置公式，使其能够自动勾稽到工资明细表中对应工号的工资明细，通过修改工号即可显示对应员工的工资明细。

2020年1月份工资条													
工号	姓名	职位	性别	身份证	出勤天数	基本工资	加班费	奖金	岗位津贴	应付工资	个人医社保费合计	个人住房公积金	税前工资	应交个税	实发工资
HY005	柳之雅	人事主管	男	350582197309277037	22	7800.00	0.00	900.00	0.00	8700.00	178.50	240.00	8281.50	38.45	8243.05

注：工资保密，请尽快核对您的工资，如有问题请联系行政助理唐棠！

图 4-24　2020 年 1 月份工资条

操作步骤：

① 新建一个序列，名称更改为"RPA E-mail 工资条发放机器人"，在此序列中添加一个【应用程序集成】—【Excel】类别下的【Excel 应用程序范围】活动，为【Excel 应用程序范围】活动设置工作簿路径，即设置 RPA E-mail 工资条发放机器人读取的 Excel 文件的路径。在【Excel 应用程序范围】活动中，单击【浏览】按钮，选择"E-mail 工资条发放机器人 . xlsx"文件。接着在【执行】序列内添加 3 个序列，显示名称分别备注"读取员工资料""循环发送工资条""工资条发送完成"，如图 4-25 所示。

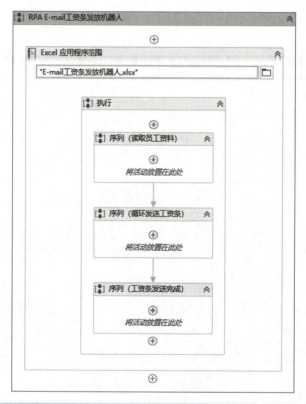

图 4-25　在【Excel 应用程序范围】活动内添加三个序列

② 在【读取员工资料】序列内添加【应用程序集成】—【Excel】类别下的【读取范围】活动，设置读取的表名称为"员工资料"，设置读取的范围为 A：E。在【属性】面板的【输出】—【数据表】处创建变量 data，如图 4-26 所示。在【变量】面板中修改此变量的执行范围为"RPA E-mail 工资条发放机器人"整个序列，此变量用于存储员工资料表中 A 列到 E 列的数据。

项目四　RPA 财务机器人 E-mail 应用

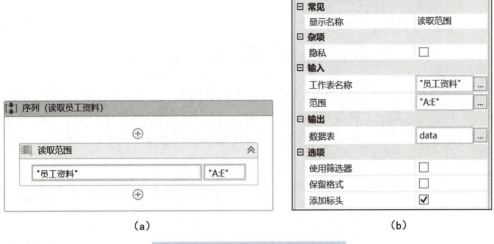

(a)　　　　　　　　　　　　(b)

图 4-26　设置【读取范围】活动

③ 在【变量】面板中创建变量 i，变量类型为 Int32，范围为"RPA E-mail 工资条发放机器人"整个序列，如图 4-27 所示。

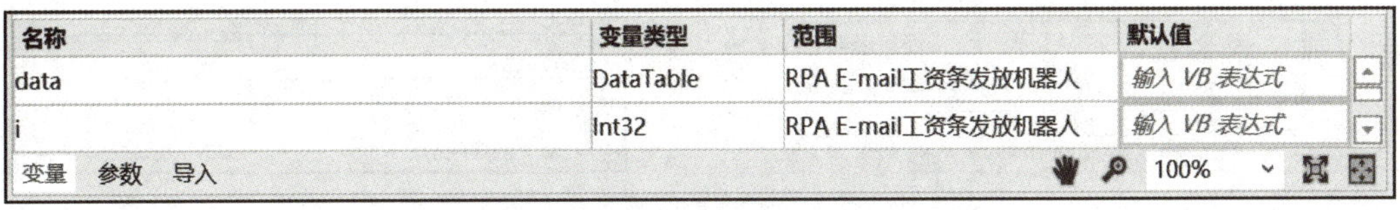

名称	变量类型	范围	默认值
data	DataTable	RPA E-mail工资条发放机器人	输入 VB 表达式
i	Int32	RPA E-mail工资条发放机器人	输入 VB 表达式

图 4-27　在【变量】面板中创建变量

④ 在【循环发送工资条】序列内添加【工作流】—【控件】类别下的【先条件循环】活动，用于循环工资条发送。在【先循环条件】活动中，设置条件为 data(i)(0).ToString<>""，该循环条件用于判断"工资条发放清单.xlsx"文件中的员工资料表内的工号栏是否为空，为空则停止循环，即如果员工资料表内的工号栏为空，则表明没有需要继续发送的工资条，如图 4-28 所示。

⑤ 在【先循环条件】活动的【正文】内添加【应用程序集成】—【Excel】类别下的【写入单元格】活动，在显示名称中增加"（写入员工工号）"。写入表格名称为"工资条"，单元格为"B4"，内容为员工资料表的工号，表达式为 data(i)(0).ToString，如图 4-29 所示。

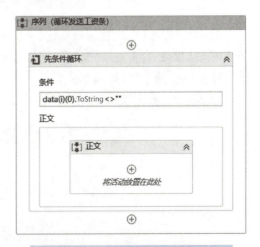

图 4-28　设置【先条件循环】活动

163

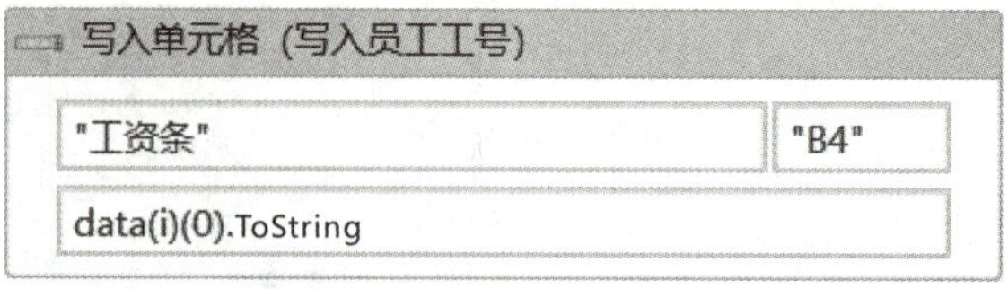

图4-29 设置【写入单元格】活动,写入员工工号

⑥ 继续添加【用户界面自动化】—【元素】—【属性】类别下的【截取屏幕截图】活动,在显示名称中增加"(截取工资条)",单击【指明在屏幕上】,拾取工资条表中完整的工资条,在【属性】面板中【输出】—【屏幕截图】处设置变量 wages,该变量用于存储截取的工资条,如图4-30所示。

(a) (b)

图4-30 设置【截取屏幕截图】活动

⑦ 继续添加【用户界面自动化】—【图像】—【文件】类别下的【保存图像】活动,在显示名称中增加"(保存工资条)",输入图像为变量 wages,保存图像路径为 data(i)(0).ToString+"工资条.jpg",如图4-31所示。

注意:因为该图片保存在相对路径下,所以图像路径直接显示为该图片的名称。

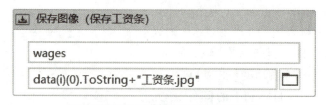

图4-31 设置【保存图像】活动

⑧ 继续添加【应用程序集成】—【邮件】—【SMTP】类别下的【发送 SMTP 邮件消息】活动,在显示名称中增加"(发送邮件)"。目标为 data(i)(2).ToString,即员工资料表第3列的 E-mail,主题为"发放工资条",正文为 data(i)(3).ToString,即员工资料表第4列的事项

[图 4-32(a)]。单击【附加文件】,将员工工资条图片作为邮件附件发送,值设置为 data(i)(0).ToString+"工资条.jpg"[图 4-32(b)],此处值为工资条图片的存放路径,即相对路径。设置【发送 SMTP 邮件消息】活动的【属性】面板,服务器为"smtp.163.com",发件人为开通 SMTP 服务的邮箱,授权密码为开通 SMTP 服务的授权密码[图 4-32(c)]。

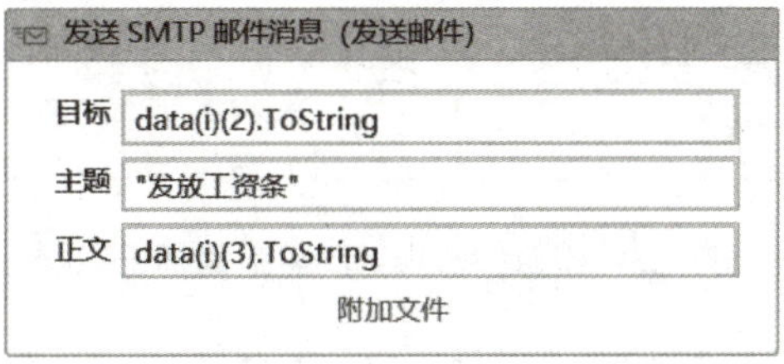

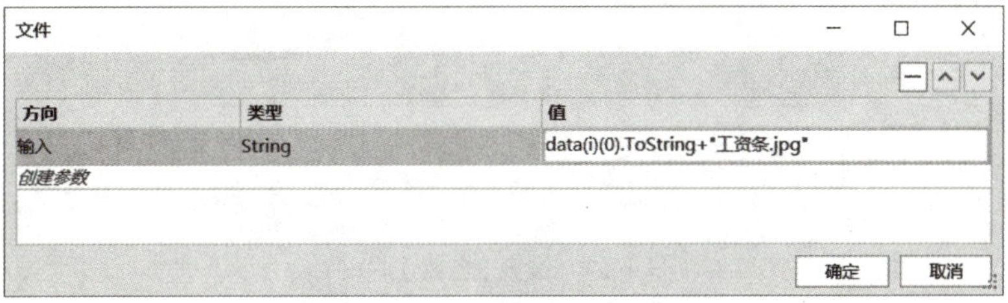

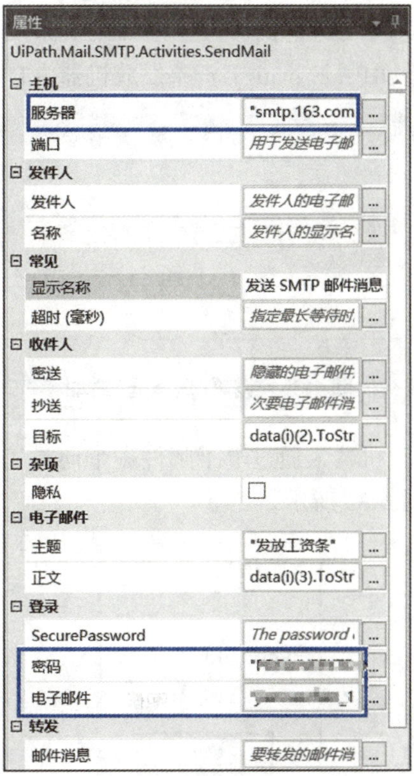

图 4-32 设置【发送 SMTP 邮件消息】活动

⑨ 继续添加【应用程序集成】—【Excel】类别下的【写入单元格】活动,在显示名称中增加"(标记完成)",对工资条发送完成的员工标记"OK"。设置工作表名称为"员工资料",范围为"E"+(i+2).ToString。如图4-33所示。

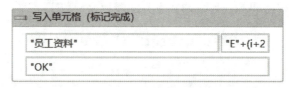

图4-33　设置【写入单元格】活动标记完成

⑩ 继续添加【工作流】—【控件】类别下的【分配】活动,令机器人执行下一个员工工资条循环判断,分配的表达式为i=i+1,如图4-34所示。

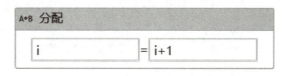

图4-34　设置【分配】活动

⑪ 最后在"工资条发送完成"序列中添加【系统】—【对话框】类别下的【消息框】活动,消息框内输入"工资条发送完成",即令机器人在全部工资条发送完成后提示"工资条发送完成",如图4-35所示。至此,RPA E-mail 工资条发放机器人自动化流程设计就完成了。

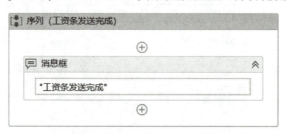

图4-35　设置【消息框】活动

⑫ 单击"调试文件"按钮,机器人通过电子邮件逐个向员工发送工资条,发送完毕后弹出消息框提示发送完成,如图4-36所示。

图4-36　【消息框】活动提示工资条发送完成

任务二 RPA 读取邮件

销售部每天都需要向财务部发送回款情况表。小张作为财务部的应收应付会计,每天都要检查自己的工作邮箱,找到里面属于销售各部当日发来的回款情况表并下载汇总。在收件箱里众多的邮件中,小张经常会遗漏某些部门的数据,因而需要反复查找。你是否可以利用本节任务所学内容为小张开发一个批量下载附件机器人?

E-mail 作为重要的人机交互界面,成为企业日常财务工作中实现人与人之间、人与系统之间信息沟通的重要载体。利用 UiPath 自动读取邮件,可以提高消息读取的时效性、指向性,提高工作效率,实现复杂财务工作的高效协同。

一、使用 RPA 获取邮件消息

【获取 POP3 邮件消息】活动(图 4-37)用于从指定服务器检索 POP3 电子邮件消息。

图 4-37 【获取 POP3 邮件消息】活动

【获取 POP3 邮件消息】活动的主要属性及其对应功能如表 4-3 所示。

表 4-3 【发送 POP3 邮件消息】活动的主要属性及其对应功能

活动	属性	参数	功能
发送 POP3 邮件消息	主机	服务器	待使用的电子邮件服务器主机
		端口	用于接收电子邮件消息的端口
	登录	密码	用于接收邮件消息的电子邮件账户密码
		电子邮件	用于接收邮件消息的电子邮件账户
	输出	消息	作为邮件消息对象集合的已检索邮件消息
	选项	删除消息	指定是否标记已读消息以便删除
		顶部	从列表顶部开始检索的消息数量

如图 4-38 所示,在【获取 POP3 邮件消息】活动下创建变量 mails,该变量用于存储获取

的邮件信息,变量类型为 list<mailmessage>。结合【遍历循环】活动,由变量 item 遍历 mails,则 item 实际就是获取 mails 中的每一封邮件。每封邮件有很多属性,例如,在【遍历循环】活动的正文内添加【消息框】活动,然后在【消息框】活动内输入"item.",这时会出现一个下拉框,我们可选择获取其不同类型的属性内容,如图 4-38 所示。输出邮件相关属性的表示方法如下:

邮件主题:item.Subject;

邮件正文:item.Body;

邮件发件人:item.Sender;

邮件收件人:item.From;

邮件发送时间:item.Date。

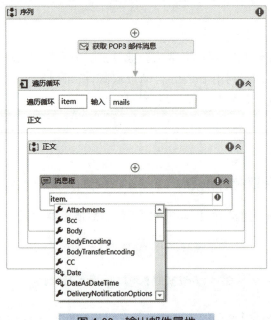

图 4-38 输出邮件属性

二、使用 RPA 保存邮件附件

(一)【保存附件】活动

【保存附件】活动(图 4-39)用于保存目标邮件的附件到指定的文件夹。如果该文件夹不存在,则需要自行创建。如果未指定任何文件夹,则下载内容保存在项目文件夹中。指定文件夹中与附件同名的文件将被覆盖。

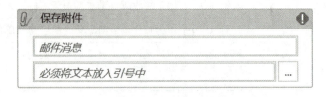

图 4-39 【保存附件】活动

【保存附件】活动的主要属性及其对应功能如表 4-4 所示。

表 4-4 【保存附件】活动的主要属性及其对应功能

活动	属性	参数	功能
保存附件	输入	文件夹路径	保存附件的文件夹的完整路径
		消息	保存其附件的邮件消息对象
	输出	附件	已检索的附件
	选项	筛选	表示根据待保存附件文件名进行验证的正则表达式

(二)【创建文件夹】活动

【创建文件夹】活动(图 4-40)的作用是在指定位置创建文件夹。

图 4-40 【创建文件夹】活动

任务实施

资料准备:在设计此机器人之前,请先给自己的邮箱发送 5 封邮件,邮件主题为"销售 X 部回款情况表",邮件附件数据在教学平台"数据下载"栏目中下载,如图 4-41 所示。

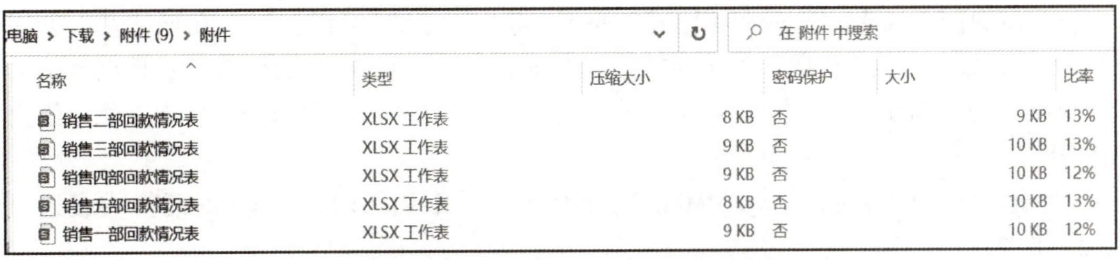

图 4-41 销售各部的回款情况表

要求:设计一个批量下载邮件附件机器人,令机器人下载销售部每天发来的邮件附件,并存放于指定路径中。

操作步骤:

① 在序列中添加【系统】—【对话框】类别下的【消息框】活动,设置文本为"请选择附件存放位置",如图 4-42 所示。该步骤是令机器人提示用户选择文件路径。

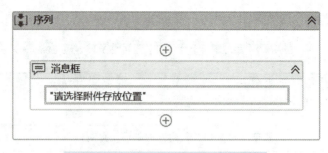

图 4-42　提示选择附件存放位置

② 添加【系统】—【对话框】类别下的【选择文件夹】活动，打开该活动的【属性】面板，在【输出】—【选择的文件夹】处创建变量，该变量命名为"附件存放路径"，变量类型为 String，范围为序列，该变量用于存储所选文件夹的完整路径，如图 4-43 所示。

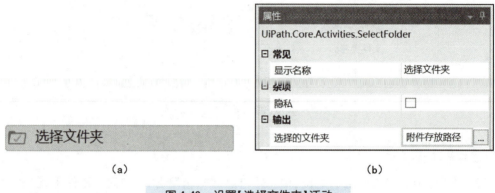

(a)　　　　　　　　　　　　　　(b)

图 4-43　设置【选择文件夹】活动

③ 添加【System】—【Activities】—【Statements】类别下的【分配】活动，在该活动下创建变量，该变量命名为"日期"，变量类型为 String，范围为序列，分配公式为：日期 = Now.ToString("yyyy/MM/dd")，如图 4-44 所示。此步骤表示令机器人获取当天日期并赋值给变量"日期"。

注意：Now.ToString("yyyy/MM/dd") 函数表示获取当天时间，例如时间格式表达为 2022/08/22。

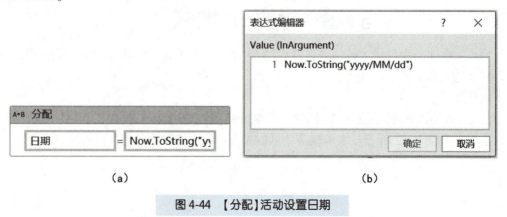

(a)　　　　　　　　　　　　　　(b)

图 4-44　【分配】活动设置日期

④ 添加【应用程序集成】—【邮件】—【POP3】类别下的【获取 POP3 邮件消息】活动,如图 4-45 所示。打开该活动的【属性】面板,设置主机服务器为"pop.163.com",端口为 995,设置登录密码即 163 邮箱的授权码,在【登录】—【电子邮件】处输入 163 邮箱的邮箱账号,在【输出】—【消息】处创建变量 mails,变量类型为 List<MailMessage>,如图 4-46 所示。此步骤表示令机器人将获取的邮件存储在变量 mails 中。

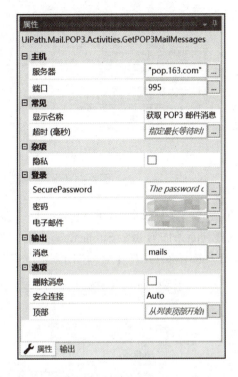

图 4-45 添加【获取 POP3 邮件消息】活动　　图 4-46 设置【获取 POP3 邮件消息】活动的【属性】面板

⑤ 添加【工作流】—【控件】类别下的【遍历循环】活动,输入变量 mails,如图 4-47 所示。接着打开【遍历循环】活动的【属性】面板,修改杂项下的 TypeArgument,单击浏览类型,输入 mailmessage 进行查找,选择 System.Net.Mail.MailMessage,如图 4-48 所示。此步骤通过遍历循环令 item 依次获取变量 mails 中的每一封邮件。

图 4-47 设置【遍历循环】活动

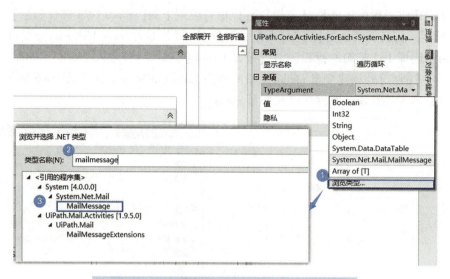

图 4-48　设置【遍历循环】活动的【属性】面板

⑥ 在【正文】序列中添加【System】—【Activities】—【Statements】类别下的【IF 条件】活动，设置判断条件为 item.Subject.contains("回款情况表")，如图 4-49 所示。此步骤表示令机器人筛选出邮件主题中含有"回款情况表"的所有邮件。

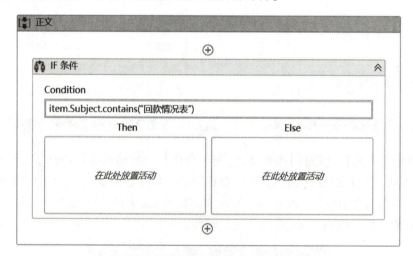

图 4-49　【IF 条件】活动设置判断条件

⑦ 在 Then 执行语句中添加【System】—【Activities】—【Statements】类别下的【IF 条件】活动，设置判断条件为 Convert.ToDateTime(item.Date.Replace("(CST)","")).ToString("yyyy/MM/dd") = 日期，如图 4-50 所示。此步骤表示令机器人筛选含有"回款情况表"的所有邮件中"时间为当天"的邮件。

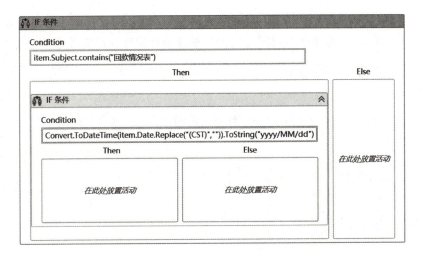

(a)

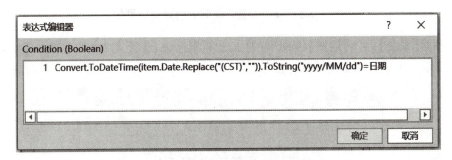

(b)

图 4-50 【IF 条件】活动设置判断条件

注意:

Ⅰ. 此案例接收邮件的邮箱为 163 邮箱,item. Date 表示邮件的时间属性。例如某邮件接收时间为 2022 年 8 月 22 日,若此邮件的发件人邮箱为 163 邮箱,则该邮件时间属性的输出格式为"Mon,22 Aug 2022 15:57:53 +0800(CST)";若此邮件的发件人邮箱为其他邮箱,则该邮件时间属性的输出格式为"Mon,22 Aug 2022 15:57:53 +0800"。

Ⅱ. 函数 Convert. ToDateTime(item. Date)表示将英文状态下的时间格式转换成中文状态下的时间格式,例如转换后的输出格式为"22/08/2022 15:57:53"。为了使接收到的邮件时间属性的输出格式与第③步中变量"日期"的输出格式相同,此处通过函数 Convert. ToDateTime(item. Date). ToString("yyyy/MM/dd")将接收到的邮件时间属性的输出格式转换成"年/月/日"格式。

Ⅲ. 由于函数 Convert. ToDateTime(item. Date)无法转换带有"(CST)"的时间格式,而如果发件人的邮箱为 163 邮箱,则接收到的邮件时间属性的输出格式中带有(CST),因此这里再使用函数 Replace("(CST)","")去除时间属性输出格式中带有(CST)的字符串。此处 Replace("旧字符串","新字符串")函数表示把字符串中的旧字符串替换成新字符串。

⑧ 在 Then 执行语句中添加【应用程序集成】—【邮件】类别下的【保存附件】活动,输入

消息为 item，设置文件夹路径为变量"附件存放路径"，如图 4-51 所示。该步骤表示令机器人将含有"回款情况表"的邮件中时间为当天的邮件附件保存在原先设定的文件夹路径下。

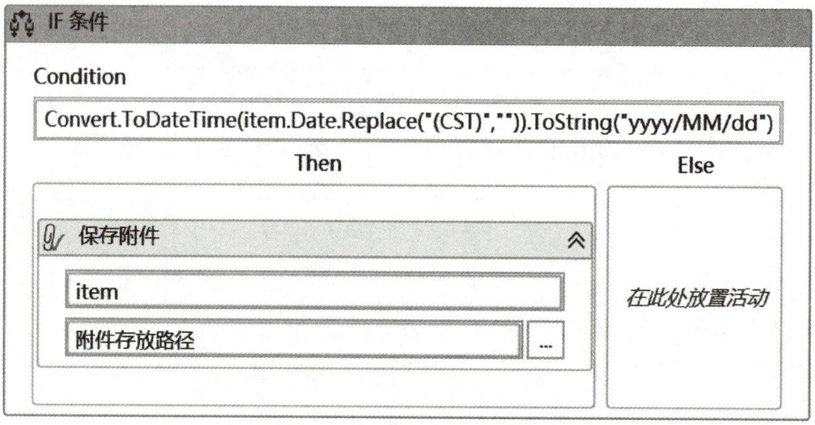

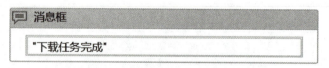

图 4-51 设置【保存附件】活动

⑨ 添加【系统】—【对话框】类别下的【消息框】活动，设置文本为"下载任务完成"，如图 4-52 所示。该步骤用于提示执行活动结束。

图 4-52 设置【消息框】活动

⑩ 单击"调试文件"按钮，机器人下载并汇总销售各部当日发来的回款情况表，如图 4-53 所示。

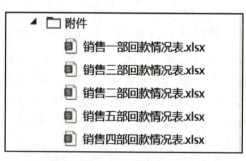

图 4-53 销售各部的回款情况表

项目总结

本项目主要介绍如何使用 RPA 机器人实现 E-mail 自动化。通过本项目的学习，学生能够正确认识 E-mail 自动化，并利用财务机器人编辑、发送和读取邮件，从而提高利用财务机器人处理工作的规范性和熟练性。

项目五　RPA 财务机器人 Web 应用

项目描述

RPA 机器人流程自动化,是在人工智能(AI)和自动化技术的基础上建立的,以机器人作为虚拟劳动力,依据预先设定的程序与现有用户系统进行交互并完成预期任务的技术。该技术能够将基于规则的常规操作自动化,例如从 Web 网页提取账单数据等。本项目主要通过介绍目前常用的办公自动化操作流程,让学生了解如何通过 UiPath RPA 编辑办公 Web 业务的自动化,为企业降本增效。

学习目标

- ☐ 掌握浏览器相关活动操作。
- ☐ 掌握录制器(网页录制)功能操作。
- ☐ 认识选取器。
- ☐ 掌握选取器下通配符、变量的使用。
- ☐ 掌握拾取 UI 元素时一些快捷键的使用。
- ☐ 掌握数据抓取操作。
- ☐ 掌握屏幕抓取操作。

任务一　Web 基本操作介绍

案例导入

北京云云股份有限公司的销售人员每天会获取大量的潜在客户名单,在认识客户阶段,他们需要掌握客户公司的基本信息,以便在早期判断与客户公司合作的价值和业务匹配度。企业基本信息主要包括公司全称、注册资本、规模、经营时间、经营范围等。每天的企业信息查询工作不仅需要花费较多的精力,还需要花费很多的时间进行信息的整理,而且人工查询和整理很容易造成遗漏和错误。请针对此工作痛点,为该公司设计一个企业信息查询机器人。

任务描述

Web应用自动化是UiPath的一个自动化过程,通过它可以识别Web元素并对其进行相应的操作。通过本任务的学习,学生可以利用机器人自动化,阅读、理解和分析网络系统中有价值的信息。

任务准备

一、操作浏览器活动介绍

(一)【打开浏览器】活动

【打开浏览器】活动(图5-1)用于在指定URL中打开浏览器并在其中执行多项活动。

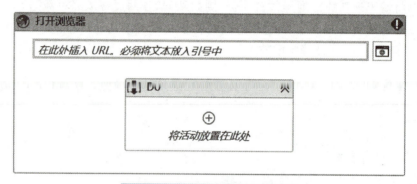

图5-1 【打开浏览器】活动

【打开浏览器】活动的主要属性及其对应功能如表5-1所示。

表5-1 【打开浏览器】活动的主要属性及其对应功能

活动	属性	参数	功能
打开浏览器	输入	URL	在指定浏览器中打开的URL,也就是一个网址,要放在英文状态下的引号中,例如输入百度网址"www.baidu.com"
	输出	浏览器类型	选择使用的浏览器类型,可用的选项如下:IE、Firefox、Chrome、Edge
		用户界面浏览器	以用户界面浏览器对象呈现的活动结果。存储所有与浏览器会话有关的信息。仅支持浏览器变量

【打开浏览器】活动默认使用IE浏览器。本教材统一使用谷歌浏览器(Chrome),使用此浏览器需要安装用于在Chrome中自动化网站的浏览器扩展程序,如图5-2所示。

（a）

（b）

图 5-2 安装扩展程序

（二）【附加浏览器】活动

【附加浏览器】活动(图 5-3)用于将网页附加到已打开浏览器并在其中执行多项操作。使用网页录制器时,也会自动生成该活动。

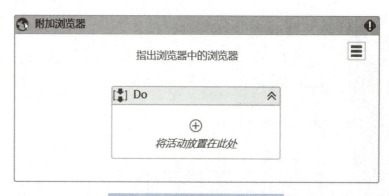

图 5-3 【附加浏览器】活动

(三)【关闭选项卡】活动

【关闭选项卡】活动(图 5-4)用于关闭浏览器页面。

图 5-4 【关闭选项卡】活动

【关闭选项卡】活动的主要属性及其对应功能如表 5-2 所示。

表 5-2 【关闭选项卡】活动的主要属性及其对应功能

活动	属性	参数	功能
关闭选项卡	输入	浏览器	要关闭的浏览器页面。该字段仅支持浏览器变量

(四)【最大化窗口】活动

【最大化窗口】活动(图 5-5)用于最大化指定的窗口。

图 5-5 【最大化窗口】活动

示例 1:操作浏览器活动

要求:请安装用于在 Chrome 中自动化网站的浏览器扩展程序,然后设计一个机器人,令其执行以下操作。

① 使用谷歌浏览器打开国家税务总局的"税收政策"网页,并最大化该网页窗口。

② 在税收政策网页查看最新一期《国家税务总局公报》。

③ 关闭税收政策网页。

网址:www.chinatax.gov.cn。

活动:【打开浏览器】【单击】【附加浏览器】【关闭选项卡】【最大化窗口】。

操作步骤：
1. 安装浏览器扩展程序

① 打开 UiPath，单击左侧【工具】选项，单击【Chrome】图标，系统弹出提示框"你要允许此应用对你的设备进行修改吗？"，选择【是】按钮，系统弹出【设置扩展程序】对话框，单击【确定】按钮，如图 5-6 所示。

图 5-6　单击【Chrome】图标

② 打开谷歌浏览器，单击右上角【自定义及控制】按钮，选择【更多工具】，单击【扩展程序】选项，如图 5-7 所示。

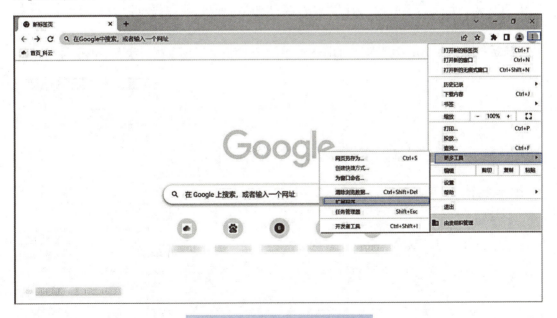

图 5-7　单击【扩展程序】选项

③ 打开 Chrome 扩展程序界面，单击 UiPath 扩展程序，使右下角图标为打开状态，如

图 5-8 所示。

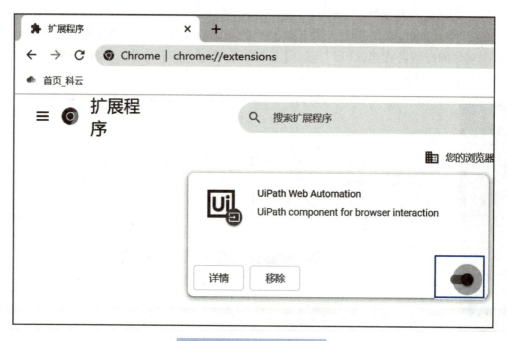

图 5-8 打开扩展程序

2. 设计机器人流程步骤

① 在序列中添加【用户界面自动化】—【浏览器】类别下的【打开浏览器】活动,输入 URL 为"www.chinatax.gov.cn",打开该活动的【属性】面板,修改浏览器类型为 Chrome,如图 5-9 所示。

注意：输入的 URL 必须是字符串格式,因此该网址必须放在英文状态下的引号内。

图 5-9 设置【打开浏览器】活动

② 在【Do】序列中添加【用户界面自动化】—【窗口】类别下的【最大化窗口】活动，如图 5-10 所示。该步骤表示令机器人最大化"国家税务总局"网页窗口。

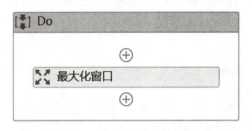

图 5-10　添加【最大化窗口】活动

③ 添加【元素】—【鼠标】类别下的【单击】活动，单击【指出浏览器中的元素】，拾取"税收政策"元素，如图 5-11 所示。该步骤表示令机器人打开国家税务总局的"税收政策"网页。

图 5-11　添加【单击】活动

④ 添加【用户界面自动化】—【浏览器】类别下的【附加浏览器】活动，单击【指出浏览器中的元素】，拾取新打开的"税收政策"网页，如图 5-12 所示。打开该活动的【属性】面板，在【输出】—【用户界面浏览器】处创建变量"税收政策网页"，如图 5-13 所示。

图 5-12　添加【附加浏览器】活动

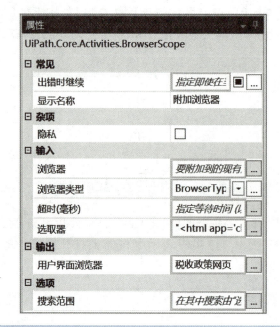

图 5-13 在【附加浏览器】活动的【属性】面板中创建变量

⑤ 在【附加浏览器】活动的【Do】序列中添加【元素】—【鼠标】类别下的【单击】活动,单击【指出浏览器中的元素】,拾取"2022 年第 05 期"元素,如图 5-14 所示。该步骤表示令机器人在"税收政策"网页打开最新一期《国家税务总局公报》。

注意: 本步骤在操作时拾取的最新一期《国家税务总局公报》为 2022 年第 05 期,在实际操作过程中只需要拾取最新一期公报即可。

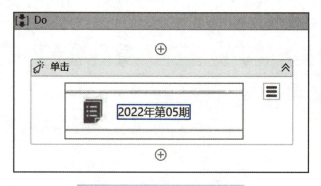

图 5-14 设置【单击】活动

⑥ 在【附加浏览器】活动下添加【用户界面自动化】—【浏览器】类别下的【关闭选项卡】活动,打开该活动的【属性】面板,在【输入】—【浏览器】处创建变量"税收政策网页",如图 5-15 所示。该步骤表示令机器人关闭"税收政策"网页。

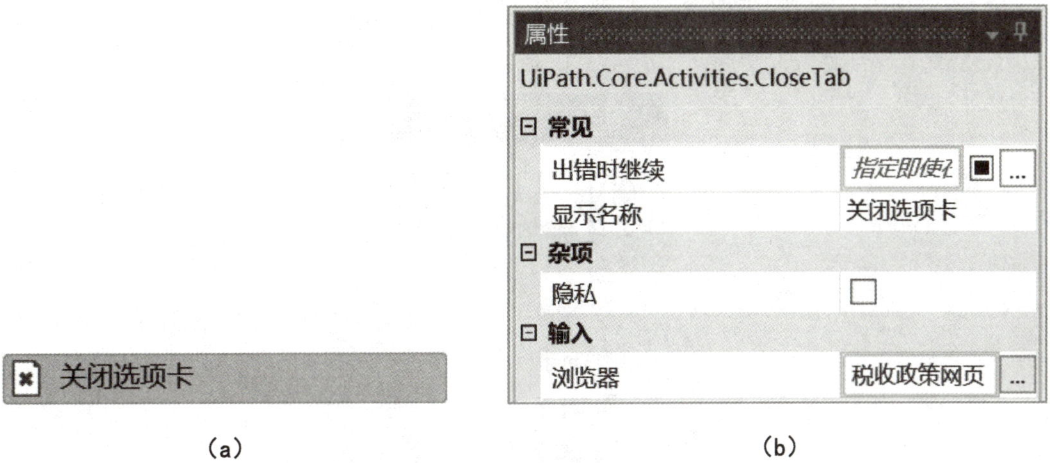

项目五 RPA 财务机器人 Web 应用

(a)　　　　　　　　　　　(b)

图 5-15　设置【关闭选项卡】活动

运行结果如图 5-16 所示。

图 5-16　2022 年第 05 期《国家税务总局公报》

二、录制器

录制器是 UiPath Studio 的重要功能之一,常用于在业务流程自动化时录制用户在软件中的操作动作和操作过程,并自动生成对应的 UiPath 流程序列。录制器的这一特点可帮助流程设计者节省大量设计自动化流程的时间,提高设计效率。录制器(图 5-17)共有 5 种类型,包括基本、桌面、网页、图像、原生 Citrix。

录制器中的网页录制功能是默认用于在 Web 应用程序和浏览器中进行记录,生成容器并使用"模拟类型/单击"的输入方法。使用录制器时,键盘快捷键操作如下:

➢ F2:暂停倒数计时器显示在屏幕,倒数计时器显示在左下角。

183

➢ Esc：退出自动或手动记录。如果再次按该键，则记录将保存为序列。
➢ 右键单击：退出录制。

图 5-17　录制器

示例 2：录制器

要求：请先使用谷歌浏览器打开国家税务总局网站，然后设计一个机器人，令其使用录制器的网页录制功能录制以下操作。

① 进入【纳税服务】模块下的【办税指南】界面。

② 在搜索框内输入"增值税一般纳税人登记"，并单击搜索。

网址：www.chinatax.gov.cn。

操作步骤：

① 单击设计界面的【录制】按钮，选择【网页】，系统弹出【网页录制】操作框，单击【录制】按钮，开始录制操作流程，如图 5-18 所示。

注意：在开始录制操作流程前请先使用谷歌浏览器打开国家税务总局网站。

(a)

(b)

图 5-18　单击【录制】按钮

② 单击【纳税服务】按钮(图 5-19),系统弹出【使用锚点】对话框,单击【否】按钮,如图 5-20 所示。

注意:在录制操作过程中,系统会弹出【使用锚点】对话框,单击【否】按钮即可。

图 5-19　单击【纳税服务】按钮

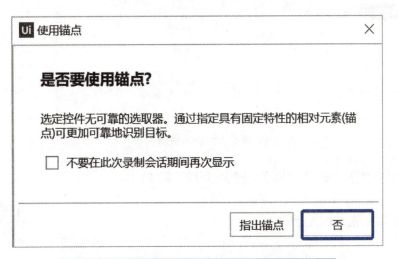

图 5-20　在【使用锚点】对话框内单击【否】按钮

③ 单击【办税指南】按钮(图 5-21),进入【办税指南】界面。

图 5-21　单击【办税指南】按钮

④ 单击浏览器中的关键字输入框,网页弹出文字输入框,输入所需值为"增值税一般纳税人登记"(图 5-22),按下键盘上的【Enter】键,完成关键字的输入。

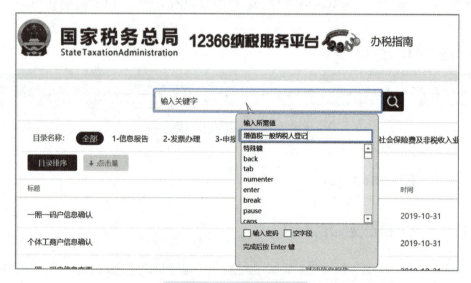

图 5-22　输入关键字

⑤ 单击【搜索】图标,开始检索关键字,如图 5-23 所示。

图 5-23　单击【搜索】图标

⑥ 完成搜索后,按下键盘上的【Esc】键,暂停录制,单击【保存并退出】按钮(图 5-24),结束录制并返回序列界面,自动生成【网页】序列,如图 5-25 所示。

图 5-24　单击【保存并退出】按钮

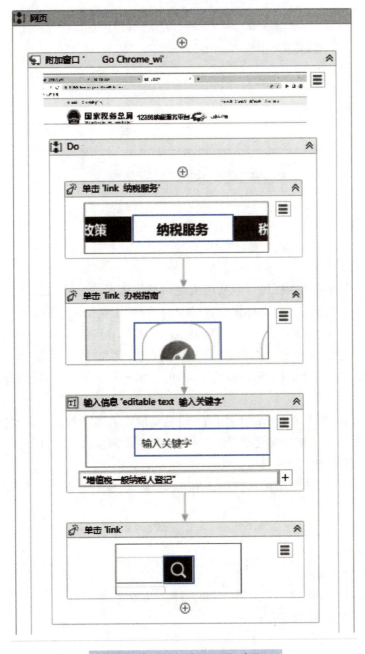

图 5-25　自动生成【网页】序列

运行结果如图 5-26 所示。

图 5-26　搜索"增值税一般纳税人登记"

三、选取器

(一) 认识选取器

选取器可以在自动化流程执行时利用关键信息快速定位目标元素,它是 UiPath Studio 用来识别用户界面元素的可扩展标记语言(XML)片段,用于指定用户要查找的图形用户界面元素及其一些父元素的属性。选取器的结构由多个节点组成,可以表示为<node_1> <node_2>…<node_N>。该结构中最后一个节点代表想定位的目标元素,而前面的节点代表该元素的父元素,<node_1>通常称为根节点,即所有子元素的父元素,代表应用程序的顶部窗口。

如图 5-27 所示,为本项目示例 1 中【单击】活动的选取器,【编辑选取器】框中第一行内容为根节点,即所有子元素的父元素,代表应用程序的顶部窗口,第二行内容为最后一个根节点,即子元素,代表想定位的目标元素。

选取器中的每个根节点都由标签和属性组成。例如,标签通常表示为:
- WND(窗口)
- html(网页)
- Ctrl(控制)
- webctrl(网页控件)

每个属性都有一个名称和一个值,例如,属性通常表示为:
- parentid ='幻灯片列表容器'
- tag ='A'
- aaname ='详细信息'

项目五　RPA 财务机器人 Web 应用

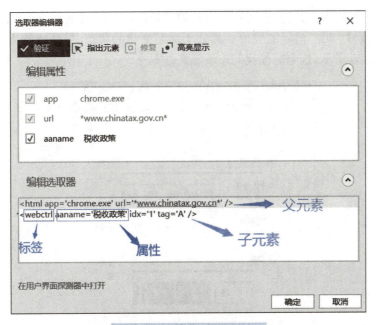

图 5-27　选取器编辑器

（二）选取器中通配符的使用

在 UiPath 中，通配符可以用来匹配选取器中变化的一个或多个字符，它在处理选取器包含动态属性值的时候非常有用。其中，星号（*）可以替代 0 个或多个字符，问号（?）可以替代一个字符。

图 5-28 为东方财富网上贵州茅台股价页面，现在我们要设计一个机器人帮助我们获取该网页中"上证指数"的股价。

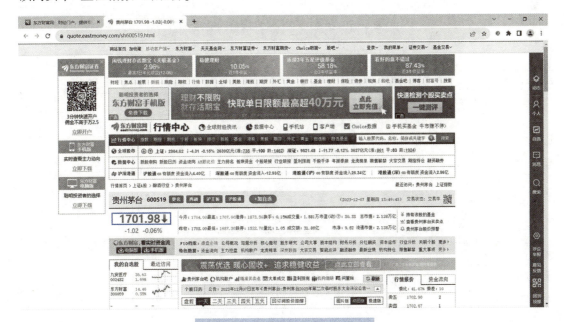

图 5-28　贵州茅台股票页面

189

如图 5-29 所示,为设计好的机器人,当我们打开【获取文本】活动的选取器时,会发现第一行父元素中属性"title"显示的股价一直处于动态变化的状态,导致机器人无法定位到目标元素,如图 5-30 所示,这个时候我们应该怎么办呢?

图 5-29 获取"贵州茅台"股价的机器人

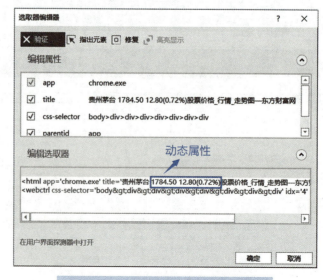

图 5-30 【获取文本】活动的选取器

我们可以在【获取文本】活动的选取器的编辑界面将股价中后面一串动态的数字使用通配符替换[图 5-31(a)],这个时候便可定位到目标元素了[图 5-31(b)]。

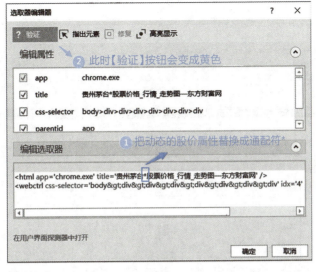

(a)

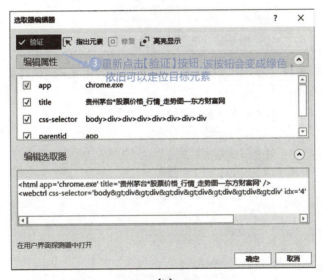

(b)

图 5-31　将动态属性用通配符替换

(三) 选取器中变量的使用

选取器中可以使用变量来替换用来确定目标元素的属性,用户只需要改变选取器中变量的值即可准确高效地重复使用一个活动。在选取器中的根节点使用变量后其格式通常为 <tag attribute='{{变量名}}'/>。其中:

➢ tag 表示目标标签,例如<webctrl/>。

➢ attribute 表示目标属性,例如 aaname ='详细信息'。

➢ {{变量名}}表示要与之交互的元素的属性的变量名称。

图 5-32 为东方财富网行情中心页面,现在我们要设计一个机器人截取该网页中的 4 张股价走势图。

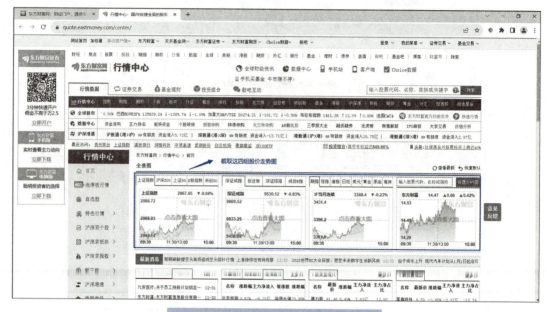

图 5-32 东方财富网行情中心页面

如图 5-33 所示,为设计好的机器人,你们知道它是如何使用一个【截取屏幕截图】活动截取 4 张股价走势图的吗?

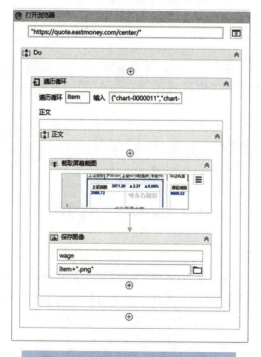

图 5-33 获取股价走势图的机器人

先使用【截取屏幕截图】活动分别拾取 4 张股价走势图,再分别打开它们的选取器,如图 5-34、图 5-35、图 5-36、图 5-37 所示。此时发现,4 个选取器中每个节点内容只有一个属性不同,就是 parentid='详细信息',所以这个时候我们便可将"详细信息"用变量来替代。

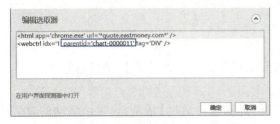

图 5-34　截取"上证指数"的选取器

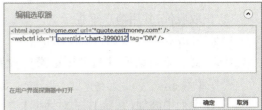

图 5-35　截取"深证成指"的选取器

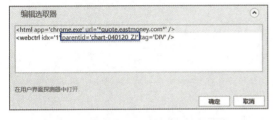

图 5-36　截取"IF 当月连续"的选取器

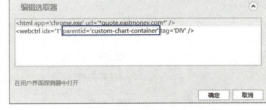

图 5-37　截取"东方财富"的选取器

先使用【遍历循环】活动,由变量 item 遍历循环数组﹛"chart-0000011","chart-3990012","chart-040120_ZJ","custom-chart-container"﹜,然后在【截取屏幕截图】活动的选取器下使用变量 item 替换动态属性值,便可实现每遍历一次就截取不同股票走势图的操作。

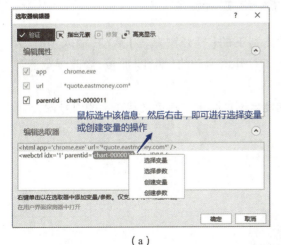

(a)

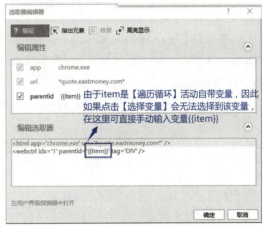

(b)

图 5-38　在选取器中使用变量

示例 3：选取器

要求：设计一个机器人，能根据用户输入的股票名称给用户提示当天的股价。具体要求如下：

① 使用谷歌浏览器打开东方财富网，根据用户输入的股票名称进行搜索。

② 获取股价，并用消息框提示。

网址：https://www.eastmoney.com/。

活动：【输入对话框】【打开浏览器】【设置文本】【单击】【获取文本】【消息框】。

操作步骤：

① 在序列中添加【系统】—【对话框】类别下的【输入对话框】活动，设置该活动的对话框标题为"股票名称"，输入标签为"请输入股票名称"，并在【已输入的值】处创建变量 name，变量类型为 String，范围为序列，该变量用于存储用户输入的股票名称，如图 5-39 所示。

图 5-39 设置【输入对话框】活动

② 添加【用户界面自动化】—【浏览器】类别下的【打开浏览器】活动，输入 URL 为"https://www.eastmoney.com/"，如图 5-40 所示。打开该活动的【属性】面板，修改浏览器类型为 Chrome。

注意：输入的 URL 必须是字符串格式，因此该网址必须放在英文状态下的引号内。

图 5-40 【打开浏览器】活动

③ 在【Do】序列内添加【用户界面自动化】—【元素】—【键盘】类别下的【设置文本】活动并修改名称为"设置文本(股票名称)",单击【指出浏览器中的元素】拾取股票搜索框,输入文本为变量 name,如图 5-41 所示。该步骤表示令机器人在股票搜索框内输入存储在变量 name 中的股票名称。

注意： 此处流程设计导航页面以"贵州茅台"股票为例。

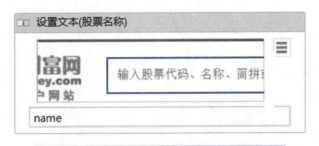

图 5-41　设置【设置文本(股票名称)】活动

④ 添加【元素】—【鼠标】类别下的【单击】活动并修改名称为"单击(查行情)",单击【指出浏览器中的元素】拾取【查行情】按钮,如图 5-42 所示。

图 5-42　【单击(查行情)】活动

⑤ 添加【用户界面自动化】—【元素】—【控件】类别下的【获取文本】活动并修改名称为"获取文本(股价)",单击【指出浏览器中的元素】拾取贵州茅台的股价,如图 5-43 所示。打开该活动的【属性】面板,在输出值处创建变量 price,变量类型为 String,范围为序列,该变量用于存储获取到的股价信息。

图 5-43　设置【获取文本(股价)】活动

⑥ 为了使【获取文本】活动能够拾取不同股票的股价,打开该活动下拉菜单中的"编辑选取器"功能,如图 5-44 所示,用星号通配符替换"title ="后面的动态属性值。该步骤表示当流程搜索其他股票时,机器人也能准确拾取到该元素。

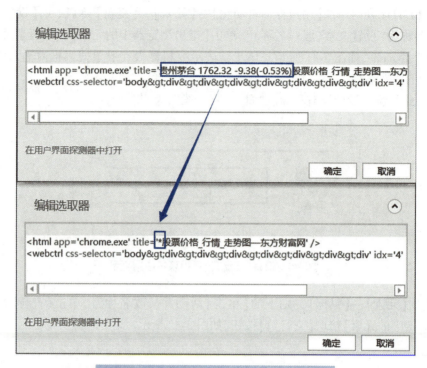

图 5-44 【获取文本】活动的编辑选取器

⑦ 添加【系统】—【对话框】类别下的【消息框】活动,输入文本为 name+"今日股价为"+price,即通过【消息框】活动提示用户当日股价信息,如图 5-45 所示。

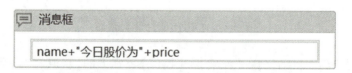

图 5-45 设置【消息框】活动提示股价信息

运行结果如图 5-46 所示。

(a)

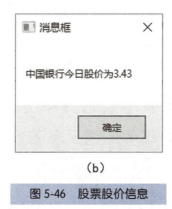

（b）

图 5-46　股票股价信息

四、选取 UI 元素的快捷键

【单击】【获取文本】【设置文本】等活动在拾取 UI 元素时会弹出一个快捷键操作提示。例如,把【单击】活动放在【打开浏览器】活动的【Do】序列内,然后单击【指出浏览器中的元素】在网页上拾取 UI 元素时,网页的左上角会弹出如图 5-47 所示的快捷键操作提示,每个快捷键作用如下：

> ESC：取消选择。
> F2：在录制活动期间添加延迟。
> F3：允许用户指定自定义录制区域。
> F4：允许用户选择要记录的 UI 框架,可以是默认、AA 和 UIA。

一些浏览器网页界面会设计许多种框架,UiPath Studio 会设置一个默认值,当默认值无法选择界面元素时,可以通过【F4】键立即切换界面框架,以便拾取到想要的 UI 元素。

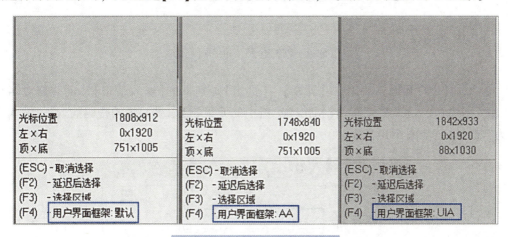

图 5-47　UI 元素的快捷键

示例 4：选取 UI 元素的快捷键

教学要求：设计一个机器人,令其进入防伪税控开票系统查询发票库存。
网址：请进入教学平台 RPA 开发环境复制防伪税控开票系统的 URL。
活动：【打开浏览器】【单击】【输入信息】。

操作步骤：

① 在序列中添加【用户界面自动化】—【浏览器】类别下的【打开浏览器】活动，输入防伪税控开票系统的 URL，如图 5-48 所示。打开该活动的【属性】面板，修改浏览器类型为 Chrome。

注意：输入的 URL 必须是字符串格式，因此该网址必须放在英文状态下的引号内。

图 5-48 【打开浏览器】活动

② 在【Do】序列内添加【元素】—【鼠标】类别下的【单击】活动并修改名称为"单击(开票系统)"，单击【指出浏览器中的元素】拾取【开票系统】图标，如图 5-49 所示。

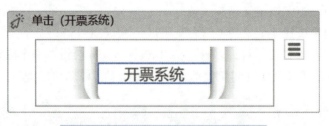

图 5-49 【单击(开票系统)】活动

③ 添加【用户界面自动化】—【元素】—【键盘】类别下的【输入信息】活动并修改名称为"输入信息(输入密码)"，单击【指出浏览器中的元素】拾取界面中的密码输入框，输入文本为"123456"，如图 5-50 所示。

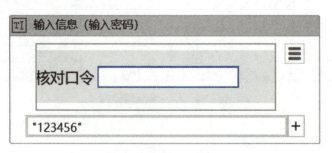

图 5-50 设置【输入信息】活动

④ 添加【元素】—【鼠标】类别下的【单击】活动并修改名称为"单击(确认)"，单击【指

出浏览器中的元素】拾取【确认】按钮，如图 5-51 所示。

图 5-51 【单击(确认)】活动

⑤ 添加【元素】—【鼠标】类别下的【单击】活动并修改名称为"单击(发票管理)"，单击【指出浏览器中的元素】拾取【发票管理】图标，如图 5-52 所示。

图 5-52 【单击(发票管理)】活动

⑥ 添加【元素】—【鼠标】类别下的【单击】活动并修改名称为"单击(库存查询)"，单击【指出浏览器中的元素】拾取【库存查询】图标，如图 5-53 所示。

注意：在此步骤中，当默认值无法选择到想要的界面元素时，可以通过【F4】键立即切换用户界面框架为 AA，即可拾取到【库存查询】图标。

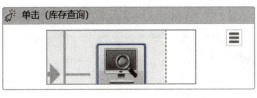

(a)　　　　　　　　　　　　　(b)

图 5-53 【单击(库存查询)】活动

运行结果如图 5-54 所示。

图 5-54 库存查询结果

要求：

（1）已知某个销售人员当天获取的企业信息表，如图 5-55 所示。该工作表内的企业名称为已知，经营状态、注册资本、成立日期、统一社会信用代码、经营范围这几个项目列的信息需要通过查找获取。

（2）令机器人读取企业信息表内的企业名称，根据企业名称进入爱企查网站进行企业信息查询，然后将所获取的信息写入工作表的对应项目列内。

网址：https://aiqicha.baidu.com/。

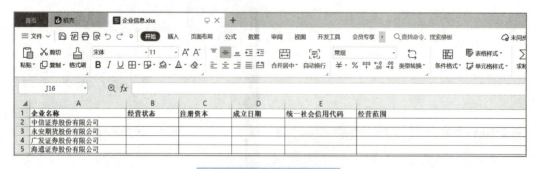

图 5-55 企业信息表

操作步骤：

① 新建一个序列，名称更改为"企业信息查询机器人"。在此序列中添加一个【应用程序集成】—【Excel】类别下的【Excel 应用程序范围】活动，设置工作簿路径为"企业信息.

xlsx",该路径为相对路径,如图 5-56 所示。

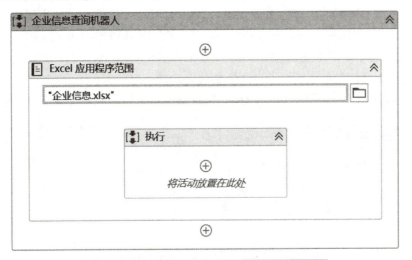

图 5-56　设置【Excel 应用程序范围】活动

② 在【执行】序列中添加【应用程序集成】—【Excel】类别下的【读取范围】活动,并修改名称为"读取范围(企业信息)",如图 5-57 所示。打开该活动的【属性】面板,设置工作表名称为"Sheet1",范围为"A1",在【输出】—【数据表】处创建变量 data,变量类型为 DataTable,范围为"企业信息查询机器人",该变量用于存储工作表"Sheet1"中的所有数据。

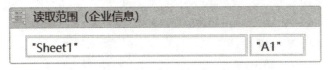

图 5-57　设置【读取范围】活动

③ 接着添加【编程】—【数据表】类别下的【对于每一个行】活动,输入变量 data,如图 5-58 所示。该步骤表示令机器人遍历数据表变量 data 中的每一行数据。

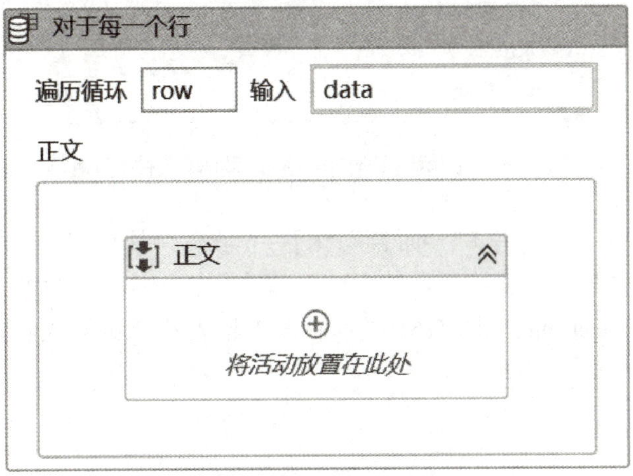

图 5-58　设置【对于每一行】活动

④ 在【正文】序列中添加【用户界面自动化】—【浏览器】类别下的【打开浏览器】活动，并修改名称为"打开浏览器(进入企业信息界面)"，如图5-59所示。打开该活动的【属性】面板，输入 URL 为"https://aiqicha.baidu.com/"，修改浏览器类型为 Chrome，在【输出】—【用户界面浏览器】处创建变量，命名为"爱企查"（图5-60），范围为"企业信息查询机器人"，该变量用于存储爱企查浏览器页面下的所有活动信息。

注意：输入的 URL 必须是字符串格式，因此该网址必须放在英文状态下的引号内。

图5-59 设置【打开浏览器】活动

图5-60 设置【打开浏览器】活动的【属性】面板

⑤ 在【Do】序列中添加【用户界面自动化】—【元素】—【键盘】类别下的【输入信息】活动，并修改名称为"输入信息(企业名称)"。单击【指出浏览器中的元素】拾取输入框，输入文本为 row(0).tostring，如图5-61所示。该步骤表示令机器人在搜索框内输入企业名称。

图 5-61　设置【输入信息】活动

⑥ 添加【元素】—【鼠标】类别下的【单击】活动,并修改名称为"单击(查一下)"。单击【指出浏览器中的元素】拾取【查一下】按钮,如图 5-62 所示。该步骤表示令机器人模拟用户单击【查一下】按钮。

注意:因为设计流程时需要手动导航到相应网页,以支持 UiPath 在网页中拾取操作对象,所以输入企业名称时此处先输入"中信证券股份有限公司"为流程设计进行导航。

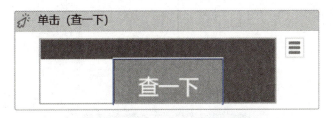

图 5-62　【单击(查一下)】活动

⑦ 添加【元素】—【鼠标】类别下的【单击】活动,并修改名称为"单击(企业名称)"。单击【指出浏览器中的元素】拾取企业名称,如图 5-63 所示。该步骤表示令机器人模拟用户单击企业名称。

注意:如果网速较慢,可在【单击】活动的【属性】面板设置单击延迟时间。

图 5-63　【单击(企业名称)】活动

⑧ 添加【用户界面自动化】—【浏览器】类别下的【关闭选项卡】活动,如图 5-64 所示。打开该活动的【属性】面板,输入浏览器为变量"爱企查"。该步骤表示令机器人关闭爱企查浏览器页面,即关闭第一个网页界面。

图 5-64　【关闭选项卡】活动

⑨ 在【打开浏览器】活动下添加【用户界面自动化】—【浏览器】类别下的【附加浏览器】活动,并修改名称为"附加浏览器(获取企业信息)"。单击【指出屏幕上的浏览器】拾取已打开的企业浏览器界面。打开该活动的【属性】面板,在【输出】—【用户界面浏览器】处创建变量,命名为"企业信息网页",范围为"企业信息查询机器人",如图 5-65 所示。该变量用于存储查询到的企业浏览器界面下的所有活动信息。

图 5-65　设置【附加浏览器】活动

⑩ 为了使【附加浏览器】活动能够拾取各个企业的信息界面,打开该活动下拉菜单中的"编辑选取器"功能,如图 5-66 所示,用星号通配符替换"title ="后"写死"的内容。

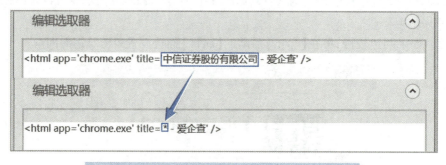

图 5-66　设置【附加浏览器】活动的编辑选取器

⑪ 在【Do】序列中添加【用户界面自动化】—【元素】—【控件】类别下的【获取文本】活动,并修改名称为"获取文本(经营状态)"。单击【指出浏览器中的元素】拾取经营状态。打开该活动的【属性】面板,在【输出】—【值】处创建变量,命名为"经营状态",变量类型为 String,范围为"企业信息查询机器人",如图 5-67 所示。该变量用于存储企业的经营状态。

(a)

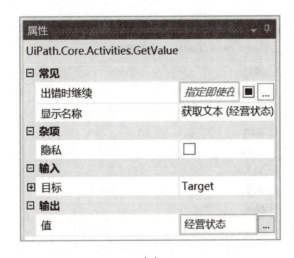

(b)

图 5-67　设置【获取文本】活动

⑫ 添加【应用程序集成】—【Excel】类别下的【写入单元格】活动,在【变量】面板创建变量 i,变量类型为 Int32,范围为"企业信息查询机器人",默认值为 2。设置目标工作表名称为"Sheet1",设置范围为"B"+i.ToString,输入值为变量"经营状态",如图 5-68 所示。该步骤表示令机器人将经营状态写入工作表"Sheet1"中的"B"+i.ToString 单元格。

图 5-68　设置【写入单元格】活动

⑬ 添加【用户界面自动化】—【元素】—【控件】类别下的【获取文本】活动,并修改名称为"获取文本(注册资本)"。单击【指出浏览器中的元素】拾取注册资本。打开该活动的【属性】面板,在【输出】—【值】处创建变量,命名为"注册资本",变量类型为 String,范围为"企业信息查询机器人",如图 5-69 所示。该变量用于存储企业的注册资本。

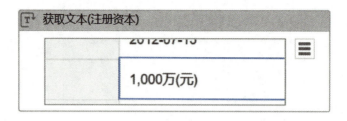

(a)

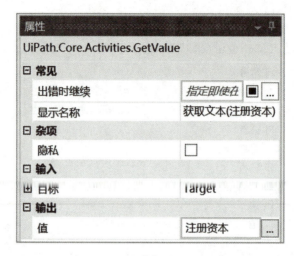

(b)

图 5-69 设置【获取文本】活动

⑭ 添加【应用程序集成】—【Excel】类别下的【写入单元格】活动,设置目标工作表名称为"Sheet1",设置范围为"C"+i.ToString,输入值为变量"注册资本",如图 5-70 所示。该步骤表示令机器人将注册资本写入工作表"Sheet1"中的"C"+i.ToString 单元格。

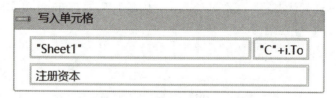

图 5-70 设置【写入单元格】活动

⑮ 添加【用户界面自动化】—【元素】—【控件】类别下的【获取文本】活动,并修改名称为"获取文本(成立日期)"。单击【指出浏览器中的元素】拾取成立日期。打开该活动的【属性】面板,在【输出】—【值】处创建变量,命名为"成立日期",变量类型为 String,范围为"企业信息查询机器人",如图 5-71 所示。该变量用于存储企业的成立日期。

(a)

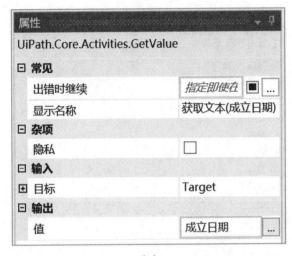

(b)

图 5-71 设置【获取文本】活动

⑯ 添加【应用程序集成】—【Excel】类别下的【写入单元格】活动,设置目标工作表名称为"Sheet1",设置范围为"D"+i. ToString,输入值为变量"成立日期",如图 5-72 所示。该步骤表示令机器人将企业的成立日期写入工作表"Sheet1"中的"D"+i. ToString 单元格。

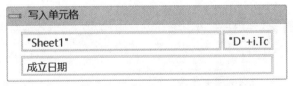

图 5-72 设置【写入单元格】活动

⑰ 添加【用户界面自动化】—【元素】—【控件】类别下的【获取文本】活动,并修改名称为"获取文本(统一社会信用代码)"。单击【指出浏览器中的元素】拾取统一社会信用代码。打开该活动的【属性】面板,在【输出】—【值】处创建变量,命名为"统一社会信用代码",变量类型为 String,范围为"企业信息查询机器人",如图 5-73 所示。该变量用于存储企业的统一社会信用代码。

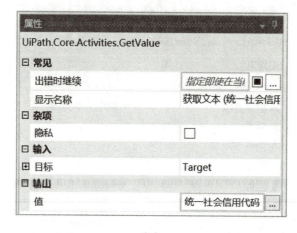

图 5-73 设置【获取文本】活动

⑱ 添加【应用程序集成】—【Excel】类别下的【写入单元格】活动,设置目标工作表名称为"Sheet1",设置范围为"E"+i.ToString,输入值为变量统一社会信用代码,如图 5-74 所示。该步骤表示令机器人将企业的统一社会信用代码写入工作表"Sheet1"中的"E"+i.ToString 单元格。

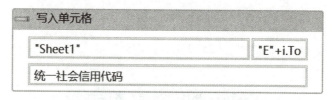

图 5-74 设置【写入单元格】活动

⑲ 添加【用户界面自动化】—【元素】—【控件】类别下的【获取文本】活动,并修改名称为"获取文本(经营范围)"。单击【指出浏览器中的元素】拾取经营范围。打开该活动的【属性】面板,在【输出】—【值】处创建变量,命名为"经营范围",变量类型为 String,范围为"企业信息查询机器人",如图 5-75 所示。该变量用于存储企业的经营范围。

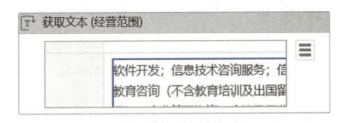

(a)

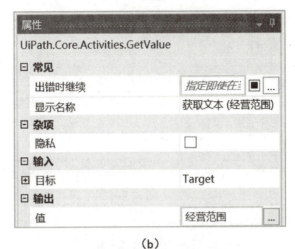

(b)

图 5-75 设置【获取文本】活动

⑳ 添加【应用程序集成】—【Excel】类别下的【写入单元格】活动,设置目标工作表名称为"Sheet1",设置范围为"F"+i. ToString,输入值为变量经营范围,如图 5-76 所示。该步骤表示令机器人将经营范围写入工作表"Sheet1"中的"F"+i. ToString 单元格。

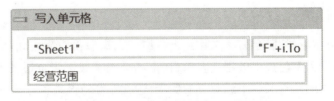

图 5-76 设置【写入单元格】活动

㉑ 添加【用户界面自动化】—【浏览器】类别下的【关闭选项卡】活动,如图 5-77 所示。打开该活动的【属性】面板,输入浏览器为变量"企业信息网页"。该步骤表示令机器人关闭企业信息网页。

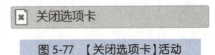

图 5-77 【关闭选项卡】活动

㉒ 添加【System】—【Activities】—【Statements】类别下的【分配】活动,设置分配表达式为 i=i+1,如图 5-78 所示。

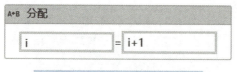

图 5-78 设置【分配】活动

㉓ 单击【调试文件】按钮,机器人会读取企业名称,搜索企业信息,将所获取的信息写入企业信息表,如图 5-79 所示。

	A	B	C	D	E	F
1	企业名称	经营状态	注册资本	成立日期	统一社会信用代码	经营范围
2	中信证券股份有限公司	开业	1,482,054.6829万(元)	1995-10-25	914403001017814402	一般经营项目是:许可经营项目是:证券经纪(限山东省、河南省、浙江省天台县、浙江省苍南县以外区域);证券投资咨询;与证券交易、证券投资活动有关的财务顾问;证券承销与保荐;证券自营;证券资产管理;融资融券业务;证券投资基金代销;为期货公司提供中间介绍业务;代销金融产品;股票期权做市。
3	永安期货股份有限公司	开业	145,555.5556万(元)	1992-09-07	913300000100020099X5	商品期货经纪、金融期货经纪、期货投资咨询,资产管理,基金销售。
4	广发证券股份有限公司	开业	762,108.7664万(元)	1994-01-21	914400000126335439C	证券经纪;证券投资咨询;与证券交易、证券投资活动有关的财务顾问;证券承销与保荐;证券自营;融资融券业务;证券投资基金托管;为期货公司提供中间介绍业务;代销金融产品;股票期权做市。(依法须经批准的项目,经相关部门批准后方可开展经营活动)
5	海通证券股份有限公司	开业	1,306,420万(元)	1993-02-02	913100001322092lX6	证券经纪;证券投资咨询;与证券交易、证券投资活动有关的财务顾问;直接投资业务;证券投资基金代销;为期货公司提供中间介绍业务;融资融券业务;代销金融产品;股票期权做市业务;中国证监会批准的其他业务,公司可以对外投资设立子公司从事金融产品等投资业务。[依法须经批准的项目,经相关部门]批准后方可开展经营活动)

图 5-79 企业信息表

任务二　Web 数据抓取功能

身为一名人事主管,招聘是日常工作。近日厦门云集股份有限公司的人事主管遇到一些难题,她说按照用人部门提出的用人要求,在市场上根本找不到合适的人,或者即使找到合适的人,公司给出的薪资又达不到对方的要求,这就导致她很难制订出一个合理的招聘计划。为此,让我们帮助该人事主管设计一个抓取招聘信息机器人,令其抓取招聘网站不同岗位的招聘信息,为该人事主管制订招聘计划提供参考。

Web 应用自动化是 UiPath 的一个自动化过程,通过它可以识别 Web 元素并对其进行相应的操作。通过本任务的学习,学生可以利用 RPA 机器人自动化,对数据进行抓取、提取、测试等操作。

项目五 RPA 财务机器人 Web 应用

> 任务准备

一、数据抓取

利用【数据抓取】( )功能可以将浏览器、应用程序或文档中的结构化数据提取到数据表。使用数据抓取功能前,先打开浏览器、应用程序或文档,并导航至想要从中提取数据的位置。然后单击 UiPath【设计】功能区中的【数据抓取】按钮,启动提取向导,逐步按照向导操作就可以成功抓取到所需数据。

例如,使用【数据抓取】功能,抓取国家税务总局税收政策的最新文件,如图 5-80 所示。

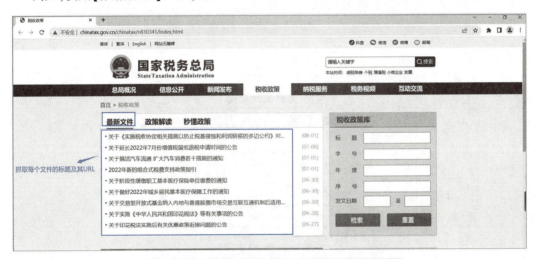

图 5-80 国家税务总局税收政策的最新文件

具体操作步骤如下:

① 先单击 UiPath【设计】功能区中的【数据抓取】按钮,在弹出的【提取向导】对话框中单击【下一步】按钮[图 5-81(a)],接着将抓取光标悬停在数据源字段上方,单击该字段[图 5-81(b)]。

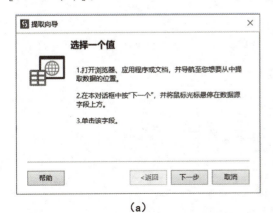

(a)

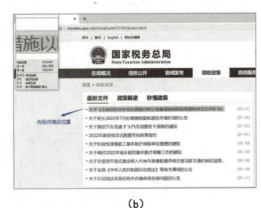

(b)

图 5-81 根据提取向导提示选择第一个元素

211

② 系统弹出如图 5-82(a)所示的【提取向导】对话框,继续单击【下一步】按钮,将抓取光标悬停在数据源字段上方,单击选择数据源的第二个元素[图 5-82(b)]。

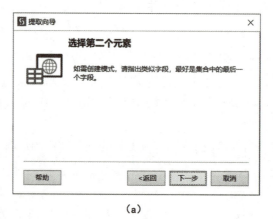

(a)

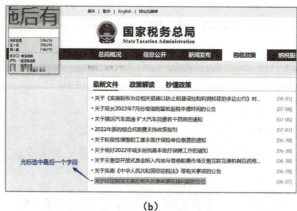

(b)

图 5-82　根据提取向导提示选择第二个元素

③ 系统弹出如图 5-83 所示的【提取向导】对话框,可在此对话框中自定义文本列标题,并选择是否提取所抓取数据对应的 URL,完成后继续单击【下一步】按钮。

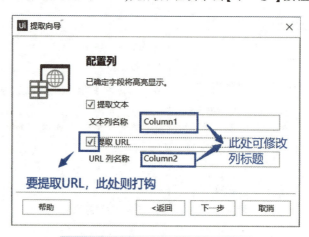

图 5-83　根据提示向导配置列

④ 在如图 5-84 所示的【提取向导】对话框中,可以预览抓取到的数据,也可以编辑要提取的最大结果数(0 代表全部)或更改数据列的顺序,还可以单击【提取相关数据】按钮再次启动【提取向导】功能,接着抓取其他数据并将其作为新列添加到同一数据表中。

图 5-84　在【提取向导】对话框中预览数据

⑤ 完成数据抓取后,UiPath 会自动生成对应的抓取流程序列,可将序列提取到的数据存储在 UiPath 数据表变量中,为后续操作做好准备,如图 5-85 所示。例如,将数据表变量中的数据填充到数据库、CSV 文件或 Excel 电子表格中。

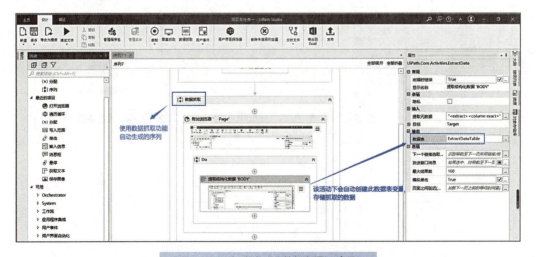

图 5-85　自动生成【数据抓取】序列

又如,使用【数据抓取】功能,抓取图 5-86 所示网页中茶酒饮料行业板块的数据。

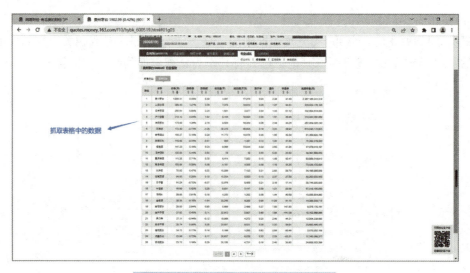

图 5-86 抓取网页表格中的数据

具体操作步骤如下：

① 单击 UiPath【设计】功能区中的【数据抓取】按钮，在弹出的【提取向导】对话框中单击【下一步】按钮[图 5-87(a)]，接着将抓取光标悬停在表格中第一个字段，单击该字段[图 5-87(b)]。

(a)

(b)

图 5-87 根据【提取向导】提示选择第一个元素

② 系统弹出【提取表】对话框,单击【是】按钮[图 5-88(a)],系统即弹出展示预览数据的【提示向导】对话框,单击【完成】按钮[图 5-88(b)]。

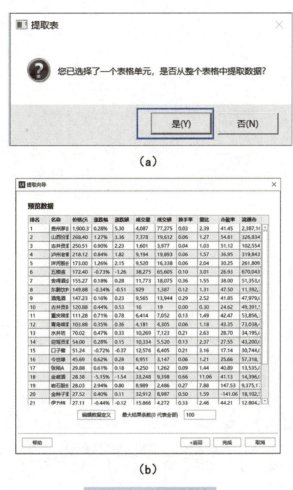

图 5-88 预览数据

③ 系统弹出【指出下一个链接】对话框。由于此次提取的表格数据存在多页,所以此处单击【是】按钮[图 5-89(a)],然后将光标悬停在【下一页】按钮处,单击此处,即可抓取所有页面的表格数据[图 5-89(b)]。

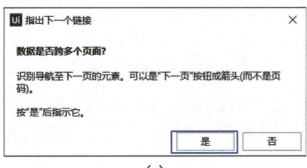

(a)

(b)

图 5-89 抓取所有页面的表格数据

示例 1：数据抓取

要求：设计一个机器人，其将网页导航至新浪财经网五粮液的利润表界面，使用【数据抓取】功能抓取五粮液 2022 年的利润表，并写入 Excel 表格中。

网址：https://money.finance.sina.com.cn/corp/go.php/vFD_ProfitStatement/stockid/000858/ctrl/2021/displaytype/4.phtml。

活动：【打开浏览器】【单击】【写入范围】。

操作步骤：

① 在序列中添加【用户界面自动化】—【浏览器】类别下的【打开浏览器】活动，输入 URL 为 "https://money.finance.sina.com.cn/corp/go.php/vFD_ProfitStatement/stockid/000858/ctrl/2021/displaytype/4.phtml"，如图 5-90 所示。打开该活动的【属性】面板，修改浏览器类型为 Chrome。

图 5-90 【打开浏览器】活动

② 在【Do】序列中添加【元素】—【鼠标】类别下的【单击】活动，单击【指出浏览器中的元素】拾取 "2022" 年，如图 5-91 所示。该步骤表示令机器人模拟用户单击 "2022" 年。

图 5-91 【单击】活动拾取"2022"年

③ 单击 UiPath【设计】功能区的【数据抓取】功能按钮(图 5-92),系统弹出【提取向导】对话框(图 5-93),单击【下一步】按钮,准备选取要抓取的数据区域。

注意:在单击【数据抓取】功能按钮前,先单击【Do】序列或者【单击】活动,使得【数据抓取】序列添加在【单击】活动之后。

图 5-92 【设计】功能区的【数据抓取】功能按钮

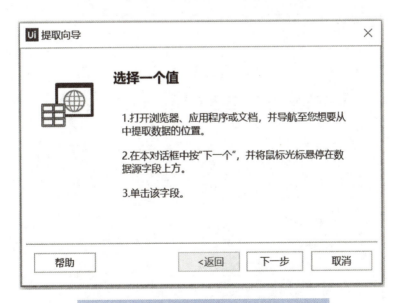

图 5-93 根据【提取向导】提示选择一个值

④ 单击五粮液利润表的第一个数据单元,即所选数据区域的第一个字段,如图 5-94 所示。

图 5-94 利润表的第一个数据单元

⑤ 由于上一步单击鼠标抓取的第一个字段是表格中的一个单元格，故系统接着自动弹出一个【提取表】对话框（图 5-95），单击【是】按钮，系统即弹出展示预览数据的【提示向导】对话框（图 5-96）。如果要获取页面上所有数据，可在【最大结果条数】处输入 0（0 代表全部数据），再单击【完成】按钮完成当前网页数据的抓取。

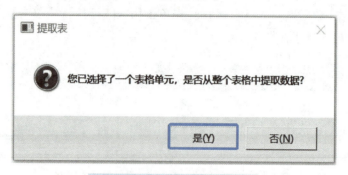

图 5-95 【提取表】对话框

图 5-96 展示预览数据的【提示向导】对话框

项目五　RPA 财务机器人 Web 应用

⑥ 接着系统会弹出一个【指出下一个链接】对话框,由于此次提取的表格数据只有一页,所以此处单击【否】按钮,如图 5-97 所示。

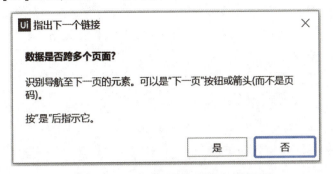

图 5-97　【指出下一个链接】对话框

⑦ 数据抓取完成后,UiPath 会自动生成【数据抓取】序列,如图 5-98(a)所示。其中,【提取结构化数据】活动会自带一个名为 ExtractDataTable 的数据表变量,该变量用来接收抓取的利润表数据,但该变量默认的范围是仅在【数据抓取】活动中有效,为了在后续活动中继续使用该变量的值,此处将变量范围修改为"序列",如图 5-98(b)所示。

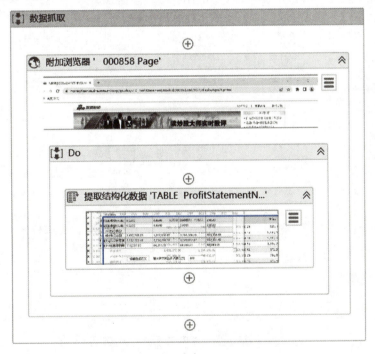

(a)

名称	变量类型	范围	默认值
ExtractDataTable	DataTable	序列	New System.Data.DataTable

(b)

图 5-98　【数据抓取】序列

219

⑧ 在【数据抓取】序列下添加【文件】—【工作簿】类别下的【写入范围】活动,输入工作簿路径为"利润表.xlsx",目标工作表名称为"Sheet1",起始单元格为"A1",输入数据表为 ExtractDataTable,如图 5-99 所示。该步骤表示令机器人将存储在变量 ExtractDataTable 中的数据写入"利润表.xlsx"文件的"Sheet1"工作表中,从"A1"单元格开始写入。

图 5-99 设置【写入范围】活动

运行结果如图 5-100 所示。

	A	B	C	D	E
1	报表日期	2022-12-31	2022-09-30	2022-06-30	2022-03-31
2	一、营业总收入	7,396,864.07	5,577,968.68	4,122,237.76	2,754,816.02
3	营业收入	7,396,864.07	5,577,968.68	4,122,237.76	2,754,816.02
4	二、营业总成本	3,704,901.69	2,802,240.01	2,024,541.75	1,240,054.93
5	营业成本	1,817,842.57	1,340,234.15	951,430.57	594,817.16
6	营业税金及附加	1,074,880.24	784,111.12	578,447.03	389,711.47
7	销售费用	684,423.70	587,958.05	421,281.10	203,317.20
8	管理费用	306,811.93	223,071.64	163,240.61	98,042.71
9	财务费用	-202,635.10	-149,382.02	-100,060.44	-51,330.86
10	研发费用	23,578.36	16,247.06	10,202.88	5,497.24
11	资产减值损失	--	--	--	--
12	公允价值变动收益	--	--	--	--
13	投资收益	9,257.20	4,394.69	4,394.69	--
14	其中:对联营企业和合营	9,257.20	4,394.69	4,394.69	--
15	汇兑收益	--	--	--	--
16	三、营业利润	3,717,442.35	2,789,445.63	2,107,730.88	1,516,849.33
17	加:营业外收入	3,888.53	2,844.43	1,682.50	590.41
18	减:营业外支出	10,978.80	9,528.91	4,913.36	3,799.32
19	其中:非流动资产处置	--	--	--	--
20	四、利润总额	3,710,352.07	2,782,761.15	2,104,500.02	1,513,640.42
21	减:所得税费用	913,288.88	686,788.58	519,536.35	376,544.25
22	五、净利润	2,797,063.19	2,095,972.56	1,584,963.67	1,137,096.17
23	归属于母公司所有者的	2,669,066.14	1,998,933.53	1,509,893.66	1,082,286.61
24	少数股东损益	127,997.05	97,039.03	75,070.01	54,809.56
25	六、每股收益				
26	基本每股收益(元/股)	6.8760	5.1500	3.8900	2.7880
27	稀释每股收益(元/股)	6.8760	5.1500	3.8900	2.7880
28	七、其他综合收益	--	--	--	--
29	八、综合收益总额	2,797,063.19	2,095,972.56	1,584,963.67	1,137,096.17

图 5-100 五粮液 2022 年的利润表

二、屏幕抓取

【屏幕抓取】()功能是使用全文、原生或 OCR 方法从指定用户界面元素或文档中提取数据的方法。【屏幕抓取】类别下的活动如图 5-101 所示。

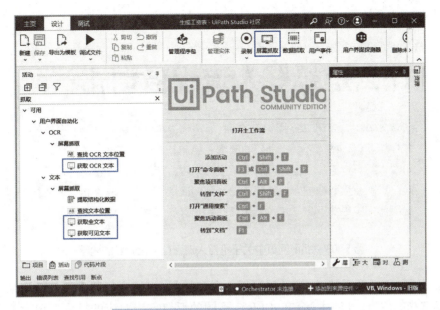

图 5-101 【屏幕抓取】类别下的活动

该功能是【用户界面自动化】—【文本】—【屏幕抓取】类别下的【获取全文本】活动和【获取可见文本】活动及【用户界面自动化】—【OCR】—【屏幕抓取】类别下的【获取 OCR 文本】活动的综合。

例如,使用【屏幕抓取】功能,抓取 UiPath 官网中介绍什么是机器人流程自动化的这段文字(图 5-102)。

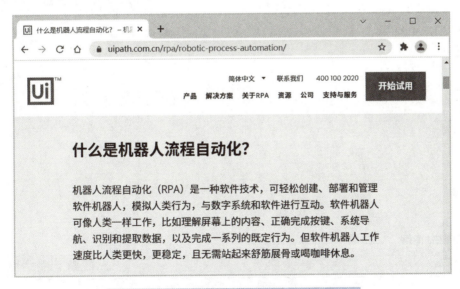

图 5-102 网页中的机器人流程自动化介绍

具体操作步骤如下:
① 单击【屏幕抓取】功能按钮,在要抓取的界面上按下鼠标左键并拖动鼠标选中要抓取

的文字，如图 5-103 所示。

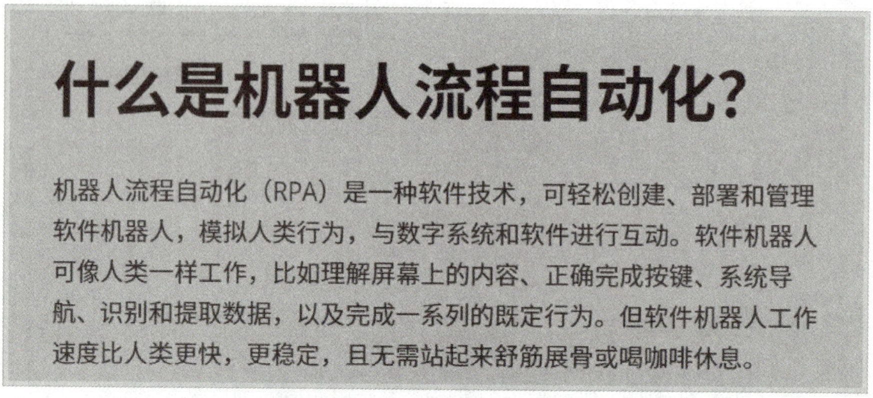

什么是机器人流程自动化？
机器人流程自动化（RPA）是一种软件技术，可轻松创建、部署和管理
软件机器人，模拟人类行为，与数字系统和软件进行互动。软件机器人
可像人类一样工作，比如理解屏幕上的内容、正确完成按键、系统导
航、识别和提取数据，以及完成一系列的既定行为。但软件机器人工作
速度比人类更快，更稳定，且无需站起来舒筋展骨或喝咖啡休息。

图 5-103　抓取网页中关于机器人流程自动化介绍的内容

② 松开鼠标左键，系统会弹出【屏幕抓取器向导】窗口。窗口的左侧是抓取结果预览，右侧可以选择抓取方法（原生、全文、OCR），不同的抓取方法对应的抓取选项设置也不同，如图 5-104 所示。

屏幕抓取器向导
抓取结果预览
什么是机器人流程自动化？
机器人流程自动化（RPA）是一种敦件技术，可轻松创建、部署和管理
软件机器人，模拟人类行为，与数字系统和软件进行互动。软件机器人
可像人类一样工作，比如理解屏幕上的内容、正确完成按键、系统导
航、识别和提取数据，以及完成一系列的定行为。但软件机器人工作
速度比人类更袂，更稳定，且无需站起来舒筋展骨或喝咖啡休息。
指出锚点 用户界面元素 或 区域，以便抓取。
抓取方法
OCR
原生
全文
OCR
抓取选项
OCR 引擎
语言
缩放比例
1
获取词信息
刷新
屏幕抓取持续 1040 毫秒
帮助
完成
复制到剪贴板

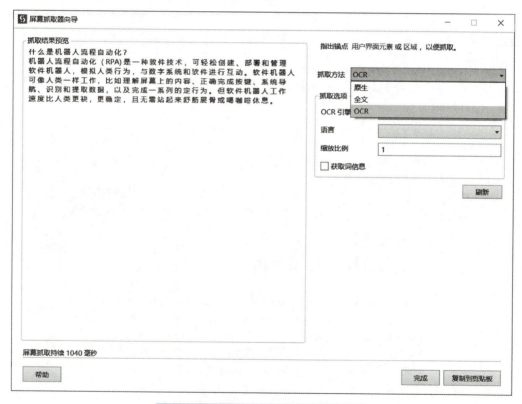

图 5-104　【屏幕抓取器向导】窗口

③ 完成抓取后，UiPath 会自动生成相应的操作序列，此处抓取方法选择的是全文，所以生成的序列中对应的活动为【获取全文本】。

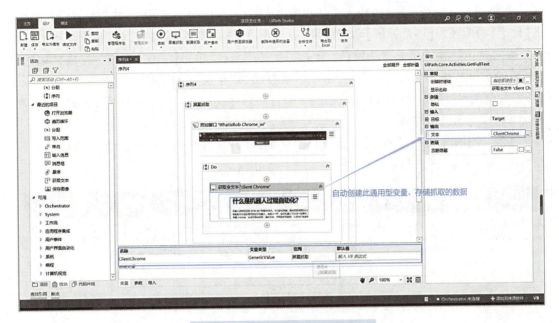

图 5-105 【获取全文本】活动

示例 2：屏幕抓取

要求：设计一个机器人，令其将网页导航至国家税务总局官网中"中华人民共和国个人所得税法"介绍界面，使用【屏幕抓取】功能抓取"中华人民共和国个人所得税法"，并创建一个文本文档，将抓取的数据写入该文档。

网址：https://www.chinatax.gov.cn/chinatax/n810341/c101340/c101301/c101302/c5003550/content.html。

活动：【打开浏览器】【写入文本文件】。

操作步骤：

① 在序列中添加【用户界面自动化】—【浏览器】类别下的【打开浏览器】活动，输入 URL 为"https://www.chinatax.gov.cn/chinatax/n810341/c101340/c101301/c101302/c5003550/content.html"，如图 5-106 所示。打开该活动的【属性】面板，修改浏览器类型为 Chrome。

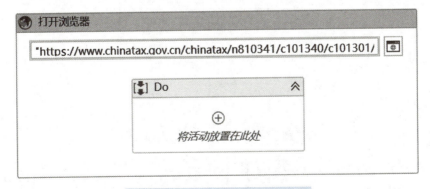

图 5-106 【打开浏览器】活动

223

② 将网页导航至个税"中华人民共和国个人所得税法"介绍界面,单击【Do】序列,再单击【设计】功能区的【屏幕抓取】功能按钮(图5-107),选择需要抓取的区域,系统会弹出【屏幕抓取向导】对话框,抓取方法默认"全文",此处不修改,单击【完成】按钮。完成抓取后,UiPath会自动生成相应的操作序列,由于抓取方法为"全文",因此该序列中会自动生成一个【获取全文本】活动(图5-108),该活动下会自动创建变量Div,用于存储抓取的数据,修改该变量范围为最外层序列。

注意:先单击【Do】序列,再单击【设计】功能区的【屏幕抓取】功能按钮,会将抓取完数据后生成的序列生成在【Do】序列内。

图5-107 【设计】功能区的【屏幕抓取】功能按钮

图5-108 【获取全文本】活动

③ 在【屏幕抓取】序列下添加【系统】—【文件】类别下的【写入文本文件】活动,输入文本为变量Div,写入文件名为"中华人民共和国个人所得税法.txt",如图5-109所示。该步骤表示令机器人将屏幕抓取到的文本写入文本文件中。

项目五 RPA 财务机器人 Web 应用

图 5-109　设置【写入文本文件】活动

运行结果如图 5-110 所示。

图 5-110　中华人民共和国个人所得税法部分截图

 任务实施

操作步骤：

① 打开主工作流，在主工作流中添加序列，并将该序列的名称修改为"抓取招聘信息机器人"，如图 5-111 所示。

图 5-111　添加【抓取招聘信息机器人】序列

② 在【抓取招聘信息机器人】序列中添加【系统】—【对话框】类别下的【输入对话框】活动，输入对话框标题为"抓取招聘信息机器人"，输入标签为"请输入要抓取的岗位名称"。在【已输入的值】处创建变量，命名为"岗位名称"，变量类型为 String，范围为"抓取招聘信息

机器人",该变量用于存储输入的岗位名称,如图5-112所示。

图5-112 设置【输入对话框】活动

③ 添加【用户界面自动化】—【浏览器】类别下的【打开浏览器】活动,输入 URL 为"https://www.zhaopin.com/",如图5-113所示。打开该活动的【属性】面板,修改浏览器类型为 Chrome。

图5-113 设置【打开浏览器】活动

④ 在【Do】序列内添加【用户界面自动化】—【元素】—【键盘】类别下的【输入信息】活动,并修改名称为"输入信息(岗位名称)"。单击【指出浏览器中的元素】拾取搜索框,输入文本为变量"岗位名称",如图5-114所示。该步骤表示令机器人模拟用户在网页搜索框内输入岗位名称。

图5-114 设置【输入信息(岗位名称)】活动

⑤ 添加【元素】—【鼠标】类别下的【单击】活动,并修改该活动名称为"单击(搜索)",单击【指出浏览器中的元素】拾取【搜索】按钮,如图 5-115 所示。该步骤表示令机器人模拟用户单击【搜索】按钮进行搜索。

图 5-115　设置【单击(搜索)】活动

⑥ 先将网页导航至智联招聘网站,然后单击【设计】功能区的【数据抓取】按钮。在弹出的【提取向导】对话框中单击【下一步】按钮,抓取的第一个选项为第一条招聘信息的岗位名称,再单击【下一步】按钮,抓取的第二个选项为最后一条招聘信息的岗位名称。完成选取后勾选【提取 URL】选项,单击【下一步】按钮,可在【最大结果条数】处输入 0(0 代表全部数据),如果还要提取招聘信息的相关数据,单击【提取相关数据】,再进行相同操作抓取数据。相关数据抓取完成后,单击【完成】按钮,系统会弹出【指出下一个链接】对话框,若数据跨多页,单击【是】按钮,再拾取浏览器中的【下一页】按钮;若数据未跨多页,单击【否】按钮即可。完成数据抓取后,UiPath 会自动在【单击】活动后生成【数据抓取】序列,如图 5-116 所示。

注意:数据抓取完成后,【提取结构化数据】活动会自带一个名为 ExtractDataTable 的数据表变量,该变量用来接收抓取的招聘信息数据,由于该变量默认的范围是仅在【数据抓取】活动中有效,为了在后续活动中继续使用该变量的值,此处将变量范围修改为"抓取招聘信息机器人"。

图 5-116　【数据抓取】序列

⑦ 在【打开浏览器】活动后添加【文件】—【工作簿】类别下的【写入范围】活动，并修改名称为“写入范围(抓取信息)”。输入工作簿路径为“岗位招聘信息.xlsx”，设置目标工作表名称为“Sheet1”，起始单元格为“A1”，输入数据表为 ExtractDataTable，如图 5-117 所示。该步骤表示令机器人将抓取到的信息写入“岗位招聘信息.xlsx”文件中的“Sheet1”工作表中。

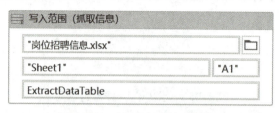

图 5-117 【写入范围】活动设置

⑧ 以会计主管为例，单击【调试文件】按钮，在弹出的输入对话框中输入岗位名称“会计主管”，然后抓取岗位名称、网址、薪资、工作年限、学历要求、招聘公司等信息，结果如图 5-118 所示。

	A	B	C	D	E	F
1	岗位名称	网址	薪资	工作年限	学历要求	招聘公司
2	会计主管	http://jobs.zhaopin.com/CC3924657	8千-1万	3-5年	本科	华彬快速消费品投资管理有限公司
3	会计主管	http://jobs.zhaopin.com/CC6098801	7千-9千	3-5年	大专	厦门东南圣邦进出口有限公司
4	会计主管	http://jobs.zhaopin.com/CC4065397	1万-1.5万	3-5年	本科	厦门象屿股份有限公司
5	会计主管	http://jobs.zhaopin.com/CC3776050	5千-8千	3-5年	本科	厦门市铂联科技股份有限公司
6	会计主管	http://jobs.zhaopin.com/CCL127232	4千-8千	1-3年	学历不限	厦门燕如初食品有限公司
7	会计主管	http://jobs.zhaopin.com/CC2446360	8千-1.5万	1-3年	本科	江苏中南建设集团股份有限公司
8	会计主管	http://jobs.zhaopin.com/CCL137360	6千-1.2万	3-5年	本科	谱航(厦门)税务师事务所有限公司
9	会计主管	http://jobs.zhaopin.com/CC3994209	8千-1.2万	3-5年	本科	象屿地产
10	会计主管	http://jobs.zhaopin.com/CC1329476	6千-7千	3-5年	本科	厦门海澳集团
11	会计主管	http://jobs.zhaopin.com/CC5584066	8千-1.5万	3-5年	大专	厦门亚迅工贸有限公司
12	会计主管	http://jobs.zhaopin.com/CC3533056	8千-1.6万	3-5年	本科	厦门万安智能有限公司
13	会计主管	http://jobs.zhaopin.com/CC3733479	8千-1.2万	3-5年	大专	厦门财鹭企业管理有限公司
14	会计主管	http://jobs.zhaopin.com/CCL139092	1万-1.7万	1-3年	大专	福州融易算君道财税服务有限公司
15	会计主管	http://jobs.zhaopin.com/CC6098801	7千-9千	3-5年	大专	厦门东南圣邦进出口有限公司
16	会计主管	http://jobs.zhaopin.com/CCL131894	6千-1万	5-10年	大专	福建中能革升能源集团有限公司
17	会计主管	http://jobs.zhaopin.com/CC3733479	7千-1.2万	5-10年	大专	厦门财鹭企业管理有限公司
18			7千-8千	3-5年	本科	厦门兴荣新能源科技发展有限公司
19	会计主管	http://jobs.zhaopin.com/CC6639424	1万-2万	5-10年	本科	厦门士兰集科微电子有限公司
20			7千-1.2万	5-10年	大专	国台酒业
21			7千-8千	3-5年	大专	厦门世纪汇鲜供应链管理有限公司湖里分公司

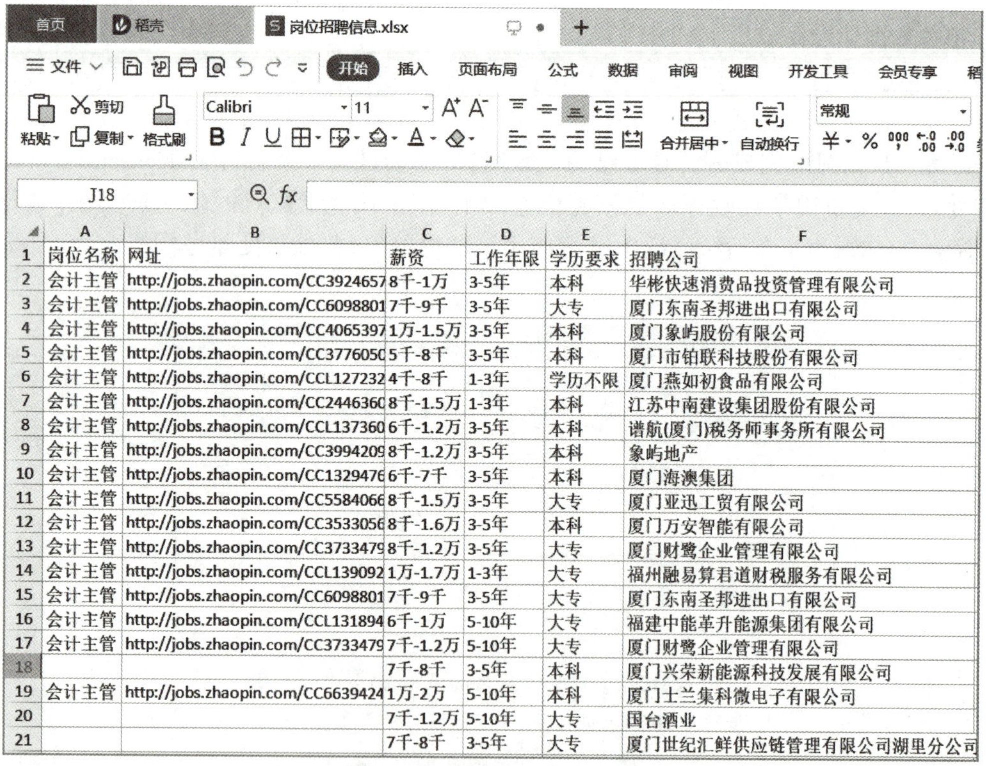

图 5-118 “岗位招聘信息”表

项目总结

通过学习 Web 自动化中具体的操作流程，学生能够了解并掌握 RPA 通用办公自动化，了解数字化时代工作工具的转变，从而初步具备设计与开发相应 RPA 机器人的能力。

项目六 RPA 财务机器人在财务场景下的应用

项目描述

随着近些年国家经济稳步发展,我国社会已进入信息技术时代,各个行业在应用信息技术的过程中也改变了企业的管理方式。在财务工作中,有效使用 RPA 技术能够很大程度提高财务工作的效率,促进财务管理向数字化方向转变。财务机器人是 RPA 技术在财务领域的实际应用。本项目通过介绍 RPA 技术在财务工作中的具体应用场景,让学生具备开发与应用 RPA 财务机器人的实践能力。

学习目标

- □ 能结合实际业务,理清网银付款机器人的流程设计思路。
- □ 能使用循环完成付款信息的自动填写。
- □ 能结合实际业务,理清银企对账机器人的流程设计思路。
- □ 能使用【筛选数据表】活动完成对数据的筛选。
- □ 能结合使用【联接数据表】和【筛选数据表】活动完成数据的核对。

任务一 RPA 网银付款机器人

案例导入

北京诚鼎集团旗下有两家子公司,根据集团财务制度要求,子公司的网银付款操作由集团财务部门每日统一进行。其子公司在全国各地有许多供应商,月支付量大,且支付出错率也较高,容易导致最后输出的财务报表不正确。针对这样的支付结算痛点,集团决定开发 RPA 网银付款机器人以代替人工完成此项工作。

任务描述

付款业务是财务日常工作中极为重要也是风险较大的业务流程之一。传统工作模式下的付款流程主要依赖人工操作,在付款主体多、付款量大的情况下,人工操作效率较低、出错率高,因而付款业务存在着诸多痛点。

例如,在进行网银付款时,若存在多种不同的支付方式和明细指令类型,则操作起来更加繁琐耗时,导致操作效率也较低。另外,人工处理付款业务时,出错率较高,带来较大的资金管理风险。同时,大量重复操作也会带来较高的人力成本,使得财会人员无法释放精力去从事资金管理等更具价值的工作。

一、环境准备

在开发 RPA 网银付款机器人之前需要准备相关的开发环境。

(1) 安装 UiPath 开发工具,如图 6-1 所示。

图 6-1　UiPath 开发工具

(2) 准备网上银行 RPA 开发环境,如图 6-2 所示。

图 6-2　网上银行 RPA 开发环境

二、流程设计

在实务中,财会人员登录网上银行系统,根据子公司的付款清单在网银系统中填写收款人名称、账号、银行、金额及用途等信息后,即可提交付款申请。

因此,根据业务的关联程度以及技术实现的难易程度,可把 RPA 网银付款机器人的主流程拆分为三个子流程:读取付款清单、登录网银系统和填写付款申请。每个子流程内又嵌套控制流程和其他流程,图 6-3 是 RPA 网银付款机器人的自动化流程设计标准,实施开发要严格遵循标准进行。

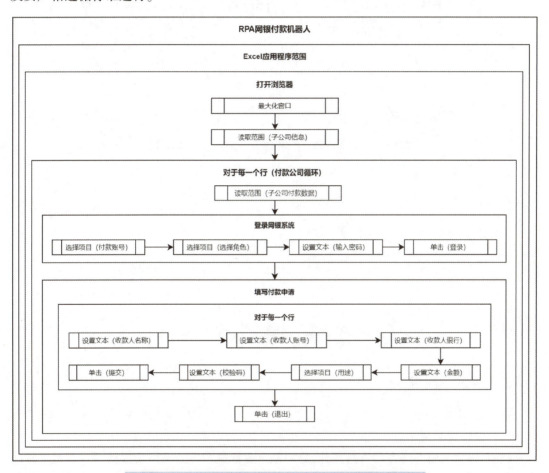

图 6-3 RPA 网银付款机器人的自动化流程设计标准

一、建立 RPA 网银付款机器人框架

① 在 UiPath 中新建项目流程(空白流程),项目名称修改为"RPA 网银付款机器人"。

② 打开主工作流程,然后在 Main 主流程中添加【System】—【Activities】—【Statements】类别下的【序列】活动,并将该活动的名称修改为"RPA 网银付款机器人"。

③ 由于 RPA 网银付款机器人的操作涉及 Excel 和浏览器两个应用,在【RPA 网银付款机器人】序列中添加【应用程序集成】—【Excel】类别下的【Excel 应用程序范围】活动。

④ 在【Excel 应用程序范围】活动下的【执行】序列中添加【用户界面自动化】—【浏览器】类别下【打开浏览器】活动。

以上操作的结果如图 6-4 所示。

图 6-4　RPA 网银付款机器人的两个子流程

二、开发子流程

1. 读取付款清单

（1）设计付款清单。

Excel 付款清单的内容分为两部分,分别是企业信息和子公司付款数据。由于北京诚鼎集团有两家子公司的付款清单需要处理,因此在付款清单文件中增加了一个"企业信息"工作表,其中包含付款人名称、付款账号、人员权限及操作等内容,如图 6-5 所示。通过读取并引用企业信息,可以控制 RPA 机器人登录子公司对应的网银账号,进而读取对应的子公司付款数据。

付款人名称	付款账号	人员权限	操作
北京浩龙建设有限公司	6213026698354103295	000001 制单员	仅制单
北京真宏建设有限公司	6213022149958548909	000001 制单员	仅制单

图 6-5　"企业信息"工作表(付款人信息表)

子公司付款数据的工作表应根据在网上银行付款时所需的信息进行设计。根据网银付款的必要填写信息所设计出的付款清单内容应包括：① 网银付款信息表表头；② 网银付款信息内容。网银付款信息表表头包括收款人名称、收款人账号、收款人银行、金额、用途及制单校验码等，网银付款信息内容是公司计划付款的详细信息，如图 6-6 所示。

收款人名称	收款人账号	收款人银行	金额	用途	制单校验码
深圳鼎伦运输有限公司	6222405********4905	中国农业银行深圳分行	1700.42	服务费	x9t5959bq858v7v9195xp738
哈尔滨途盟开发有限公司	6238418********8134	中国工商银行哈尔滨分行	3757.42	备用金	p1w4693ix877x7z4313aq615
深圳澄金运输有限公司	6252017********3024	中国民生银行深圳分行	5491.18	服务费	m7m8063ty298y6j9255g1727
上海丰润工业有限公司	6249656********3421	中国银行上海分行	3488.81	备用金	j2h3561rv564i3o8228ug567

图 6-6　网银付款信息表（子公司付款数据）

（2）读取付款清单信息。

① 为【Excel 应用程序范围】活动设置工作簿路径，即设置 RPA 网银付款机器人读取 Excel 付款清单文件的路径。在【Excel 应用程序范围】活动中，单击【浏览】按钮，选择"北京诚鼎集团付款清单.xlsx"文件，如图 6-7 所示。

注意：这里的工作簿路径显示为相对路径（须事先将 Excel 付款清单文件放在当前 RPA 项目文件夹下，否则此处路径将显示为绝对路径），同时由于工作簿路径是一个字符串，因此路径左右两边有英文状态的双引号。

图 6-7　设置【Excel 应用程序范围】活动

② 登录教学平台，打开 RPA 环境，进入网银系统，复制 URL 地址，将复制的地址插入【打开浏览器】活动，注意前后要加英文双引号［图 6-8(a)］。同时，打开【属性】面板，将输入浏览器类型设置为 Chrome，如图 6-8(b)所示。

(a)　　　　　　　　　　　　　　　(b)

图6-8　设置【打开浏览器】活动

③ 在【打开浏览器】活动的【Do】序列中添加【用户界面自动化】—【窗口】—【最大化窗口】活动,如图6-9所示。

图6-9　添加【最大化窗口】活动

④ 打开机器人运行所操作的两个软件：Excel 和谷歌浏览器,开始进行读取数据的操作。添加【应用程序集成】—【Excel】类别下的【读取范围】活动,修改活动的显示名称为"读取范围(子公司信息)",设置输入工作表为"企业信息",读取范围为"A1",如图6-10所示。在【变量】面板中创建变量"子公司信息",变量类型选择 DataTable,变量范围设置为"RPA网银付款机器人",即该变量在整个项目的控制流程范围内都有效。【输出】—【数据表】处设置为子公司信息,即可将读取的内容储存到变量表子公司信息中,便于后续引用。

项目六 RPA财务机器人在财务场景下的应用

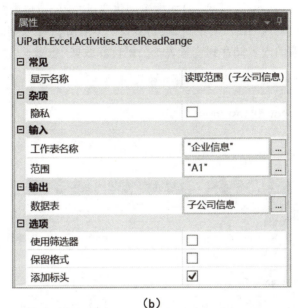

图 6-10 设置【读取范围】活动(读取子公司信息)

⑤ 子公司的企业信息已经读取完毕,企业信息工作表的每一行数据代表一家子公司的信息,通过对子公司信息变量的引用,可以控制循环读取每家子公司的付款数据,进行付款操作。添加【编程】—【数据表】类别下的【对于每一个行】活动,修改显示名称为"对于每一个行(付款公司循环)",设置输入数据表为子公司信息,以进行循环引用,如图6-11所示。

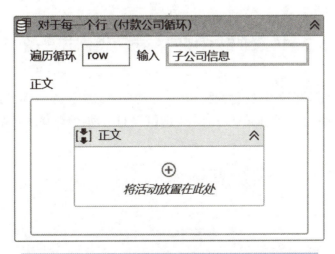

图 6-11 设置【对于每一个行(付款公司循环)】活动

235

⑥ 在【对于每一个行】活动的【正文】序列中,添加【应用程序集成】—【Excel】类别下的【读取范围】活动,修改显示名称为"读取范围(子公司付款数据)"。在设计付款清单时,付款数据工作表的名称均为对应子公司的名称,而在子公司信息变量中,公司名称为第1列数据(索引为0)。因此,为了读取子公司付款数据,设置输入工作表为"row(0). tostring",读取范围为"A1",如图6-12所示。在【变量】面板中创建变量"子公司付款数据",变量类型选择DataTable,变量范围设置为"RPA网银付款机器人"。【输出】—【数据表】处设置为子公司付款数据,即可将读取的内容储存到变量表子公司付款数据中,便于后续引用。

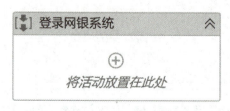

(a)

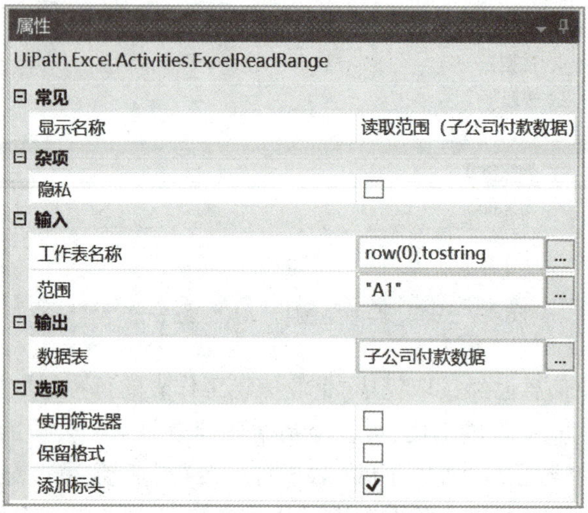

(b)

图6-12　设置【读取范围(子公司付款数据)】活动

2. 登录网银系统

① 读取完数据后,即可进行付款操作,首先需要登录对应子公司的网银账号。添加【System】—【Activities】—【Statements】类别下的【序列】活动,修改显示名称为"登录网银系统",如图6-13所示。

图6-13　【登录网银系统】序列

② 添加【用户界面自动化】—【元素】—【控件】类别下的【选择项目】活动,修改名称为"选择项目(付款账号)",通过【指明在屏幕上】功能拾取"付款账号"选项,由于付款账号在子公司信息的第 2 列,因此设置输入文本为"row(1).ToString",如图 6-14 所示。

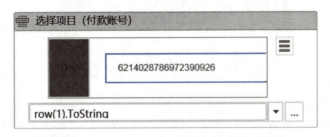

图 6-14　设置【选择项目(付款账号)】活动

③ 添加【用户界面自动化】—【元素】—【控件】类别下的【选择项目】活动,修改名称为"选择项目(选择角色)",通过【指明在屏幕上】功能拾取"角色"选项,由于人员角色在子公司信息的第 3 列,因此设置输入文本为"row(2).ToString",如图 6-15 所示。

图 6-15　设置【选择项目(选择角色)】活动

④ 添加【用户界面自动化】—【元素】—【控件】类别下的【设置文本】活动,修改名称为"设置文本(输入密码)",通过【指出浏览器中的元素】功能拾取网银登录界面中的密码输入框,并设置输入文本为"123456",如图 6-16 所示。

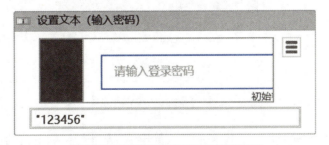

图 6-16　设置【设置文本】活动

⑤ 添加【用户界面自动化】—【元素】—【鼠标】类别下的【单击】活动,修改名称为"单击(登录)",通过【指出浏览器中的元素】功能拾取网银登录界面中的【登录】按钮,如图 6-17 所示。

图6-17 【单击(登录)】活动

3. 填写付款申请

该子流程的核心在于自动填写转账申请中的各条信息,因此关键在于填写付款申请中的循环设置。在付款数据工作表中,可以看到表格的每一行都代表着一条付款信息,包含了提交付款申请的必要填写项目。因此,结合 UiPath 的活动,可以采用每一行循环填写的活动,嵌套文本输入,实现自动填写。

RPA 网银付款机器人在提交付款申请时,需要模仿人类在网银系统上循环填写支付给收款人(单位)的转账信息。这些付款信息由 RPA 机器人在子流程1——"读取付款清单"中从"北京诚鼎集团付款清单.xlsx"文件中提取,并保存在子公司付款数据变量中。该变量是 DataTable 类型,保存着从 Excel 工作表中提取到的付款数据。

子公司付款数据中存储的数据类似 Excel 中行列交叉的表格数据(图6-6),其中数据的行和列均从 0 开始编号。例如,若要访问子公司付款数据中存储的"深圳鼎伦运输有限公司"字符串,使用的代码是子公司付款数据(0)(0).ToString[.ToString 是调用子公司付款数据(0)(0)对象,将其转为字符串类型的 ToString 过程]。若要访问子公司付款数据中每一行的第一列信息,使用的代码是 row(0).ToString,括号中的数字代表索引,第1列的索引为0。

① 添加【System】—【Activities】—【Statements】类别下的【序列】活动,修改显示名称为"填写付款申请",如图6-18 所示。在该序列中进行付款信息的填写提交操作。

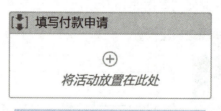

图6-18 【填写付款申请】序列

② 子公司付款数据的每一行代表一条付款申请,为进行付款申请的循环填写提交,可采用【对于每一个行】活动。在【填写付款申请】序列后,添加【编程】—【数据表】类别下的【对于每一个行】活动,设置输入数据表为子公司付款数据,如图6-19 所示。

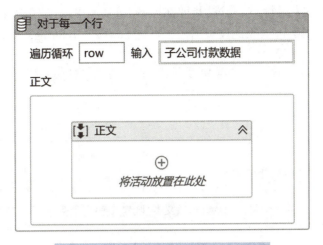

图6-19 设置【对于每一个行】活动

③ 添加【用户界面自动化】—【元素】—【控件】类别下的【设置文本】活动,修改显示名称为"设置文本(收款人名称)",通过【指明在屏幕上】功能拾取"收款人名称"选项,由于收款人名称在每一行的第1列,因此设置输入文本为"row(0).ToString",如图6-20所示。

图6-20 设置【设置文本(收款人名称)】活动

④ 添加【用户界面自动化】—【元素】—【控件】类别下的【设置文本】活动,修改显示名称为"设置文本(收款人账号)",通过【指明在屏幕上】功能拾取"收款人账号"选项,由于收款人账号在每一行的第2列,因此设置输入文本为"row(1).ToString",如图6-21所示。

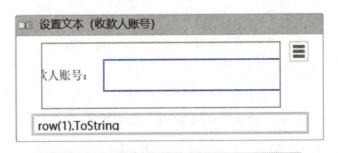

图6-21 设置【设置文本(收款人账号)】活动

⑤ 添加【用户界面自动化】—【元素】—【控件】类别下的【设置文本】活动,修改显示名

称为"设置文本(收款人银行)",通过【指明在屏幕上】功能拾取"收款人银行"选项,由于收款人银行在每一行的第3列,因此设置输入文本为"row(2).ToString",如图6-22所示。

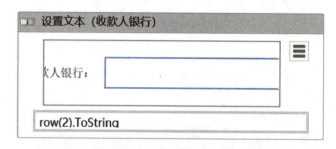

图6-22 设置【设置文本(收款人银行)】活动

⑥ 添加【用户界面自动化】—【元素】—【控件】类别下的【设置文本】活动,修改显示名称为"设置文本(金额)",通过【指明在屏幕上】功能拾取"金额"选项,由于金额在每一行的第4列,因此设置输入文本为"row(3).ToString",如图6-23所示。

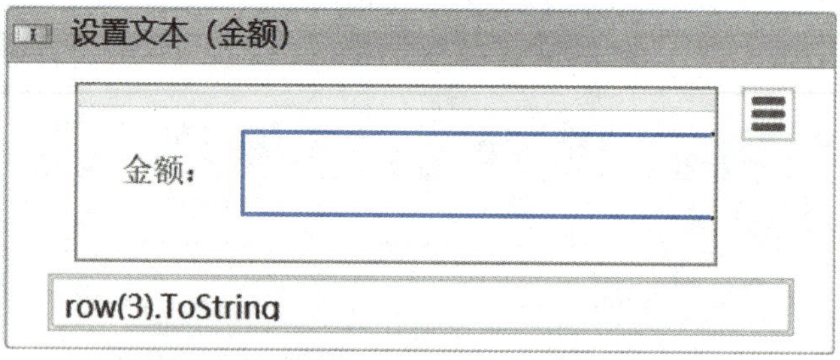

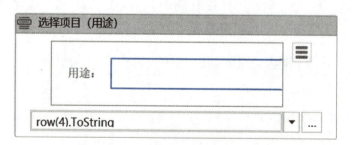

图6-23 设置【设置文本(金额)】活动

⑦ 添加【用户界面自动化】—【元素】—【控件】类别下的【选择项目】活动,修改显示名称为"选择项目(用途)",通过【指明在屏幕上】功能拾取"用途"选项,由于用途在每一行的第5列,因此设置输入文本为"row(4).ToString",如图6-24所示。

图6-24 设置【选择项目(用途)】活动

⑧ 添加【用户界面自动化】—【元素】—【控件】类别下的【设置文本】活动,修改显示名称为"设置文本(校验码)",通过【指明在屏幕上】功能拾取"校验码"选项,由于校验码在每一行的第6列,因此设置输入文本为"row(5).ToString",如图6-25(a)所示。由于校验码不

可手动输入,因此需要打开【属性】面板,将【选项】中的【如果禁用则更改】勾选为 True 状态,如图 6-25(b)所示。

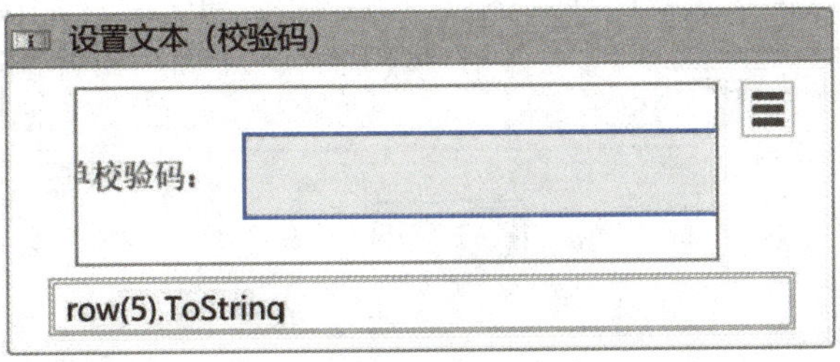

图 6-25 设置【设置文本(校验码)】活动

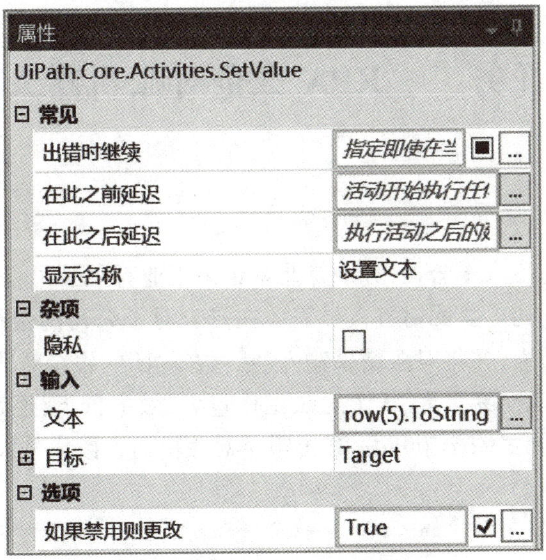

⑨ 付款信息已经全部填写完毕,可以提交该条付款申请。添加【用户界面自动化】—【元素】—【鼠标】类别下的【单击】活动,修改显示名称为"单击(提交)",通过【指明在屏幕上】功能拾取"提交"选项,如图 6-26 所示。

图 6-26 设置【单击(提交)】活动

⑩ 当一家子公司付款数据全部提交完毕,即可退出登录,进行下一家子公司的付款操作。添加【用户界面自动化】—【元素】—【鼠标】类别下的【单击】活动,修改显示名称为"单击(退出)",通过【指明在屏幕上】功能拾取"退出"选项,如图6-27所示。

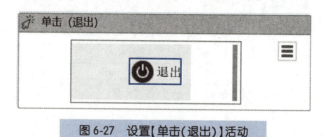

图6-27 设置【单击(退出)】活动

任务二 RPA 银企对账机器人

案例导入

北京宏信集团下有三家子公司,分别是北京定采工业有限公司、北京华茂工业有限公司和北京新城工业有限公司。集团财务人员需要在月末对子公司的银行存款进行对账工作,编制银行存款余额调节表,并将对账结果输入、储存在集团的银企对账管理系统中。由于子公司有多家,且银行存款交易量大,人工对账工作量大、效率低下,还存在对账错误的风险。针对这样的工作痛点,该集团希望开发 RPA 银企对账机器人以代替人工完成此项工作。

任务描述

银企对账是内控的一项经常性工作。对于企业而言,银企对账可以保障企业资金安全,规范企业会计核算。对于财务人员而言,银企对账可以避免和消除因银行与企业账务不一致而引发的一系列风险隐患。

在实际工作中,财务人员需要按银行、账户逐个对账,大量的手工作业往往会造成对账不及时、对账单回收困难等问题,不仅耗费大量人力、物力,有时还存在疏漏,无法起到良好的风险防范作用。因此,如何提高银行对账单处理的效率和正确率已成为企业财务人员及管理层关注的重点问题。

RPA 银企对账机器人可以将对账流程自动化。通过利用 RPA 银企对账机器人代替人工执行银企对账工作,不仅可以降低人力成本,释放人力至具有更高附加值的工作中,还可以提高银企对账的效率,大幅降低人工风险及对企业造成损失的概率,进而缩短企业的应收、应付等资金循环周期,提高客户及员工的满意度。

项目六 RPA 财务机器人在财务场景下的应用

一、环境准备

在开发 RPA 银企对账机器人之前需要准备相关的开发环境,安装好 UiPath 开发工具,如图 6-28 所示。

图 6-28　UiPath 开发工具

二、流程设计

在月底的会计对账工作中,会计人员需要针对银行存款日记账和银行存款对账单两者进行对账,编制银行余额调节表来调整二者之间的未达账项。具体操作如下:对银行存款日记账与银行存款对账单进行逐笔核对,查出银行存款日记账与银行存款对账单两者未同时出现的记录,即未达账项;将未达账项分类填入余额调节表的对应栏目,即可算出调节后的余额。

因此,根据业务的关联程度以及技术实现的难易程度,可把 RPA 银企对账机器人的主要流程拆分为四个子流程:筛选银行存款对账单、筛选银行存款日记账、核对不符数据、填写余额调节表。每个子流程内又嵌套控制流程和其他流程。图 6-29 是 RPA 银企对账机器人的自动化流程设计标准,实施开发要严格遵循该标准进行。

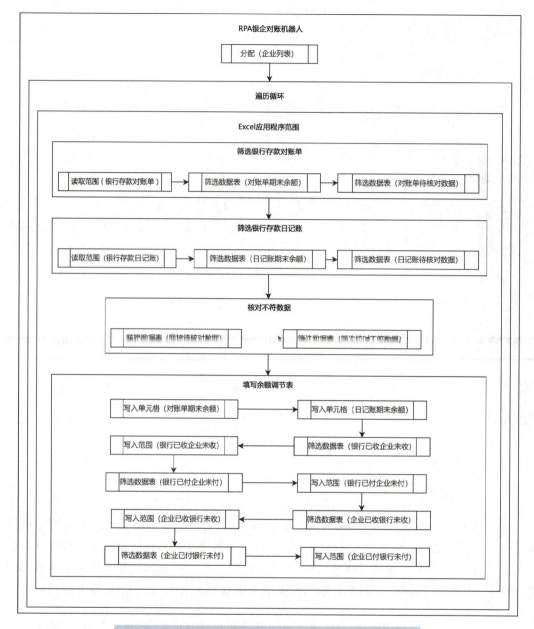

图 6-29　RPA 银企对账机器人的自动化流程设计标准

一、建立 RPA 银企对账机器人框架

操作步骤：

① 在 UiPath 中新建项目流程(空白流程)，项目名称修改为"RPA 银企对账机器人"。创建完成后打开主工作流，然后在主工作流中添加【序列】活动，并将序列名称修改为"RPA 银企对账机器人"，如图 6-30 所示。

图 6-30 【RPA 银企对账机器人】序列

② 根据集团要求,需要将对账结果输入、储存在银企对账管理系统中,因此添加【用户界面自动化】—【浏览器】类别下【打开浏览器】活动,如图 6-31 所示。

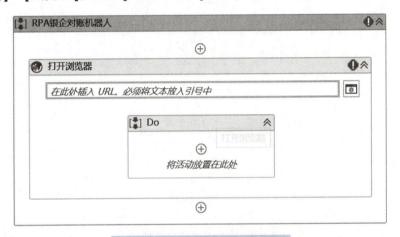

图 6-31 【打开浏览器】活动

③ 在【打开浏览器】活动的【Do】序列中添加【用户界面自动化】—【窗口】—【最大化窗口】活动,如图 6-32 所示。

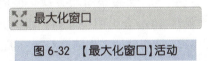

图 6-32 【最大化窗口】活动

④ 由于对账操作是在 Excel 软件中进行,因此需要用到【Excel 应用程序范围】活动,而【Excel 应用程序范围】读取文件的相对路径即为文件在该 UiPath 项目下的文件名(包含路径)。为对每家公司的数据进行循环对账,需要获取对账数据在该项目下的路径及名称。添加【System】—【Activities】—【Statements】类别下的【分配】活动。在【变量】面板中创建变量"企业列表",变量类型为 String,范围为"RPA 银企对账机器人"。此变量用于储存三家子公司对账数据的文件名称(包含其路径),便于后续引用。设置企业列表 = directory. GetFiles("银企对账数据","*"),如图 6-33 所示。directory. GetFiles(string path, string searchPattern)函数可返回指定目录中与指定的搜索模式匹配的文件的名称(包含其路径)。path 为要搜索的目录的相对或绝对路径,不区分大小写。searchPattern 为搜索要求,最终返回 path 中的文件名与 searchPattern 匹配的文件,可包含有效文本路径和通配符(*和?)的组合。由于文件储存在该 UiPath 项目下的"银企对账数据"文件夹中,且路径名称不止一个字符,因此 path 为"银企对账数据",searchPattern 使用星号(*)通配符。

图 6-33　设置【分配(获取对账企业列表)】活动

⑤ 添加【工作流】—【控件】类别下的【遍历循环】活动,设置输入值为变量"企业列表",如图 6-34 所示。先前已将需要对账的文件名称储存在"企业列表"中,此活动用于针对变量"企业列表"中的每一个文件名进行依次遍历循环。

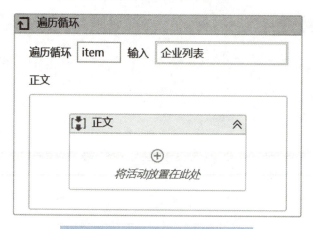

图 6-34　设置【遍历循环】活动

⑥ 在【遍历循环】的正文中添加【应用程序集成】—【Excel】—【表格】类别下的【Excel 应用程序范围】活动。对账数据需要在教学平台 Part1【案例描述】下的【业务数据及规范】处提前下载,在源码包所在文件夹下新建"银企对账数据"文件夹,将下载的对账数据解压后保存在该文件夹下。每一次循环,item 会引用企业列表中的元素即对账数据的路径及文件名,因此设置【Excel 应用程序范围】活动的工作簿路径为 item.ToString,如图 6-35 所示。

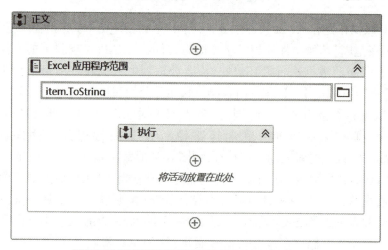

图 6-35　设置【Excel 应用程序范围】活动

⑦ 在【Excel 应用程序范围】活动的【执行】序列中添加 4 个序列活动,并将这 4 个序列的显示名称分别命名为"序列(筛选银行存款对账单)""序列(筛选银行存款日记账)""序列(核对不符数据)""序列(填写余额调节表)",如图 6-36 所示。

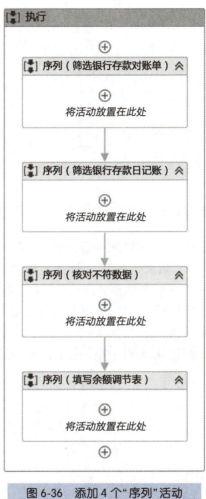

图 6-36　添加 4 个"序列"活动

二、开发子流程

1. 筛选银行存款对账单

操作步骤:

① 单击进入筛选银行对账单的序列,添加【应用程序集成】—【Excel】类别下的【读取范围】活动,修改活动的显示名称为"读取范围(银行存款对账单)",输入工作表设置为"银行存款对账单",读取范围为""。在【变量】面板中创建变量"对账单数据",变量类型选择 DataTable,变量范围设置为"RPA 银企对账机器人"。随后,针对【读取范围】活动,【输出】—【数据表】处设置为"对账单数据",如图 6-37 所示。

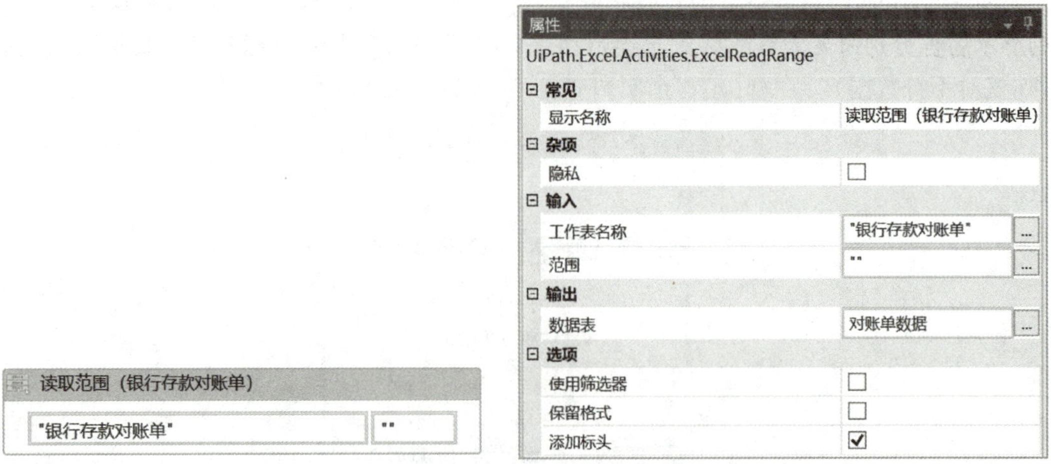

图 6-37 设置【读取范围(银行存款对账单)】活动

② 添加【编程】—【数据表】类别下的【筛选数据表】活动,在显示名称中增加"(对账单期末余额)"。创建变量"对账单期末余额",变量类型选择 DataTable,变量范围设置为"RPA 银企对账机器人",用于储存期末余额数据。单击【筛选器向导】按钮,打开【筛选器向导】对话框,【输入数据表】处设置为"对账单数据",【输出数据表】处设置为"对账单期末余额",在【行筛选模式】处将规则定为保留第 4 列(索引为 3)含"本月合计"的行的数据,如图 6-38 所示。这一步是为了将对账单的期末余额提取出来,方便后续余额调节表的填写。

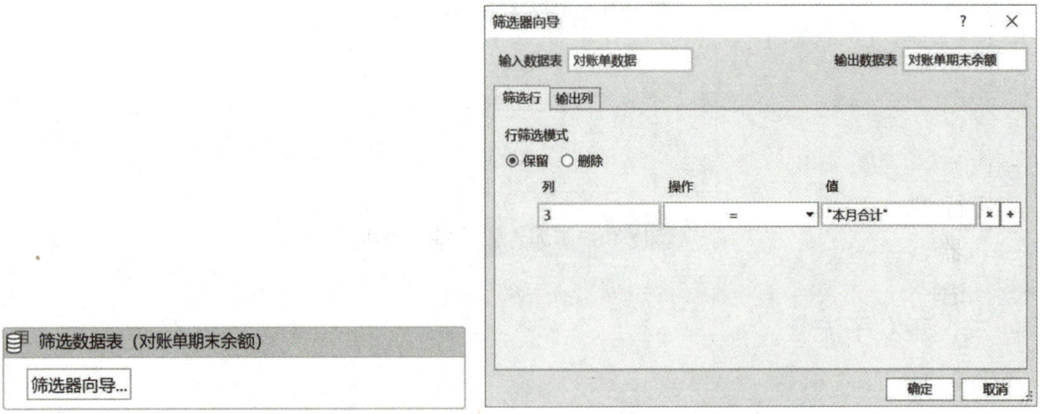

图 6-38 设置【筛选数据表(对账单期末余额)】活动

③ 添加【编程】—【数据表】类别下的【筛选数据表】活动,在显示名称中增加"(对账单待核对数据)"。创建变量"对账单待核对数据",变量类型选择 DataTable,变量范围设置为"RPA 银企对账机器人",用于储存待核对的明细信息,核对未达账项。单击【筛选器向导】按钮,打开【筛选器向导】对话框,【输入数据表】处设置为"对账单数据",【输出数据表】处设置为"对账单待核对数据",在【行筛选模式】处将规则定为删除第 4 列(索引为 3)为空、

包含期初余额、包含本月合计的行的数据,如图 6-39 所示。这一步是为了将无关数据剔除,只留下需要核对的每一条交易信息,以便在第三个子流程中进行核对。

图 6-39 设置【筛选数据表(对账单待核对数据)】活动

2. 筛选银行存款日记账

操作步骤:

(1) 设计 Excel 银行存款日记账。

银行存款日记账由会计人员编制,因此应先设计好银行存款日记账数据表,为后续 RPA 机器人进行银企对账做好数据准备。Excel 银行存款日记账的内容应根据出纳日常填写的日记账信息进行设计,主要包括:① 日期;② 记字;③ 摘要;④ 借方发生额;⑤ 贷方发生额;⑥ 余额。如图 6-40 所示。

日期	记字	摘要	借方发生额	贷方发生额	余额
2021/7/1		期初余额			4431126.00
2021/7/1	记005号	社会保险		8199.90	4422926.10
2021/7/1		本日合计		8199.90	4422926.10
2021/7/2	记006号	缴纳附加税费		840.00	4422086.10

图 6-40 银行存款日记账

(2) 筛选银行存款日记账。

① 单击进入筛选银行存款日记账的序列,添加【应用程序集成】—【Excel】类别下的【读

取范围】活动,修改活动的显示名称为"读取范围(银行存款日记账)",输入工作表设置为"银行存款日记账",读取范围为"A1"。创建变量"日记账数据",变量类型选择DataTable,变量范围设置为"RPA银企对账机器人"。随后,针对【读取范围】活动,【输出】—【数据表】处设置为"日记账数据"。如图6-41所示。

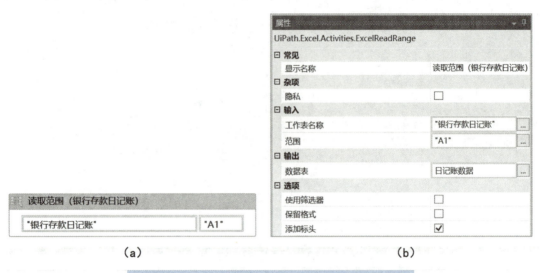

图6-41　设置【读取范围(银行存款日记账)】活动

② 添加【编程】—【数据表】类别下的【筛选数据表】活动,在显示名称中增加"(日记账期末余额)"。创建变量"日记账期末余额",变量类型选择 DataTable,变量范围设置为"RPA银企对账机器人",用于储存期末余额数据,以填写余额调节表。单击【筛选器向导】按钮,打开【筛选器向导】对话框,【输入数据表】处设置为"日记账数据",【输出数据表】处设置为"日记账期末余额",在【行筛选模式】处将规则定为保留第3列(索引为2)含"本月合计"的行的数据,如图6-42所示。这一步是为了将日记账的期末余额提取出来,方便后续余额调节表的填写。

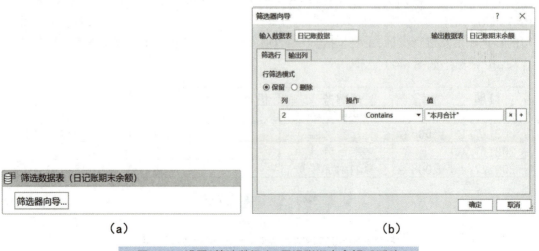

图6-42　设置【筛选数据表(日记账期末余额)】活动

③ 添加【编程】—【数据表】类别下的【筛选数据表】活动,在显示名称中增加"(日记账待核对数据)"。创建变量"日记账待核对数据",变量类型选择 DataTable,变量范围设置为"RPA 银企对账机器人",用于储存待核对的明细信息,核对未达账项。单击【筛选器向导】按钮,打开【筛选器向导】对话框,【输入数据表】处设置为"日记账数据",【输出数据表】处设置为"日记账待核对数据",在行筛选模式处将规则定为删除第 3 列(索引为 2)为空、包含期初余额、包含本日合计、包含本月合计的行的数据,如图 6-43 所示。这一步是为了将无关数据剔除,只留下需要核对的每一条交易信息,以便在第三个子流程中进行核对。

图 6-43 设置【筛选数据表(日记账待核对数据)】活动

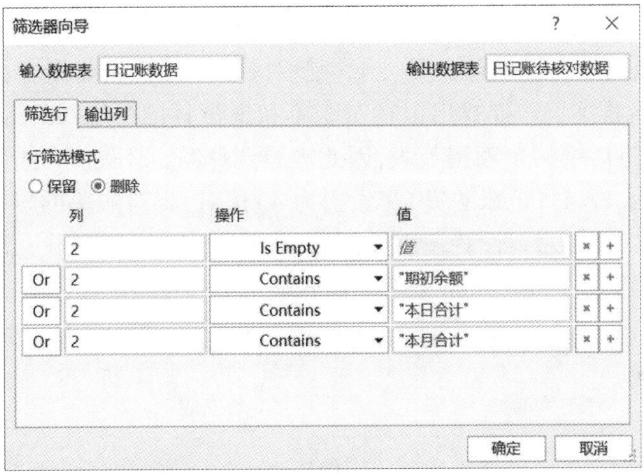

3. 核对不符数据

本流程为整个银企对账的核心,即核对对账单和日记账,找出未达账项。在前两个流程中,我们已通过【筛选数据表】活动将子表银行对账单和银行日记账中无须核对的信息(如期初余额、本月合计等信息)剔除,只留下需要核对的每一条明细信息,并分别存储于变量"对账单待核对数据"和"日记账待核对数据"中。在本流程中,需要用到【联接数据表】活动,将两个待核对数据联接到一个变量中,再运用【筛选数据表】活动对其筛选,找出未达账项。

【联接数据表】活动可以根据"联接类型"属性中指定的"联接"规则,并使用两张表共有的值来合并两张表格中的行。输入的数据表 1 和数据表 2 都必须是 DataTable 类型,可使用的"联接"操作类型如表 6-1 所示。

表 6-1 "联接"操作类型

内部 (Inner)	保留"数据表 1"和"数据表 2"中所有满足"联接"规则的行。所有不符合规则的行均会从生成的表中删除
左侧 (Left)	保留"数据表 1"中的所有行以及"数据表 2"中仅满足"联接"规则的值。对于在"数据表 2"中不存在匹配项的"数据表 1"的行,将 null 值插入相应列中
全部 (Full)	保留"数据表 1"和"数据表 2"中的所有行,不考虑是否满足"联接"条件。将 null 值插入两张表中不存在匹配项的行

操作步骤:

① 单击进入核对不符数据的序列,添加【编程】—【数据表】类别下的【联接数据表】活动,在显示名称中增加"(联接待核对数据)"。创建变量"核对完成数据",变量类型选择 DataTable,变量范围设置为"RPA 银企对账机器人",用于储存对账单和日记账合并后的数据。单击【联接向导】按钮,打开【联接向导】对话框,【输入数据表 1】处设置为"对账单待核对数据",【输入数据表 2】处设置为"日记账待核对数据",【输出数据表】处设置为"核对完成数据"。由于本流程不仅需要找出银行对账单和银行日记账之间的未达账项,还需要将这些未达账项填写进后续的余额调节表,因此需要选择"Full"联接方式。联接规则为将对账单的借方(索引为 4)与日记账的贷方(索引为 4)核对,将对账单的贷方(索引为 5)与日记账的借方(索引为 3)核对。设置规则如图 6-44 所示,不满足规则的,说明企业和银行没有同时记录该笔明细,系统会将 null 值插入两张表中不存在匹配项的行。

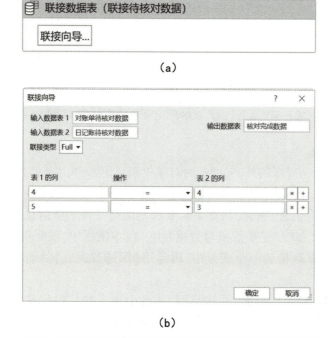

图 6-44 设置【联接数据表(联接待核对数据)】活动

② 添加【编程】—【数据表】类别下的【筛选数据表】活动,在显示名称中增加"(筛选核

对不符数据)"。创建变量"核对不符数据",变量类型选择 DataTable,变量范围设置为"RPA 银企对账机器人",用于储存未达账项。单击【筛选器向导】按钮,打开【筛选器向导】对话框,【输入数据表】处设置为"核对完成数据",【输出数据表】处设置为"核对不符数据"。在上一步中,不符合匹配规则的,将会被插入 null 值。若第 1 列和第 9 列的数据同时不为空,则说明企业和银行均记录了该笔明细,该笔明细不是未达账项。在【行筛选模式】处将规则定为删除第 1 列(索引为 0)和第 9 列(索引为 8)同时非空的数据。如图 6-45 所示。这一步是为了将符合的数据剔除,只留下未达账项,以便在第四个子流程中进行提取和填写。

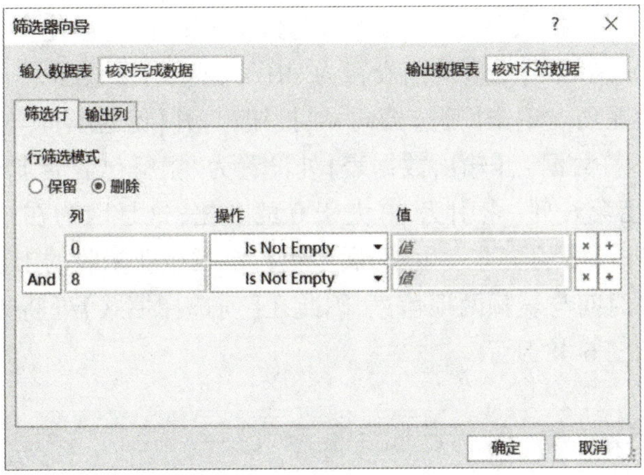

图 6-45 设置【筛选数据表(筛选核对不符数据)】活动

4. 填写余额调节表

操作步骤:

① 单击进入填写余额调节表的序列,添加【应用程序集成】—【Excel】类别下的【写入单元格】活动,在显示名称中增加"(对账单期末余额)",目标工作表为"银行存款余额调节表",对账单期末余额填写位置在 D5 单元格,因此单元格范围为"D5",输入的值应为变量表"对账单期末余额"中储存的数据,由于位置在第 1 行第 7 列,因此输入值处设置为对账单期末余额(0)(6).tostring,如图 6-46 所示。

图 6-46 设置【写入单元格(对账单期末余额)】活动

② 添加【应用程序集成】—【Excel】类别下的【写入单元格】活动,在显示名称中增"(日记账期末余额)",目标工作表为"银行存款余额调节表",日记账期末余额填写位置在 B5 单元格,因此单元格范围为"B5",输入的值应为变量表"日记账期末余额"中储存的数据,由于位置在第一行第五列,因此输入值处设置为日记账期末余额(0)(4).tostring,如图 6-47 所示。

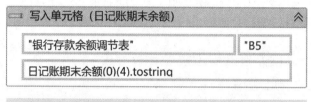

图 6-47 设置【写入单元格(日记账期末余额)】活动

③ 添加【编程】—【数据表】类别下的【筛选数据表】活动,创建变量"银行已收企业未收",变量类型选择 DataTable,变量范围设置为"RPA 银企对账机器人",用于储存属于银行已收企业未收的未达账项。单击【筛选器向导】按钮,打开【筛选器向导】对话框,【输入数据表】处设置为"核对不符数据",【输出数据表】处设置为"银行已收企业未收",在【行筛选模式】处将规则定为保留第 6 列(索引为 5)大于 0 的数据,这是因为在核对不符数据的表格中,第六列是银行对账单中的贷方发生额,属于银行已收企业未收的未达账项。由于在填写余额调节表时仅需要时间与金额两项信息,因此在【列选择模式】处将规则定为保留第 1 列和第 6 列的数据。如图 6-48 所示。

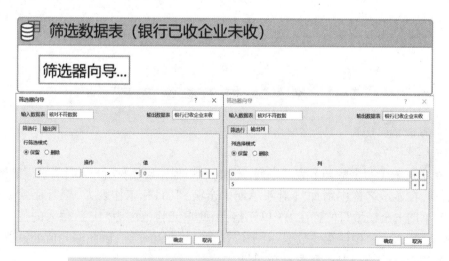

图 6-48 设置【筛选数据表(银行已收企业未收)】活动

④ 添加【应用程序集成】—【Excel】类别下的【写入范围】活动,目标工作表为"银行存款余款调节表",由于银行已收企业未收项目起始于 A7 单元格,因此起始单元格输入"A7",输入数据表应设置为变量表"银行已收企业未收",如图 6-49 所示。

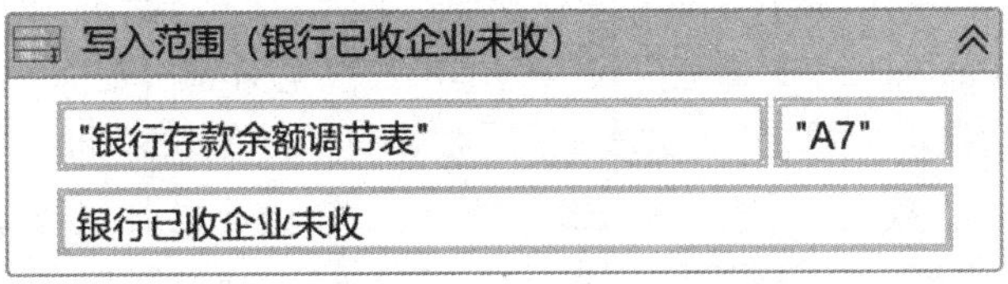

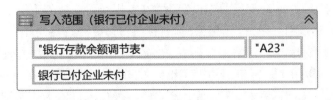

图6-49 设置【写入范围(银行已收企业未收)】活动

⑤ 添加【编程】—【数据表】类别下的【筛选数据表】活动,创建变量"银行已付企业未付",变量类型选择DataTable,变量范围设置为"RPA银企对账机器人",用于储存属于银行已付企业未付的未达账项。单击【筛选器向导】按钮,打开【筛选器向导】对话框,【输入数据表】处设置为"核对不符数据",【输出数据表】处设置为"银行已付企业未付",在【行筛选模式】处将规则定为保留第5列(索引为4)大于0的数据,这是因为在核对不符数据的表格中,第5列是银行对账单中的借方发生额,属于银行已付企业未付的未达账项。由于在填写余额调节表时仅需要时间与金额两项信息,因此在【列选择模式】处将规则定为保留第1列和第5列的数据。如图6-50所示。

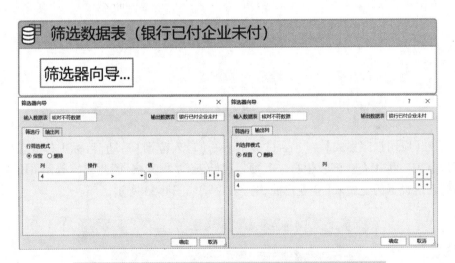

图6-50 设置【筛选数据表(银行已付企业未付)】活动

⑥ 添加【应用程序集成】—【Excel】类别下的【写入范围】活动,目标工作表为"银行存款余额调节表",由于银行已付企业未付项目起始于A23单元格,因此起始单元格输入"A23",输入数据表应设置为变量表"银行已付企业未付",如图6-51所示。

图6-51 设置【写入范围(银行已付企业未付)】活动

⑦ 添加【编程】—【数据表】类别下的【筛选数据表】活动，创建变量"企业已收银行未收"，变量类型选择 DataTable，变量范围设置为"RPA 银企对账机器人"，用于储存属于企业已收银行未收的未达账项。单击【筛选器向导】按钮，打开【筛选器向导】对话框，【输入数据表】处设置为"核对不符数据"，【输出数据表】处设置为"企业已收银行未收"，在【行筛选模式】处将规则定为保留第 12 列（索引为 11）大于 0 的数据，这是因为在核对不符数据的表格中，第 12 列是日记账中的借方发生额，属于企业已收银行未收的未达账项。由于在填写余额调节表时仅需要时间与金额两项信息，因此在【列选择模式】处将规则定为保留第 9 列和第 12 列的数据。如图 6-52 所示。

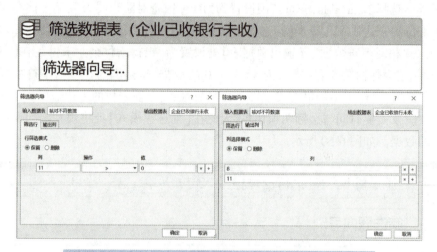

图 6-52　设置【筛选数据表（企业已收银行未收）】活动

⑧ 添加【应用程序集成】—【Excel】类别下的【写入范围】活动，目标工作表为"银行存款余额调节表"，由于企业已收银行未收项目起始于 C7 单元格，因此起始单元格输入"C7"，输入数据表应设置为变量表"企业已收银行未收"，如图 6-53 所示。

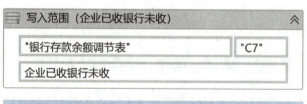

图 6-53　设置【写入范围（企业已收银行未收）】活动

⑨ 添加【编程】—【数据表】类别下的【筛选数据表】活动，创建变量"企业已付银行未付"，变量类型选择 DataTable，变量范围设置为"RPA 银企对账机器人"，用于储存属于企业已付银行未付的未达账项。单击【筛选器向导】按钮，打开【筛选器向导】对话框，【输入数据表】处设置为"核对不符数据"，【输出数据表】处设置为"企业已付银行未付"，在【行筛选模式】处将规则定为保留第 13 列（索引为 12）大于 0 的数据，这是因为在核对不符数据的表格中，第 13 列是日记账中的借方发生额，属于企业已付银行未付的未达账项。由于在填写余额调节表时仅需要时间与金额两项信息，因此在【列选择模式】处将规则定为保留第 9 列和

第 13 列的数据。如图 6-54 所示。

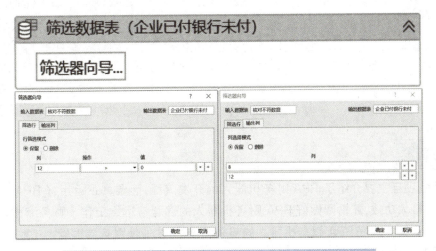

图 6-54　设置【筛选数据表(企业已付银行未付)】活动

⑩ 添加【应用程序集成】—【Excel】类别下的【写入范围】活动,目标工作表为"银行存款余额调节表",由于企业已付银行未付项目起始于 C23 单元格,因此起始单元格输入"C23",输入数据表应设置为变量表"企业已付银行未付",如图 6-55 所示。

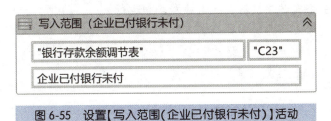

图 6-55　设置【写入范围(企业已付银行未付)】活动

RPA 机器人的开发是为了提高财会人员的工作效率,将其从繁琐而重复的基础会计工作中解放出来,使其可以从事更有价值的管理工作。但是,开发 RPA 机器人并不意味着财会人员可以脱离实际业务,实际上 RPA 机器人的开发正是建立在财会人员对实际工作十分熟悉的基础之上。特别是面对更加复杂、多样化的业务情景时,只有深入理解其业务原理,才能结合数字技术实现 RPA 机器人的开发与应用。

项目七 RPA 财务机器人部署与运维

项目描述

前面的项目主要介绍了 RPA 财务机器人的开发流程，而要真正运用好 RPA 财务机器人，发挥其最大功效，还需要做好 RPA 财务机器人的部署与运维工作。财务流程是一个整体，只有基于整体做好 RPA 财务机器人的部署和维护，才能使财务流程最大化地节约成本，更好地服务于企业。

学习目标

- □ 了解 RPA 财务机器人部署的相关理论知识。
- □ 了解 Orchestrator 的相关部署功能及实现方式。
- □ 能自主完成财务机器人的本地发布和运行。
- □ 了解运行维护的必要性。
- □ 了解运行维护的常见措施。
- □ 掌握 UiPath 常见异常活动的处理方法。

任务一 RPA 财务机器人部署

案例导入

某合资车企成立于 2004 年，拥有上万名员工，是全球驰名的汽车制造品牌。随着业务的不断发展，提速增效成为该企业的核心诉求。由于该车企内部存在众多重复性高的工作，特别是网络检点，其曾尝试通过系统化的方式解决这项问题，但效果并不明显。随后，公司希望在市场上寻找到一种可以与现有流程结合，帮助其改善工作流程并提高工作效率的工具或解决方案。就在这时，RPA 进入了他们的视野。公司 IT 部门需要每日对各个系统的网络可达性及功能进行巡检，此工作内容繁复且时效性要求高。通过不到两个月的实施部署，IT 自动巡检流程上线，无须人工操作，RPA 机器人会定时自动在后台完成整个流程。RPA 机器人读取给定的配置数据并自动登录相关系统，如企业内部 VPN 系统、生产订单系统及其余安全系统，接着自动截取各个系统中界面的状态图，自动生成每日巡检报告，最后将流程结果通过邮件发送到相关人员的邮箱。试问，在该企业实施部署 RPA 机器人的过程中，要考虑哪些因素？

任务描述

企业在进行 RPA 财务机器人部署工作时,可以从平台组成与运行机制、流程设计器、机器人程序、机器人管理程序、整合人工智能技术等方面出发,结合企业自身实施条件、业务需求、应用程序与 RPA 财务机器人软件平台的兼容性、预设目标等维度,通过充分的判断与评估完成 RPA 财务机器人软件部署的工作。

任务准备

一、影响流程选择的因素

(一)成本效益原则

部署 RPA 财务机器人需要一定的成本,因此在部署前需要做好 RPA 财务机器人应用的成本分析,并分析现有财务成本。如果 RPA 财务机器人应用的成本低于现有财务成本,说明其是符合成本效益原则的。

(二)必要性

RPA 财务机器人的自动化、标准化特点,使其在大量重复的工作业务场景下显示出实施的必要性,特别是在具体业务都是手动操作的情况下,出错率高或者有较高财务风险的业务更加适合使用 RPA 财务机器人。

(三)可行性

RPA 财务机器人的开发需要明确的标准和规则,因此在考虑哪些流程使用 RPA 财务机器人时,需要注意该业务流程本身是否有具体规则,是否具有编程的可实现性。

与此同时,该项业务流程需要较为稳定、成熟的规则,这样在 RPA 财务机器人运行后,只需要进行必要的运行维护,不必花费过多的人力在更新维护上,否则有悖于使用 RPA 财务机器人节省成本的初衷。

二、Orchestrator

(一)Orchestrator 简介

Orchestrator 是 UiPath 下的自动化管理工具,可以配置、部署、启动、监控、测量和跟踪财务机器人。在 Orchestrator 上面可以管理所有的自动化流程,对其进行调度。

(二)Orchestrator 的作用

Orchestrator 具有以下作用:
(1)创建并维护与机器人直接的联系。
(2)确保将正确的流程包分发给指定机器人。
(3)维护机器人环境和流程之间的配置。
(4)确保机器人之间自动化工作负载的分配。
(5)跟踪机器人识别数据并维护用户权限。

（三）Orchestrator 的具体功能

Orchestrator 的具体功能如下：

（1）前置工作：在使用 Orchestrator 进行流程管理等功能之前，首先需要完成安装注册、服务配置、机器人配置、计算机配置、环境配置等前置工作。

（2）流程配置：在 Orchestrator 上管理、部署 RPA 财务机器人，需要将 Studio 中开发的自动化流程打包发送到 Orchestrator，以进行流程配置。

（3）数据储存：使用资产和队列两种形式，储存管理数据。

（4）任务调度：流程配置完成后，即可配置任务进度，安排流程的启动时间。

（5）作业日志：记录所有自动化流程的执行轨迹。

三、本地发布

当开发完成后无须进行流程配置和监控管理时，可以选择本地发布形式。完成开发后，单击 RPA 财务机器人设计界面上方功能区的【发布】按钮，发布流程包。

请以项目六中开发的网银付款机器人为例，完成该机器人的本地发布。

操作步骤：

① 单击 RPA 网银付款制单机器人设计界面上方功能区的【发布】按钮，发布流程包，如图 7-1 所示。

图 7-1 【发布】按钮

② 在【发布流程】对话框中确认发布信息，确认无误后单击【发布】按钮，如图 7-2 所示。

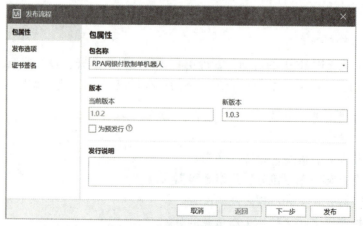

图 7-2 【发布流程】对话框

③ 在发布成功的信息提示中可以看到流程包上传的本地路径,如图 7-3 所示。

图 7-3　信息提示发布成功

运行结果如图 7-4 所示。

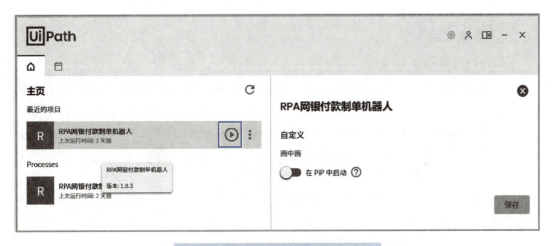

图 7-4　RPA 网银付款制单机器人

任务二　RPA 财务机器人运维

　　某装备制造集团企业创始于 20 世纪 80 年代,是以"工程"为主题的装备制造企业。其主导产品为混凝土机械、挖掘机械、起重机械、筑路机械、桩工机械、风电设备、港口机械、石油装备、煤炭设备、精密机床等全系列产品。由于集团总部与下属的多家分公司费用往来频繁,且数量十分庞大,很多时候资金并不能得到及时、高效的运转。同时,因为集团和分子公司组合依赖性高,财务工作一旦出现错漏,就会带来较大的连带风险。面对工程项目对财务

的准确度和时效性的要求,集团迫切需要让财务处理开启"加速度"。基于这一发现,该集团的某下属核心集团于 2019 年 7 月找到了 UiPath,并选用了 UiPath 的前台机器人来试点处理集团费用分摊工作。该集团希望借助 RPA 的自动化、智能化优势,将费用分摊场景的工作时间大大缩短,并提高数据处理的准确度。那么,在使用 RPA 财务机器人的过程中,该如何进行运行与维护呢?

由于 RPA 财务机器人的开发具有灵活性和敏捷性的特点,再加上 RPA 解决的是系统外的业务层面的问题,涉及操作界面变动、经常性访问用户文件、业务流程复杂多变等方面,因此自动化流程存在不稳定性。在开发完 RPA 财务机器人后还需要做好机器人的运行与维护工作,增加程序健壮性,以确保其在财务流程中能够良好运行,达到既定目标。

一、运维方法

RPA 财务机器人的运维方法如下:

(1) 编写运维文档,记录系统运行环境、部署方案、维护日志等各项内容,便于后期查询和工作对接。

(2) 编写标准操作程序手册(Standard Operation Procedure,SOP),为运维工作的开展提供规范性、标准化的指导。

(3) 制订运营管理计划,定期查看运行效率报告。

(4) 制定员工的分工和职责表,准备应急预案,以便发生异常情况时,迅速对接到负责人和解决人员等相关者。

二、UiPath 常见异常

程序异常指的是自动化流程执行过程中,未能按既定流程完成自动化任务。常见的异常程序有:

(1) 界面控制操作部分选择器失效,未发现 UI 元素。

(2) 调用的对象是空的,例如未事先给变量赋值。

(3) 找不到读取的文件,例如对应读取的表格或者子表不存在。

(4) 数据格式不符合要求,例如强制转化数字、日期等导致被转化字符串不符合要求。

为了程序的稳定性,在开发完 RPA 财务机器人后,可以通过某些属性的设置以增加流程的健壮性。健壮性是指程序可以适应正常和非正常的运行环境,在这两种环境下都可以正确地运行的能力。

三、UiPath 常见异常处理活动

（一）Try Catch

Try Catch 可以捕获自动化流程中的指定异常类型，并显示错误通知或通过提前设置好的补救环节将其解除并继续执行。Try Catch 分为以下三个部分：

（1）Try——保存可能引发异常的活动；拖放自动化流程的正常流程组件。

（2）Catches——在 Catch 部分需要指定异常类型，至少指定一个。

（3）Finally——无论是否发生异常都会执行的部分，可以不设置任何活动，也可以选择输出重要的日志信息。

（二）Throw

如果已知在某些重要步骤可能发生某种错误，可以在该步骤后添加 Throw 进行异常处理。在该步骤发生异常时，Throw 会识别出异常，并将该异常抛出，提示程序运行错误。

（三）Rethrow

在复杂的程序中，主流程下面会嵌套许多子流程。当子流程发生异常时，可能会影响主流程的执行，因此在使用 Try Catch 捕捉到异常后，需要使用 Rethrow 将其抛出，以提示异常的存在。

四、UiPath 版本建议

若是使用 UiPath 社区版，由于其联网自动更新的特点，可能导致某些流程或者活动设置需要再次调整。因此更推荐使用 UiPath 教育版，其版本和性能较为稳定，不会自动更新。如果已经使用了 UiPath 社区版，建议对软件版本进行锁定。同时由于 Studio 和 Robot 需要匹配版本才能搭配使用，因此同样要注意 Robot 版本的锁定。

任务实施

不同操作环境下，网络速度会有差异。请在项目六开发的 RPA 网银付款机器人基础上，对涉及网页操作的活动进行属性的修改，以确保在网速较低的情况下，也能正常运行。

操作步骤：

① 首先，针对所有涉及网页操作的活动，如【选择项目】【单击】【设置文本】【输入信息】等，均可针对活动进行属性中【目标】选项的设置。以 RPA 网银付款机器人中的【选择项目（付款账号）】活动为例，打开【属性】面板，找到【输入】下的【目标】选项，将"等待准备就绪"的状态选择为"WaitForReady.COMPLETE"，如图 7-5 所示。设置完成后，流程会等待目标准备就绪，加载完成，再执行本活动。

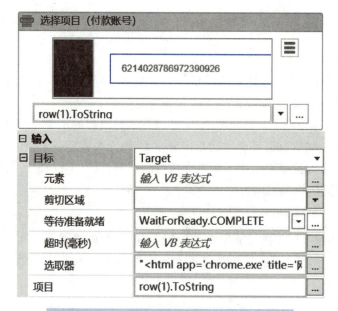

图 7-5 设置【选择项目(付款账号)】活动

② 除了第①步的设置,还可以针对不同网页操作进行延迟时间的设置。针对网银账号登录的相关操作,以 RPA 网银付款机器人中的【选择项目(付款账号)】活动为例,打开【属性】面板,找到【常见】下的"在此之前延迟"和"在此之后延迟"功能,可以设置延迟时间为前后各 500,确保登录成功,如图 7-6 所示。

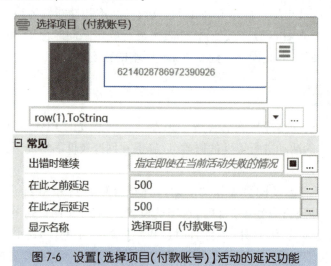

图 7-6 设置【选择项目(付款账号)】活动的延迟功能

③ 针对填入付款信息的相关操作,由于有批量申请需要进行,可以调整延迟时间,适当加快运行速度。以 RPA 网银付款机器人中的【设置文本(收款人名称)】活动为例,打开【属性】面板,找到【常见】下的"在此之前延迟"和"在此之后延迟"功能,可以设置延迟时间为前后各 100,如图 7-7 所示。

图 7-7 设置【设置文本(收款人名称)】活动

④ 由于填入付款信息相关活动的延迟时间设置较短,为了确保信息填入时网页已加载完成,能成功填入,可以增加元素的判断操作。将【对于每一个行】活动下的【正文】序列替换成【流程图】活动,在【流程图】的【Start】下添加【用户界面自动化】—【元素】—【查找】下的【存在元素】活动,修改名称为"存在元素(第 1 空存在)",通过【指出浏览器中的元素】功能拾取网银系统界面中收款人名称的输入框,以该输入框作为判断网页准备就绪的依据。由于该活动的输出字段仅支持布尔值(True 或 False),因而在【变量】面板中创建变量"isTrue",变量类型为 Boolean,范围为"RPA 网银付款机器人"。打开【属性】面板,将【存在元素】的【输出】—【存在】处设置为变量 isTrue,如图 7-8 所示。

图 7-8 设置【存在元素(第 1 空存在)】活动

⑤ 除了判断输入框是否存在,还可以判断输入框是否为空,以防当前页面未加载完成,仍为上一份制单申请的数据。添加【用户界面自动化】—【元素】—【控件】下的【获取文本】活动,修改名称为"获取文本(第 1 空为空)",通过【指出浏览器中的元素】功能拾取网银系统界面中收款人名称的输入框。在【变量】面板中创建变量"str",变量类型为 String,范围为"RPA 网银付款机器人"。打开【属性】面板,将【获取文本】的输出值设置为变量 str,如图 7-9 所示。

图7-9 设置【获取文本(第1空为空)】活动

⑥ 添加【工作流】—【流程图】类别下的【流程决策】活动,设置该活动【属性】界面中的判断条件为 str="" and isTrue,即第一个输入框存在且内容为空时执行【流程决策】活动左侧为真(True)的流程:填入付款信息。当两个条件不能同时满足时执行【流程决策】活动右侧为假(False)的流程:延迟后重新判断元素是否存在和获取文本。如图7-10所示。

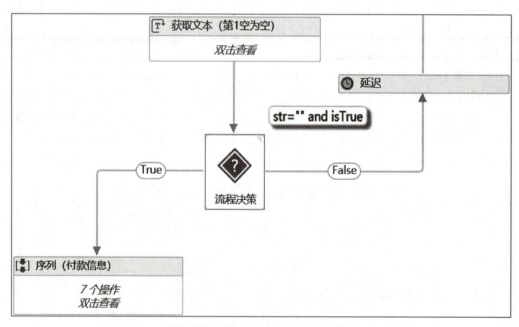

图7-10 设置【流程决策】活动

⑦ 在【流程决策】活动条件判断为 True 的流程中,即为填入付款信息并提交的七项活动。在【流程决策】活动条件判断为 False 的流程中,添加【工作流】—【控件】类别下的【延迟】活动,在此活动【属性】面板中设置持续时间为 1 s,当不满足决策条件时延迟 1 s,再重新判断元素是否存在和获取文本,如图7-11所示。

图 7-11 设置【延迟】活动

项目总结

目前比较成熟的 RPA 产品,对于各种类型功能需求的支持已经做得较为完善,开发工具强大,因此开发周期较短,很少需要写代码或基本不用写代码,功能可根据业务场景灵活变更,维护成本也较低。通过本任务的学习,学生能够了解企业在进行 RPA 软件部署和运行维护时应考虑企业实际情况等多方面因素。